«Leer *Jugar para ganar* es como tener asientos de primera fila en la Super Bowl de la estrategia. Descubrirás qué estrategias utiliza el gigante de los bienes de consumo Procter & Gamble para que sus innovadores productos lleguen a millones de hogares, así como métodos probados para sobreponerte en tus propias batallas por el mercado. Si eres un vendedor o un líder, tienes que leer este libro».

—DANIEL H. PINK,
autor de *La sorprendente verdad sobre lo que nos motiva*

«Este es el mejor libro sobre estrategia que he leído jamás. Lafley y Martin van directamente al grano: cómo tomar decisiones para controlar lo que sucede, en vez de permitir que las contingencias controlen tus decisiones. Todo el mundo quiere ganar; este libro ilustra con sobria autoridad los pasos que debes seguir para convertir la aspiración en realidad».

—SIR TERRY LEAHY, ex director general de Tesco

«Lafley y Martin nos enseñan a crear y, posteriormente, a aplicar la estrategia. Sus recomendaciones son aplicables a todos los niveles: empresa, unidades de negocio, productos y equipos. Es un libro imperdible».

—CLAYTON M. CHRISTENSEN, catedrático Kim B. Clark
de Administración de Empresas de la Harvard Business School

«Antes de escribir un libro, la mayoría de los autores investigan. Lafley y Martin se limitaron a hacer algo. Utilizaron un marco de referencia sencillo y sutil —¿Dónde vamos a jugar? ¿Cómo vamos a ganar?— para duplicar el valor de uno de los negocios más colosales del planeta. Y ahora te enseñan a hacer lo mismo. Lee este libro antes de que lo descubran tus competidores».

—CHIP HEATH, coautor de
*Decídete: Cómo tomar mejores decisiones en la vida y el trabajo*

«*Jugar para ganar* es una rara mezcla de intensa reflexión y comodidad de uso. Explica con claridad qué es y qué no es la estrategia empresarial, además de cómo llevarla a término. Lafley y Martin destilan las experiencias que han obtenido con gran esfuerzo y ofrecen impresiones, recursos prácticos y consejos inspiradores que te permiten pensar de manera estratégica e innovadora sobre tu propio negocio».

—JØRGEN VIG KNUDSTORP, director general de Grupo Lego

«Un gran director general y un ilustre docente unen fuerzas para crear un libro imprescindible para toda persona que piense sobre estrategia».

—JACK WELCH, expresidente y director general de General Electric

«He aquí cómo ven la estrategia empresarial el hombre que lideró Procter & Gamble durante su asombroso ciclo de revolución y éxito de los dos mil y el estratega que lo asesoró y colaboró con él. Una obra rebosante de sabiduría sobre el qué y el cómo de dos estrategas de alto nivel».

—SCOTT COOK, cofundador y presidente del comité ejecutivo de Intuit

«Lafley y Martin han dedicado su carrera a entender la complejidad inherente a la estrategia. De ello ha nacido esta obra fundamental: un marco de referencia simple y rico que puede ayudar a los líderes empresariales a acometer las decisiones estratégicas. Es una guía especialmente útil para la toma de decisiones, que es la parte esencial del liderazgo».

—JAMES P. HACKETT, presidente y director general de Steelcase Inc.

«*Jugar para ganar* es un manual inteligente y práctico que desmitifica lo que hace falta para elaborar, aplicar y mejorar continuamente estrategias empresariales efectivas. Con ejemplos adecuados y reales, Lafley y Martin ofrecen técnicas probadas para competir y ganar en el estimulante mundo actual de los negocios».

—JIM MCNERNEY, presidente y director general de Boeing

«Me encanta este libro; te obliga a pensar y a plantearte cosas sobre ti mismo y sobre el rumbo de tu ciclo empresarial. En una era en que la información y la comunicación instantáneas son componentes indisociables de los negocios y de nuestro estilo de vida, A. G. Lafley y Roger Martin nos instan a detenernos y cuestionarnos a fondo nuestra hoja de ruta estratégica y los planes consiguientes que necesitamos para triunfar en este mercado».

—THOMAS TULL, fundador y director general de Legendary Pictures

# Jugar para ganar

Título original: *Playing to Win*

© del texto: A. G. Lafley y Roger L. Martin, 2013
© de la traducción: Àlex Guàrdia Berdiell, 2019
© de esta edición: Arpa & Alfil Editores, S. L.

Primera edición: febrero de 2020

ISBN: 978-84-17623-38-8
Depósito legal: B 845-2020

Diseño de colección: Enric Jardí
Diseño de cubierta: Anna Juvé
Maquetación: Àngel Daniel
Impresión y encuadernación: Romanyà Valls
Impreso en La Torre de Claramunt

Arpa
Manila, 65
08034 Barcelona
arpaeditores.com

Reservados todos los derechos.
Ninguna parte de esta publicación
puede ser reproducida, almacenada o transmitida
por ningún medio sin permiso del editor.

A. G. Lafley y Roger L. Martin

# Jugar para ganar

Cómo funciona realmente
la estrategia de empresa

Traducción de Àlex Guàrdia Berdiell

arpa

*Inspirados por Peter Drucker (1909-2005),
mentor y amigo*

## Sumario

Introducción. Cómo funciona realmente
la estrategia de empresa — 13

1. La estrategia es decidir — 20

2. Qué es ganar — 50

3. Dónde jugar — 67

4. Cómo ganar — 92

5. Aprovecha tus puntos fuertes — 122

6. Managers de lo que importa — 148

7. Piensa estratégicamente — 180

8. Aumenta las probabilidades — 207

Conclusión. El afán insaciable por ganar — 237

Agradecimientos — 243

Apéndice A: Resultados de P&G — 249

Apéndice B: Los cimientos microeconómicos
de la estrategia y las dos formas de ganar — 255

Notas — 269

Introducción
# Cómo funciona realmente la estrategia de empresa

Este es un libro sobre estrategia escrito por un ex director general y el decano de una escuela de negocios. Cuando nos conocimos, ninguno de los dos ocupaba ese cargo. La primera vez que trabajamos juntos estudiando los canales de distribución de P&G, hace más de veinte años, lo hicimos como director de la división de lavandería de P&G y como consultor externo de una empresa pequeña pero efervescente dedicada a la estrategia, la Monitor Company. Trabajando codo con codo, sentamos las bases de una amistad muy lucrativa y duradera. Cuando llegamos a director general de P&G y a decano de la Rotman School of Management, respectivamente, ya éramos uña y carne en lo tocante a la reflexión estratégica. Además, entre 2000 y 2009 cooperamos mucho para transformar P&G. Este libro narra la historia de esa transformación y el método estratégico que la inspiró. (En el apéndice A se hallarán detalles sobre los resultados de la transformación).

Este método nació de la práctica estratégica en Monitor Company y, al final, se convirtió en el proceso estándar de P&G. Durante nuestra carrera, procuramos crear un marco de referencia sólido en torno al método estratégico, una forma de enseñar los conceptos a los demás y una metodología para que se pudiera materializar en una organización. Dentro de Monitor, Michael Porter, Mark Fuller, Sandi Pocharski y Jonathan Goodman fueron promotores importantes del progreso de esta mentalidad. En P&G, Tom Laco, Steve Donovan, Clayt Daley, Gil Cloyd y docenas de líderes empresariales y funcionales (incluyendo aquellos cuyas historias se cuentan en este libro) contribuyeron significativamente a perfilar la estrategia de la compañía. Además de Michael Porter, los teóricos Peter Drucker y Chris Argyris tuvieron una influencia primordial a la hora de moldear nuestro pensamiento y nuestro trabajo.

En resumidas cuentas, esta es una historia sobre decisiones; en particular, la decisión de crear una disciplina de reflexión y práctica estratégica en una organización. Aunque usamos P&G como ejemplo principal, no significa que nuestra teoría estratégica solo sea efectiva en una empresa global de bienes de consumo. Hemos visto cómo se usaba con grandes resultados en todo tipo de sectores y en entidades de todo tamaño, incluyendo start-ups, organizaciones sin ánimo de lucro y entes públicos. Pero fue en P&G donde realmente pudimos usar este método en una gran variedad de negocios, lugares y funciones durante más de una década (y pudimos ver dónde funcionaba y dónde no). Por eso es la historia que hemos decidido contar. Echaremos mano a las marcas, las categorías, los sectores, las funciones y los ejemplos corporativos de P&G para ilustrar los conceptos y recursos estratégicos contenidos en el libro. Huelga decir que no todas las compañías son como P&G, pero esperamos que con los ejemplos de los múltiples negocios, organizaciones y niveles de esta empresa, veas claramente qué lecciones extraer para tu organización.

## ¿QUÉ ES LA ESTRATEGIA?

La estrategia es una disciplina relativamente joven. Hasta mediados del siglo pasado, buena parte de lo que la gente atribuye ahora a la estrategia se clasificaba simplemente como management. Así pues, no es de extrañar que a muchas organizaciones les cueste definir lo que es la estrategia y crear una que sea útil; no hay ninguna definición única, clara y universal. Y aún hay menos consenso sobre cómo crearla. Cuando una estrategia sale bien, recuerda un poco a la magia: desconocida e inexplicable de antemano, pero obvia a toro pasado.

No lo es. En verdad, la estrategia consiste en tomar decisiones específicas para ganar en el mercado. Según Mike Porter, autor de *Estrategia competitiva*, tal vez el libro más reputado jamás escrito sobre la materia, una empresa erige una ventaja competitiva sostenible sobre sus rivales «eligiendo conscientemente un conjunto diferente de actividades que aportan valor único»[1]. Por tanto, la estrategia exige tomar decisiones explícitas —hacer algunas cosas y no otras— y crear un negocio en torno a ellas[2]. En resumen, la estrategia es decidir. Más concretamente, *la estrategia es un conjunto integrado de elecciones que catapultan la empresa hasta un lugar privilegiado de su sector, creando una ventaja sostenible y un valor superior con respecto a la competencia*.

Decidir es duro y no siempre enlaza con todas las demás cosas que hay que hacer. Para nosotros, son muy pocas las compañías que cuentan con una estrategia ganadora clara, decidida y convincente. Muchas veces, los directores generales permiten que lo urgente se anteponga a lo verdaderamente importante. Cuando el afán por actuar rige lo que hace una organización, se suele acabar aparcando la reflexión. En vez de trabajar para crear una estrategia ganadora, muchos líderes tienden a decidir la estrategia mediante uno de estos ineficaces sistemas:

1. *Definen la estrategia como una visión.* Las declaraciones de objetivos y de visión son elementos de la estrategia, pero no bastan. No ofrecen ninguna directriz para la acción productiva ni ninguna hoja de ruta hacia el futuro ansiado. No implican elegir en qué negocios meterse y en cuáles no. No prestan atención a la ventaja competitiva sostenible ni a los componentes de la creación de valor.
2. *Definen la estrategia como un plan.* Los planes y las tácticas también son elementos de la estrategia, pero tampoco son suficientes. Un plan detallado que especifique qué hará la empresa (y cuándo) no implica que las cosas que haga constituyan una ventaja competitiva sostenible.
3. *Niegan que la estrategia a largo plazo (o incluso a medio plazo) sea posible.* El mundo está cambiando tan deprisa, argumentan algunos líderes, que es imposible pensar en la estrategia por adelantado, sino que una empresa debería responder a las nuevas amenazas y oportunidades a medida que vayan surgiendo. La estrategia emergente se ha convertido en el lema de muchas firmas tecnológicas y start-ups, que ciertamente se enfrentan a un mercado muy cambiante. Por desgracia, esta perspectiva condena a la empresa a una actitud reactiva, de modo que se convierte en una presa fácil para los rivales más estratégicos. La estrategia no solo es posible en momentos de cambio fulgurante, sino que puede ser una ventaja competitiva y una fuente considerable de creación de valor. ¿Acaso Apple es reacia a valorar la estrategia? ¿O Google? ¿O Microsoft?
4. *Definen la estrategia como la optimización del statu quo.* Un buen puñado de líderes tratan de optimizar lo que ya están haciendo con su negocio. Así se pue-

de aumentar la eficiencia y aportar un poco de valor. Pero eso no es estrategia. Al optimizar las prácticas actuales, no afrontamos la posibilidad muy real de que la empresa pueda estar dinamitando sus activos y recursos puliendo las actividades equivocadas, mientras que los competidores más estratégicos la superan. Piensa en cómo las aerolíneas *legacy* optimizaron sus modelos radiales mientras Southwest Airlines estaba creando un modelo de negocio *point-to-point*. La optimización debe tener su espacio en los negocios, pero no es estrategia.

5. *Definen la estrategia como el hecho de tener las mejores prácticas*. En cada sector hay herramientas y prácticas que se extienden y generalizan. Algunas organizaciones definen la estrategia como el hecho de compararse con la competencia y luego llevan a cabo las mismas actividades, aunque de forma más eficiente. La uniformidad no es estrategia; es una fórmula para la mediocridad.

Estos métodos ineficaces se basan en una imagen sesgada de lo que es realmente la estrategia y en una reticencia a tomar decisiones difíciles de verdad. Es lógico que quieras mantener las opciones abiertas el máximo tiempo posible, en vez de cerrar puertas con decisiones concretas. Pero solo podrás ganar tomándolas y adhiriéndote a ellas. Cierto es que las decisiones inequívocas y difíciles te ponen en un aprieto y te fuerzan a seguir un camino, pero también te liberan para que puedas concentrarte en lo que importa.

Lo que importa es ganar. Las grandes entidades —tanto si son empresas como organizaciones sin ánimo de lucro, partidos políticos, agencias, etc.— eligen ganar, no solo jugar. ¿Cuál es la diferencia entre la Clínica Mayo y el hospital de investigación de tu barrio? Seguramente, el hospital de tu zona se centra en prestar un servicio y en ayudar, pero la Clínica Mayo tiene como objetivo transformar el mundo de la medicina, abanderar la investigación médica y ganar. Y lo consigue.

## EL MANUAL: CINCO DECISIONES, UN MARCO DE REFERENCIA, UN PROCESO

Ganar debería ser el santo y seña de cualquier estrategia. Para nosotros, *una estrategia es una sucesión coordinada e integrada de cinco decisiones: una aspiración ganadora, dónde jugar, cómo ganar, capacidades esenciales y sistemas de gestión.* El primer capítulo expone como cuestiones estratégicas estas cinco decisiones básicas. Entre el segundo y el sexto capítulo, se tratan con cierto detalle las cinco cuestiones: se explica la naturaleza de la decisión que hay que tomar, se aportan unos cuantos ejemplos y se dan algunos consejos para decidir en el contexto propio. Las cinco decisiones conforman la *cascada de decisiones estratégicas*, la base de nuestro trabajo estratégico y la esencia de este libro.

Sin embargo, para valorar en serio la estrategia, no basta solo con la cascada. En el séptimo capítulo aportamos otra herramienta: *el flujo lógico de la estrategia*, un marco de referencia para guiarte en los análisis clave que informan tus cinco decisiones estratégicas. Por último, en el octavo capítulo, presentamos una metodología específica para poner negro sobre blanco las opciones estratégicas contradictorias, un proceso llamado «ingeniería inversa» para tomar decisiones estratégicas con otros. Unidos, las cinco decisiones, el marco de referencia y el proceso conforman un manual para urdir la estrategia en cualquier organización.

Nuestro propósito es dotarte de una guía de estrategia que puedas usar personalmente. Te ofrecemos los conceptos, el proceso y los recursos prácticos que necesitas para crear y desarrollar una estrategia ganadora para tu negocio, función u organización, una estrategia que sirva mejor a tus clientes y te permita competir con más entereza para ganar.

El mundo necesita más líderes empresariales que entiendan la estrategia y que puedan dirigir el proceso estratégico de sus compañías. Necesita capacidades estratégicas a todos los niveles organizativos, en sectores de todo tipo: el gobierno, la sanidad, la educación y el ámbito social. La estrategia no ha de entrañar ningún misterio. Conceptualmente, es simple y clara. Exige reflexionar con claridad e intensidad, exige creatividad real, valentía y liderazgo personal. Pero se puede hacer.

# 1
## La estrategia es decidir

A finales de los noventa, P&G vio que necesitaba progresar urgentemente en el cuidado de la piel. El cuidado de la piel (incluyendo jabones, cremas limpiadoras, cremas hidratantes, lociones y otros tratamientos) representa más o menos una cuarta parte de todo el sector de la belleza y puede ser muy rentable. Si se hace bien, puede brindar una enorme fidelidad de los consumidores en comparación con otras categorías del sector, como el cuidado del cabello, la cosmética y la perfumería[1]. Además, en términos de tecnología y valoración de los clientes, se produce una transferencia significativa de conocimientos y habilidades del cuidado de la piel a esas otras categorías. Para competir con garantías en el negocio de la belleza, P&G tenía que liderar las marcas de cuidado del cabello y de la piel. La segunda era su punto débil. En concreto, Aceite de Olay no acababa de cuajar. No era la única marca de P&G en esa categoría, pero era de lejos la más grande y conocida.

Por desgracia, la marca arrastraba un hándicap. Aceite de Olay proyectaba una imagen anticuada y había perdido su vigencia. Se le había empezado a llamar mordazmente como «aceite de Ol-ayer», un epíteto no del todo desencaminado, puesto que su base de clientes iba envejeciendo año a año. A la hora de escoger un tratamiento de cuidado de la piel, las mujeres ignoraban cada vez más Aceite de Olay y elegían marcas que tenían más que ofrecer. El producto esencial de la marca (la crema rosa en un frasco sencillo de plástico) se vendía en las *drugstores* al módico precio de 3,99 dólares, con lo que simplemente no era competitiva contra al abanico creciente de alternativas para el cuidado de la piel. A finales de los noventa, las ventas de Aceite de Olay no llegaban a los ochocientos millones de dólares anuales, lejísimos de los líderes de la categoría de cuidado de la piel, que se movían en los cincuenta mil millones de dólares.

La situación exigía tomar una decisión estratégica difícil y planteaba varias respuestas posibles. P&G podía mantener el *statu quo* de Aceite de Olay y sacar una alternativa más competitiva con otra denominación para luchar por una nueva generación de consumidoras. Pero crear desde cero una marca de cuidado de la piel y conquistar el mercado podía ser cosa de años, o incluso de décadas. También se podía optar por un apaño inmediato, comprando un líder consolidado del cuidado de la piel (como Clinique, de Estée Lauder, o la marca Nivea, de Beiersdorf) para competir con mayores garantías en la categoría. Pero una adquisición era cara y especulativa. Además, en la década anterior P&G había intentado aprovechar varias oportunidades con marcas líderes y le había salido el tiro por la culata. Tenía la opción de extender una de sus marcas líderes de belleza, como Cover Girl, para que englobara la categoría de cuidado de la piel. No obstante, esto también implicaba un alto grado de especulación. ¿Sería fácil para una marca líder en cosmética asentarse en el cuidado de la piel? Por último, P&G podía tratar de revivir Aceite de Olay, que estaba en retroceso pero seguía conservando valor, para competir en un nuevo segmento. Esto significaba encontrar un modo de reinventar la marca en la mente de las consumidoras, una inversión considerable sin garantía de éxito. Pero en la empresa creían que la marca Aceite de Olay tenía potencial, sobre todo si se le daba el impulso adecuado. La buena noticia era que el grueso de las consumidoras todavía conocía la marca y, como bien sabe cualquiera que trabaje en marketing, la notoriedad preexiste al experimento. Michael Kuremsky, entonces manager de la marca Aceite de Olay en Norteamérica, resumió así el estado de las cosas: «Aún era muy prometedora, [pero] realmente no teníamos ningún plan»[2]. El equipo quería transformar la promesa en un plan. Y el plan era reinventar Aceite de Olay: la marca, el modelo de negocio, el empaquetado y el producto, la proposición de valor e incluso el nombre. Se perdió el «Aceite de» y la marca se rebautizó como «Olay»[3].

## REPLANTEÁNDONOS OLAY

Junto con Susan Arnold, entonces directora de belleza global, nos centramos en la estrategia de belleza a medio y largo plazo con el objetivo de consolidar a P&G como rival digno del sector. A medida que aprendiera en el sector belleza, podría ganar en otras categorías. Así, P&G invirtió en la marca SK-II (una línea japonesa de cuidado de la piel de primerísima calidad, adquirida en 1991 a través de la compra de Max Factor), Cover Girl (la marca líder en cosmética de P&G), Pantene (su mayor marca de champú y acondicionador), H&S (su línea líder de champú anticaspa) y Herbal Essences (su marca de cuidado del cabello dirigida a un perfil más joven). La compañía absorbió Wella y Clairol para hacerse un hueco en el estilismo y el tinte para cabello y buscó adquisiciones que pudieran fortalecer su liderazgo en el cuidado de la piel. Entre tanto, el equipo de Olay trabajaba para reinventar la marca.

Liderado por Gina Drosos (por aquel entonces, general manager del negocio de cuidado de la piel), el equipo empezó a intentar entender a sus consumidoras y competidores. Aunque no sorprendiera a nadie, los miembros del equipo descubrieron que las usuarias de Olay miraban mucho el precio y les preocupaba poco el cuidado de la piel. La sabiduría popular indicaba que el segmento de consumo más atractivo era el formado por mujeres mayores de cincuenta preocupadas por su batalla contra las arrugas. Esas mujeres estaban dispuestas a pagar un extra considerable por productos prometedores, y allí es donde las marcas líderes tendían a invertir sus esfuerzos. Pero Drosos lo recuerda así: «Al observar las necesidades de consumo en el mercado, descubrimos que había un gran potencial de crecimiento con consumidoras mayores de treinta y cinco que descubrían sus primeras arrugas. Antes de eso, muchas mujeres aún se aplicaban en la cara lociones para las manos o el cuerpo; o ni siquiera se aplicaban nada»[4]. Los treinta y pico parecían un buen punto de entrada al cuidado de la piel femenino. A esa edad, las consumidoras empiezan a descubrir y a tomarse más en serio los tratamientos: se lavan la cara, la tonifican, la hidratan y usan cremas diurnas, nocturnas, mascarillas y otros tratamientos para mantener un aspecto de piel joven y sana. A medio camino de los cuarenta, lo habitual es que las mujeres se comprometan más con el cuidado de la piel y estén más dispuestas a pagar por la calidad y la innovación. Buscan sistemáticamente una marca favorita y prueban nuevos productos. Se vuelven devotas fieles. Estas eran las consumidoras que necesitaba Olay, pero para jugar en este segmento, tenía que mejorar bastante sus prestaciones.

En el sector de la belleza, normalmente las marcas de grandes almacenes han sido pioneras de la innovación, creando nuevos y mejores productos que se van filtrando hasta llegar al mercado de masas. Considerando la mayor escala de P&G, sus menores costes de distribución y las notables capacidades internas en I+D, se podía liderar la innovación desde el núcleo del mercado. Según Drosos: «Podíamos invertir este paradigma de consumo de que la mejor tecnología se trascuela desde arriba. La mejor tecnología podía salir de Olay». Así pues, los científicos se pusieron a buscar y a crear compuestos de mayor calidad y eficacia; productos para el cuidado de la piel que dieran mil vueltas a los que había en el mercado. En vez de limitar el beneficio del producto a las arrugas, Olay amplió la proposición de valor.

Según los estudios, las arrugas solo eran una de las preocupaciones. Joe Listro, director de I+D de Olay, señala que: «Aparte de las arrugas, había la piel seca, las manchas de la vejez y el tono desigual de la piel. Las consumidoras clamaban por esas otras necesidades. Estábamos trabajando en tecnologías basadas en la biología dérmica y en la visibilidad de los resultados. Hallamos una combinación de materiales llamada VitaNiacin que aportaba beneficios significativos en varios de estos factores y mejoraba notablemente el aspecto de la piel»[5]. Olay trató de redefinir lo que podían hacer los productos antiedad. El resultado fueron varios productos nuevos, empezando por Olay Total Effects en 1999, que combinaban las opiniones de las clientas con mejores principios activos para combatir los múltiples signos del envejecimiento. Los productos supusieron una mejora notable en las prestaciones de los productos para el cuidado de la piel.

Los nuevos productos, más eficaces, se podían vender con garantías en grandes almacenes como Macy's y Saks, el canal de lujo que acaparaba más de la mitad del mercado. Por norma general, Olay solo había usado el canal de masas: las *drugstores* y tiendas de ofertas. Estos minoristas de masas —como Walgreens, Target y Walmart— eran los principales y mejores clientes de P&G en múltiples categorías. Pero la compañía tenía bastante poca experiencia e influencia en los grandes almacenes, en los que solo vendía en unas pocas categorías. Para aprovechar sus fortalezas, era lógico permanecer en los canales de masas, pero solo si las consumidoras de esos grandes almacenes desertaban a esos canales a causa de Olay. Para ganar masivamente con Olay, la compañía tenía que conectar el mercado de masas (*mass*) con el de lujo (*prestige*), creando la que acabaría denominando categoría *masstige*. Olay necesitaba cambiar la percepción del cuidado de belleza en el canal de masas, vender productos de más alta gama y más prestigiosos en un entorno tradicionalmente de grandes volúmenes. Tenía que atraer a consumidoras tanto de los canales de masas como de los canales de lujo. Para hacerlo, el producto en sí solo era uno de los campos de batalla; Olay también debía alterar la imagen que las consumidoras tenían de la marca, utilizando para ello su posicionamiento, empaquetado, precio y promoción.

En primer lugar, Olay necesitaba convencer a las mujeres expertas en cuidado de la piel de que sus nuevos productos eran igual de buenos o mejores que los artículos de la competencia, más costosos. Empezó publicitándose en los mismos programas de televisión y revistas que abarrotaban las marcas más caras; la idea era que la consumidora situara a Olay en la misma categoría mental. En los anuncios se presentaba Olay como la solución contra «los siete signos de la edad» y se reclutó a expertos externos para que respaldaran las tesis de los ingredientes nuevos y mejorados. Drosos lo explica así: «Desarrollamos un programa revolucionario de relaciones externas y credenciales. Determinamos quiénes serían las máximas influencias sobre las consumidoras y abrimos las puertas de nuestros laboratorios para que algunos de los dermatólogos más renombrados fueran a ver cómo trabajábamos». Hicimos test independientes que demostraron que los productos de Olay ofrecían iguales o mejores prestaciones que las marcas de los grandes almacenes, que costaban cientos de dólares más. Todo ello ayudó a remodelar las percepciones de las consumidoras en cuanto a las prestaciones y el valor. De repente, los productos de Olay transmitían la imagen de alta calidad a un precio asequible.

También había que dar una buena imagen. El envoltorio tenía que representar una aspiración, pero debía ser un empaquetado práctico. Listro recuerda lo siguiente: «La mayoría de los productos de masas —e incluso algunos artículos de lujo— se vendían en frascos exprimibles o en tarritos comunes. Lo que buscamos fue una tecnología para meter las cremas espesas en un envase más elegante, más propio de una loción. Descubrimos un diseño con el que se podían bombear las cremas». El fruto: un envoltorio que destacaría y reluciría en el estante, pero que funcionaría la mar de bien una vez tuviéramos el producto en casa.

El precio fue el siguiente elemento. Al igual que la mayoría de marcas de *drugstore*, tradicionalmente los productos de Olay se habían vendido en la categoría de menos de ocho dólares, cuando las marcas de los grandes almacenes podían oscilar entre los veinticinco y los cuatrocientos (o más). Como cuenta Drosos, en el cuidado de la piel existía la noción generalizada de que «te llevas lo que pagas. Las mujeres tenían la sensación de que los productos del mercado de masas no eran tan buenos». La publicidad y el empaquetado de Olay prometían un producto de alta calidad y eficacia que podía competir con las marcas de los grandes almacenes. Con el precio también había que dar con la tecla: no podía ser muy alto para no asustar al grueso de las consumidoras, pero no podía ser tan bajo que las consumidoras de artículos de lujo dudaran de su eficacia (más allá de lo que dijeran aquellos expertos independientes).

Listro recuerda las pruebas que hicieron para determinar la estrategia de precios de Olay Total Effects: «Empezamos a vender el nuevo producto de Olay a precios *premium* de entre 12,99 y 18,99 dólares y obtuvimos resultados muy diferentes». Los 12,99 dólares propiciaron una respuesta positiva y un índice de intención de compra razonablemente bueno (las consumidoras afirmaron que seguirían comprando el producto). Pero la mayor parte de las personas que expresaron el deseo de comprar el artículo por 12,99 dólares eran compradoras de masas. Fueron muy pocas las compradoras de grandes almacenes que mostraron interés por ese precio: «Básicamente —cuenta Listro—, estábamos ascendiendo en el perfil de compradora dentro del mismo canal». Estaba bien, pero no era suficiente. En los 15,99 dólares, la intención de compra caía ostensiblemente. Y en los 18,99 dólares, la intención de compra volvía a crecer... como la espuma. «O sea que 12,99 dólares era un precio bastante bueno; 15,99 no tanto; y 18,99, fantástico. En los 18,99 dólares empezamos a encontrar consumidoras que compraban en ambos canales. Ese precio era un gran valor para la compradora de lujo acostumbrada a gastarse treinta dólares o más». El precio de 18,99 dólares estaba justo por debajo del de Clinique y muy por debajo del de Estée Lauder. Para la compradora de artículos de lujo, tenía un gran valor, pero no era tan barato como para perder credibilidad. Y para la compradora de masas, significaba que el producto tenía que ser bastante mejor que el resto de lo que había en la estantería para justificar ese sobreprecio. Listro prosigue: «Pero en los 15,99 dólares, nos quedábamos en tierra de nadie: era demasiado caro para la compradora de masas y no ofrecía suficiente credibilidad para la compradora de lujo». Así que, con un impulso decidido del equipo de dirección y liderazgo, Olay dio el salto a los 18,99 dólares para sacar Olay Total Effects. Era el precio de venta sugerido por el fabricante y el equipo se esmeró mucho por convencer a los minoristas de mantener ese precio.

Se cogió velocidad. Olay sacó después una marca *premium* todavía más cara con un principio activo aún mejor: Olay Regenerist. Luego, lanzó Olay Definity y el artículo Olay Pro-X, que costaba cincuenta dólares, algo impensable diez años antes. El equipo fue erigiendo y ampliando las capacidades en torno a la nueva estrategia. Durante buena parte de los noventa, el negocio de cuidado de la piel de P&G creció a un ritmo anual del 2-4 %. Tras el relanzamiento del año 2000, Olay encadenó una década entera de crecimiento de dobles dígitos en ventas y beneficios. ¿El resultado? Una marca valorada en dos mil quinientos millones de dólares, con márgenes elevadísimos y una base de consumidoras en el meollo de la sección más atractiva del mercado.

## QUÉ ES (Y QUÉ NO ES) ESTRATEGIA

Olay adolecía de un problema estratégico que aflige a muchas empresas: una marca estancada, consumidores cada vez mayores, productos poco competitivos, mucha competencia e inercia en la dirección equivocada. Entonces, ¿cómo pudo brillar tanto Olay donde tantos otros fracasan? La gente de Olay no es más trabajadora, cumplidora, valiente ni afortunada que todos los demás. Pero su manera de afrontar las decisiones fue diferente. Disponían de un método estratégico definido, un proceso reflexivo que permitía realmente a cada manager tomar decisiones más resueltas y difíciles. Ese proceso, así como la filosofía estratégica que lo sustenta, es lo que marcó la diferencia.

La estrategia puede parecer mística y enigmática, pero no lo es. Es fácil de definir. Se trata de un conjunto de decisiones tomadas para ganar. Repetimos, es un conjunto integrado de elecciones que confiere a la empresa un lugar privilegiado en su sector para crear una ventaja sostenible y un valor superior respecto a la competencia. En particular, la estrategia es la respuesta a estas cinco preguntas interrelacionadas:

1. *¿Cuál es tu aspiración ganadora?* El propósito de tu empresa, su aspiración motivadora.
2. *¿Dónde vas a jugar?* Un campo de juego en el que puedas lograr esa aspiración.
3. *¿Cómo vas a ganar?* La forma en que ganarás en el campo de juego elegido.

4. *¿Qué capacidades se necesitan?* El conjunto y la configuración de capacidades necesarias para ganar según la forma elegida.
5. *¿Qué sistemas de gestión se necesitan?* Los sistemas e indicadores que validan las capacidades y permiten elegir.

Estas decisiones y la relación entre ellas se pueden interpretar como una cascada de refuerzo mutuo: las decisiones en la cima de la cascada fijan el contexto para las que hay abajo, mientras que las decisiones tomadas en el fondo influyen y perfilan a las superiores (cuadro 1.1).

En una organización pequeña, puede haber perfectamente una única cascada que defina el conjunto de decisiones para toda la organización. Pero en las compañías más grandes, hay varios niveles de decisión y varias cascadas interconectadas. En P&G, por ejemplo, hay una estrategia global que articula las cinco decisiones para marcas como Olay o Pampers.

Cuadro 1.1
**Una cascada integrada de decisiones**

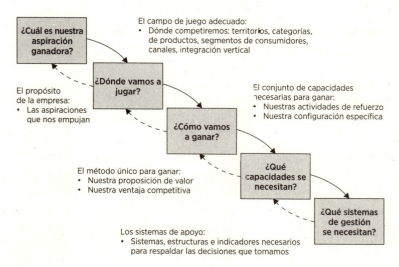

Hay una estrategia de categoría que engloba varias marcas relacionadas, como el cuidado de la piel o los pañales. Hay una estrategia sectorial que engloba varias categorías, como la belleza o el cuidado infantil. Y, finalmente, hay también una estratégica corporativa. Cada estrategia influye en las decisiones tomadas por encima y por debajo de ella y, a su vez, es influida por dichas decisiones; las decisiones corporativas relativas a dónde jugar, por ejemplo, rigen las decisiones a nivel sectorial, que a su vez afectan a las que se toman a nivel de categoría y marca. Y las decisiones de la marca influyen en las que se toman en toda una categoría, que influyen en las sectoriales y corporativas. El fruto es un cúmulo de cascadas anidadas que abarca toda la organización (cuadro 1.2).

Las cascadas anidadas significan que se toman decisiones a todos los niveles de la organización. Imagina una empresa que diseña, fabrica y vende ropa para hacer yoga. Aspira a reclutar fervientes abogados de la marca, marcar un antes y un después en el mundo y, de paso, ganar algún dinero.

Cuadro 1.2
**Cascadas anidadas de decisiones**

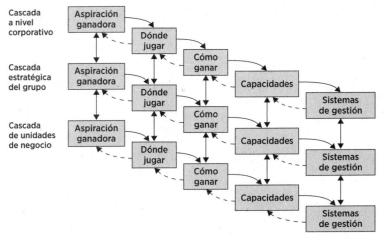

Decide jugar en sus propias tiendas minoristas con indumentaria atlética para mujeres; y decide ganar mediante el rendimiento y el estilo. Crea ropa de yoga técnicamente superior (ajustada, flexible, práctica, transpirable, etc.) y, al mismo tiempo, sensacional. A menudo agota las existencias para dar una imagen de exclusividad y escasez. Atrae a las consumidoras a la tienda con una plantilla muy especializada y define una serie de capacidades vitales para ganar, como el diseño de productos y tiendas, la atención al cliente y la experiencia en la cadena de suministro. Crea procesos de suministro y de diseño, sistemas de formación para la plantilla y sistemas de gestión logística. Todas estas decisiones se toman en la cima de la organización.

Pero estas decisiones engendran otras en el resto de la organización. ¿El equipo de productos debería ceñirse a la ropa o expandirse a los accesorios? ¿Debería jugar también en la indumentaria para hombres? ¿El grupo de operaciones minoristas debería seguir en el sector tradicional de venta física o dar el salto a internet? En cuanto a las tiendas al detalle, ¿debería haber un solo modelo o varios para adaptarse a diferentes regiones y segmentos de clientes? En los locales, ¿cómo debería atender el dependiente a la clienta, aquí y ahora, para ganar? Cada nivel de la organización tiene su propia cascada de decisiones estratégicas.

Cojamos a la dependienta de una tienda de Manhattan. Para ella, ganar es ser la mejor vendedora de la tienda y cautivar a las clientas con su servicio. No solo sabe que lo está haciendo bien por las cifras diarias de ventas, sino por sus interacciones con clientas habituales y por el *feedback* de sus compañeras. La gente que entra por la puerta determina en gran medida su decisión de dónde jugar, pero ella puede detectar los mejores tipos de clientes, momentos del día o partes de la tienda para poner en práctica su destreza. Y, por tanto, pone su atención allí. Respecto a cómo ganar, puede que tenga una táctica con las clientas que acaban de empezar y que se sienten abrumadas por tantas elecciones (no solo dando consejos sobre vestimenta, sino sobre cómo dar los primeros pasos, y asegurándoles que todo acabará encajando), otra táctica para las aficionadas (resaltando las especificaciones técnicas de la ropa, pero también intercambiando anécdotas sobre las clases y los instructores) y otra para el tropel de expertas en moda que no buscan pantalones de yoga para ejercitarse, sino para salir a hacer recados (señalando los estantes con productos recién llegados, recalcando los colores y diseños únicos). Ella elige desarrollar sus propias capacidades en una comunicación clara, comprendiendo las especificaciones técnicas y practicando diferentes vertientes del yoga. Crea sus propios sistemas de gestión y prepara una chuleta para recordar productos y estilos y un directorio de sus centros e instructores favoritos.

Puede que estas decisiones de los empleados rasos no parezcan tan complejas como las que afronta el director general, pero sí son estratégicas. Al igual que el director general, una dependienta debe elegir la mejor opción posible atendiendo a las restricciones y la incertidumbre. Sus restricciones dimanan de las decisiones que toman los estratos superiores de la organización, de las exigencias de las clientas y de las estrategias de sus competidores. Para el director general, las restricciones dimanan de las expectativas de los mercados de capital, de las reservas de liquidez de la compañía y de las instrucciones del consejo de administración. Tanto la dependienta como su director general toman decisiones estratégicas y se ciñen a ellas. La única diferencia es el alcance de las elecciones y la naturaleza concreta de las restricciones.

Cada nivel de la organización puede crear y pulir la estrategia utilizando el marco de referencia de la cascada de decisiones. Cada celda de la cascada es objeto de un capítulo de este libro, pero, por ahora, ofreceremos unas pinceladas sobre cada una de ellas empleando como ejemplo las decisiones de Olay a nivel de marca y de P&G a nivel corporativo.

## ASPIRACIONES GANADORAS

La primera pregunta —¿Cuál es nuestra aspiración ganadora?— marca el rumbo de todas las demás decisiones. Cada compañía debe intentar ganar en un lugar particular y de un modo particular. Si no pretende ganar, está haciendo perder el tiempo a su personal y desperdiciando el dinero de sus inversores. Pero, para sacarle el máximo provecho, el concepto abstracto de ganar debería traducirse en aspiraciones definidas. Las aspiraciones son reflejos del futuro utópico. En una fase posterior del proceso, las compañías atribuyen indicadores específicos a esas aspiraciones para medir el progreso.

Como aspiraciones, Olay se marcó liderar la cuota de mercado de Norteamérica, lograr mil millones de dólares en ventas y alcanzar una cuota global que situara la marca entre las líderes del mercado. Las expectativas eran que la marca, revitalizada y transformada, convirtiera el cuidado de la piel en un pilar sólido de la belleza, junto con el cuidado del cabello. Una tercera aspiración era crear y conservar el liderazgo en un nuevo segmento *masstige*, posicionado entre el mercado de masas y el de lujo. Este conjunto de aspiraciones representó el punto de partida para definir dónde jugar y cómo ganar, pues permitieron al equipo de Olay ver el propósito ulterior de lo que estaba haciendo. La claridad de las aspiraciones allanó el camino para que las acciones a nivel de marca, categoría, sector y compañía se encaminaran a realizar ese ideal.

En el ámbito general de la compañía, ganar implicaba conseguir las marcas más valiosas y rentables en cada categoría y sector en el que decidiera competir (en otras palabras, liderar el mercado en todas las categorías de P&G). La aspiración era crear una ventaja competitiva sostenible, un valor superior y una rentabilidad económica más jugosa. Por aquel entonces, la declaración de objetivos decía lo siguiente: «Proporcionaremos productos y servicios de calidad y de valor superior para mejorar la vida de los consumidores del mundo. En consecuencia, los consumidores nos recompensarán con unas ventas incomparables, con beneficios y creación de valor. Esto permitirá que nuestra plantilla, nuestros accionistas y las comunidades donde vivimos y trabajamos prosperen». Mejorar la vida de los consumidores para impulsar el liderazgo en ventas, beneficios y creación de valor era la aspiración más importante de la empresa. Comandaba todas las elecciones subsiguientes.

Las aspiraciones se pueden ir puliendo y revisando, pero no deberían cambiarse de un día para otro. Su razón de ser es cohesionar las actividades dentro de la empresa, así que deberían estar diseñadas para durar cierto tiempo. La definición de *ganar* aporta un contexto para el resto de las decisiones estratégicas; en todos los casos, deberían coincidir con las aspiraciones de la empresa y respaldarlas. La cuestión de qué es una aspiración ganadora se explorará con más detalle en el segundo capítulo.

## DÓNDE JUGAR

Las dos siguientes cuestiones son dónde jugar y cómo ganar. Estas dos decisiones, que están íntimamente entrelazadas, conforman la auténtica esencia de la estrategia y son los dos aspectos primordiales a la hora de urdirla. La aspiración ganadora define en líneas generales el ámbito de las actividades corporativas; dónde jugar y cómo ganar definen las actividades específicas de la organización: qué hará la empresa para lograr sus aspiraciones, dónde y cómo.

El lugar donde jugar representa el conjunto de decisiones que restringen el campo de competición. Las preguntas que conviene formular se centran en dónde competirá la compañía: en qué mercados, con qué clientes y consumidores, en qué canales, en qué categorías de productos y en qué fase/s vertical/

es del sector en cuestión. Este conjunto de preguntas es vital; ninguna compañía puede abarcarlo todo y a todo el mundo y, aun así, ganar. Por tanto, es importante entender qué decisiones sobre cómo jugar le ofrecen más garantías. Una empresa puede ser pequeña o grande. Puede competir en cualquier segmento demográfico (hombres de entre dieciocho y veinticuatro años, urbanitas cuarentones y mamás trabajadoras) y territorio (local, nacional, internacional, mundo desarrollado, países en rápido desarrollo como Brasil y China). Puede competir en un sinfín de servicios, líneas de productos y categorías. Puede participar en diferentes canales (D2C, online, hipermercados, supermercados, grandes almacenes). Puede participar en la parte *upstream* (abastecimiento) de su sector, en la parte *downstream* (fabricación y distribución) o integrarse de forma vertical. Estas decisiones, analizadas conjuntamente, reflejan el campo de juego estratégico para la empresa.

Olay hizo dos elecciones estratégicamente decisivas sobre dónde jugar: para competir con las marcas de lujo, se asoció con minoristas con tal de crear un nuevo segmento *masstige* en tiendas de grandes ofertas, *drugstores* y supermercados; y creó un segmento de consumidoras nuevo y creciente para productos antiedad de cuidado de la piel. Se sopesaron muchas otras opciones sobre dónde jugar (como trasladarse a canales de lujo y vender en grandes almacenes y tiendas especializadas), pero, para ganar, las decisiones que tomara Olay respecto a dónde jugar tenían que amoldarse a las decisiones y capacidades de toda la compañía. Los resultados de P&G suelen ser buenos cuando el consumidor está muy comprometido con la categoría del producto y tiene mucho interés en la experiencia y las prestaciones del mismo. P&G arrasa con aquellas marcas que prometen una mejora real si el consumidor se esfuerza de forma regular, como parte de un tratamiento bien definido. P&G también rinde bien con marcas que se pueden vender a través de sus mejores clientes, minoristas con los que tiene una relación sólida y con los que puede crear un valor compartido considerable. Por tanto, el equipo de Olay decidió dónde jugar teniendo en cuenta las decisiones y capacidades de P&G.

En términos corporativos, para decidir dónde jugar, había que definir qué regiones, categorías, canales y consumidores aportarían una ventaja competitiva sostenible. La idea era jugar en aquellas áreas donde las capacidades de P&G fueran decisivas y evitar aquellas en que no. Para discernir un área de otra y definir claramente el campo de juego estratégico, los líderes de P&G se cimentaron en el concepto de la *esencia*.

Queríamos jugar allí donde las fortalezas esenciales de P&G nos permitieran ganar. Nos planteamos qué marcas eran verdaderamente esenciales, identificamos aquellas que obviamente eran líderes en su sector o categoría e invertimos una lluvia de recursos en ellas. Nos preguntamos cuáles eran los territorios esenciales. El 85 % de los beneficios se concentraba en diez países, así que debíamos priorizar esos territorios. Nos planteamos dónde buscaban los consumidores las marcas de P&G: en hipermercados y grandes tiendas de ofertas, en *drugstores* y en supermercados. La esencia también se convirtió en un factor de innovación. Los científicos de la empresa determinaron qué tecnologías esenciales eran importantes en los diversos negocios y las antepusieron a todas las demás. Pretendíamos cambiar de mentalidad, de una invención pura a una innovación estratégica. El objetivo era que la innovación contribuyera a nuestra esencia. También nos fijamos en los consumidores esenciales; instamos a los negocios a anteponer al consumidor más relevante, fijando como objetivo los segmentos más atractivos. La esencia era la primera —y más elemental— decisión respecto a dónde jugar: hacer hincapié en las marcas, los territorios, los canales, las tecnologías y los consumidores esenciales como trampolín hacia el crecimiento.

La segunda decisión en este sentido fue ampliar la esencia de P&G a categorías demográficamente aventajadas y estructuralmente más atractivas. Por ejemplo, la esencia debía pasar del cuidado textil al cuidado del hogar, del cuidado del cabello al tinte y la peluquería y, a grandes rasgos, a la belleza, la salud y el cuidado personal.

La tercera decisión, expandirse a mercados emergentes, fue fruto de la demografía y de la economía. Los mercados emergentes concentrarían la mayoría de los bebés que iban a nacer y de los hogares que se iban a crear. De hecho el crecimiento económico en esos mercados será hasta cuatro veces superior al de los mercados desarrollados de la OCDE. La duda estaba en cuántos mercados podía abarcar P&G y qué orden de prioridad debía darles. La compañía empezó con China, México y Rusia y fue ensanchando su capacidad y alcance poco a poco para incorporar Brasil, India y otros. Como señala Chip Bergh, expresidente de la división de acicalamiento global del grupo y actualmente director general de Levi Strauus & Co.: «En 2000, las ventas de P&G en los mercados emergentes rondaban el 20 % del total, mientras que las de Unilever y Colgate ya rayaban el 40 %. Éramos una compañía de productos caros y siempre buscábamos la excelencia de nuestros artículos. Como empresa, solíamos rondar los rangos superiores en casi todas las categorías»[6]. Para competir en el mundo en vías de desarrollo, dice Bergh, teníamos que reinventarnos: «Necesitábamos empezar a ampliar la cartera de productos y crear proposiciones competitivas, incluyendo estructuras de costes que permitieran profundizar más en esos mercados emergentes. En India hay mil millones de consumidores y estábamos ofreciéndonos al 10 % superior».

Jugar en los mercados emergentes era una decisión importante, pero no podíamos entrar en todos a la vez. China y Rusia eran oportunidades únicas, dado que sus mercados se abrían a todos los contendientes al mismo tiempo. P&G había priorizado esos países y había establecido una posición fuerte y estratégica en ambos mercados. Luego la compañía valoró largamente qué mercados emergentes marcarse como objetivo a continuación, con qué productos y en qué categorías. Por ejemplo, el cuidado infantil en Asia tenía mucho sentido, ya que, en el futuro, la mayoría de bebés del mundo nacerían allí. También parecía lógico potenciar los sectores de lavandería y belleza en los mercados emergentes, atendiendo al valor de la marca, la escala y la preferencia de los consumidores. Así pues, P&G preparó incursiones en Asia en esas tres categorías y las llevó a cabo. En 2011, el 35 % de todas las ventas provenían del mundo en vías de desarrollo.

En suma, P&G tuvo que tomar tres decisiones críticas sobre dónde jugar a nivel corporativo:

- Potenciar las actividades esenciales y crecer gracias a ellas, centrándose en los segmentos de consumidores, canales, clientes, territorios, marcas y tecnologías de productos esenciales.
- Reforzar el liderazgo en lavandería y cuidado del hogar y progresar hacia el liderazgo del mercado en las categorías de belleza y cuidado personal, más aventajadas demográficamente y con una estructura más atractiva.
- Expandirse al liderazgo en mercados emergentes demográficamente aventajados, priorizándolos según su relevancia estratégica para P&G.

En el tercer capítulo retomaremos la cuestión de dónde jugar, exploraremos las diferentes maneras de definir el campo de juego y las lecciones que se pueden aprender de marcas como Bounty y Tide.

## CÓMO GANAR

Al decidir dónde jugar se selecciona el campo de juego; al decidir cómo ganar se determinan las elecciones para ganar en dicho campo. Es la fórmula del éxito en los segmentos, categorías, canales, territorios, etc. que se hayan elegido. La decisión de cómo ganar está íntimamente ligada a la de dónde jugar. Recuerda, no se trata de cómo ganar en términos generales, sino de cómo ganar dentro de los dominios elegidos de dónde jugar.

Las decisiones de dónde jugar y cómo ganar deberían fluir la una de la otra y reforzarse mutuamente. Piensa en el contraste entre dos imperios de la restauración, como Olive Garden y Mario Batali. Ambos están especializados en comida italiana y ambos destacan en diversos sitios. Sin embargo, encarnan formas muy diferentes de decidir dónde jugar.

Olive Garden es una cadena de restaurantes informales y asequibles. Tiene bastantes locales: más de setecientos en todo el mundo. Por tanto, sus decisiones de cómo ganar consisten en saciar las mismas necesidades que los *diners* normales y corrientes, así como buscar resultados sólidos y homogéneos contratando a miles de empleados para reproducir millones de comidas que satisfagan un amplio abanico de gustos. Mario Batali, en cambio, trabaja en la alta cocina y solo compite en un puñado de sitios: Nueva York, Las Vegas, Los Ángeles y Singapur. Encuentra el éxito ideando recetas innovadoras y otras que ya existen, buscando los ingredientes más selectos, prestando un servicio superlativo y personalizado y compartiendo su caché con sus comensales gourmet; un caché generado por la fama de Batali en Food Network y por su amistad con personalidades como la actriz Gwyneth Paltrow.

En las grandes estrategias, las decisiones de dónde jugar y cómo ganar se compenetran para reforzar a la compañía. Atendiendo a dónde ha decidido jugar Olive Garden, no tendría sentido que intentara ganar aumentando el renombre de su jefe de cocina, ni que Batali se planteara siquiera uniformizar todos los locales. Pero si Batali quisiera expandir considerablemente su oferta de restaurantes informales y de bajo precio, como ha hecho Wolfgang Puck, tendría que expandir sus decisiones de cómo ganar para incluir la decisión nueva y más amplia de dónde jugar. De no hacerlo, seguramente no conseguiría seducir al nuevo mercado. Hay que valorar conjuntamente las decisiones de dónde jugar y cómo ganar, porque ninguna opción de cómo ganar es perfecta —ni siquiera adecuada— para todas las decisiones de dónde jugar.

Para determinar cómo ganar, una organización debe decidir qué le permitirá crear un valor único y aportarlo sistemáticamente a los clientes de un modo distinto al de los competidores. Michael Porter lo llamaba «ventaja competitiva», la manera específica en que una empresa utiliza sus ventajas para crear un valor superior para un consumidor o cliente y, por ende, una mayor rentabilidad para la compañía.

Para Olay, las decisiones de cómo ganar fueron estas: fabricar productos para el cuidado de la piel genuinamente mejores que pudieran combatir de verdad los signos del envejecimiento; crear una campaña de marketing conmovedora que articulara con franqueza la promesa de la marca («Combate los siete signos de la edad»); y crear un canal *masstige* colaborando con minoristas de masas para competir directamente con marcas de lujo. Eligiendo el *masstige*, que implicaba ganar en los canales que P&G conocía mejor, había que cambiar de arriba abajo la fórmula del producto, el diseño del envasado, el *branding* y el precio para redibujar la proposición de valor para minoristas y consumidoras.

A nivel corporativo, P&G eligió competir desde su esencia, expandirse a los sectores de hogar, belleza, salud y cuidado personal, y abrirse a los mercados emergentes. Las decisiones de cómo ganar tenían que encajar de pleno con estas decisiones de dónde jugar. Para cuajar, tendrían que adecuarse al contexto específico de la firma y ser muy difíciles de copiar para la competencia. La ventaja competitiva de P&G era su capacidad para entender a sus consumidores esenciales y crear marcas diferenciadas. Vence fortaleciendo sus marcas sin descanso y echando mano de una tecnología de productos innovadora. Aprovecha la escala global y sus asociaciones fuertes con proveedores y clientes puente para fortalecer la distribución al por menor y el valor para el consumidor en los mercados escogidos. Si se basaba y confiaba en sus fortalezas, P&G podría sostener una ventaja competitiva mediante un modelo *go-to-market* incomparable.

Las decisiones de P&G respecto a dónde jugar y cómo ganar no son buenas para cualquier contexto. Las decisiones adecuadas para tu negocio deberán ser viables y determinantes para ti. Si tu empresa es pequeña y debe hacer frente a competidores mucho más grandes, no tendría mucho sentido decidir cómo ganar en función de la escala. Pero el simple hecho de que seas pequeño no significa que sea imposible ganar mediante la escala. No descartes la posibilidad de cambiar el contexto para adecuarlo a tus decisiones. Bob Young, el cofundador de Red Hat Inc., sabía perfectamente dónde quería que jugara su compañía: quería facilitar a sus clientes corporativos software de código abierto. Según él, sí había que tener escala para ganar de ese modo. Young sabía que era mucho más probable que los clientes corporativos compraran a un líder del mercado, especialmente un líder dominante. Por aquel entonces, el mercado de Linux estaba sumamente fragmentado y no tenía un líder claro. Young tenía que cambiar las reglas del juego regalando literalmente su software con descargas gratis, con el fin de lograr una cuota de mercado dominante y ganar credibilidad ante los departamentos informáticos de las empresas. En ese caso, Young decidió dónde jugar y cómo ganar y, luego, erigió el resto de su estrategia (obtener rédito del servicio, en vez de obtenerlo de las ventas de software) en torno a esas dos elecciones. El resultado fue una compañía valorada en miles de millones de dólares y una organización boyante. En el cuarto capítulo veremos con más detenimiento la infinidad de maneras de ganar y todas las posibilidades de sopesarlas. En concreto, empezamos con la historia de una serie de tecnologías que obligaron a P&G a tomar una decisión particularmente difícil.

## CAPACIDADES ESENCIALES

Hay dos cuestiones que dimanan del seno de la estrategia y que son cruciales: (1) qué capacidades se necesitan para ganar y (2) qué sistemas de gestión hacen falta para respaldar las decisiones estratégicas. La primera, la elección de capacidades, guarda relación con el repertorio y la calidad de las actividades que permitirán a la compañía ganar allí donde decida jugar. Las capacidades son el bagaje de actividades y competencias clave que ayudan a decidir dónde jugar y cómo ganar.

El equipo de Olay debía esmerarse por erigir y crear sus capacidades en diversos frentes. Obviamente, la innovación sería vital; y no solo la innovación de productos, sino también la innovación en el empaquetado, la distribución, el marketing e incluso el modelo de negocio. El equipo necesitaría valerse de las impresiones de las consumidoras para entender de verdad un segmento diferente. Tendría que encontrar nuevas formas para crear la marca, la publicidad y el merchandising con grandes tiendas minoristas. Olay y las otras marcas de cuidado de la piel de P&G no podían afrontarlo solas, así que se asociaron con innovadores en materia de ingredientes (Cellderma), diseñadores (IDEO y otros), agencias de publicidad y relaciones públicas (Saatchi & Saatchi) y voces autorizadas (como editores de revistas de belleza y dermatólogos) que dieran fe de la utilidad del producto. Esta urdimbre de capacidades internas y externas formó un sistema de actividad único y potente que obligó a aumentar —o a adquirir nuevas— capacidades. En P&G, una compañía con más de ciento veinticinco mil empleados en todo el mundo, el abanico de capacidades es amplio y diverso, pero solo unas pocas son absolutamente fundamentales para ganar dónde y cómo se ha elegido:

- *Comprensión profunda del consumidor.* Esta es la habilidad para conocer a fondo a los compradores y usuarios finales. El propósito es descubrir las necesidades no articuladas de los consumidores, conocerlos mejor que la competencia y detectar oportunidades antes de que sean obvias para los demás.
- *Innovación.* La innovación es el alma de P&G. La empresa intenta traducir su profunda comprensión de las necesidades de los consumidores en productos novedosos y mejorados. Se pueden invertir esfuerzos de innovación en el producto, en el empaquetado, en el servicio que presta P&G a sus consumidores y en la colaboración con sus clientes comerciales, o incluso en sus modelos de negocio, sus capacidades esenciales y sus sistemas de gestión.
- *Construcción de la marca.* El *branding* lleva tiempo siendo una de las capacidades más fuertes de P&G. Definiendo y destilando mejor una heurística encarada a construir la marca, la compañía puede formar y generar con eficiencia líderes y comerciales en esta disciplina.
- *Habilidad go-to-market.* Esta capacidad atañe a las relaciones con los clientes canal y los consumidores. P&G tiene mucha maña conectando con sus clientes y consumidores; lo hace cuando, donde y como corresponde. Al firmar asociaciones únicas con minoristas, P&G puede crear estrategias *go-to-market* nuevas y revolucionarias que le permiten aportar más valor a

los consumidores en la tienda y a los minoristas a lo largo de toda la cadena de suministro.
- *Escala global*. P&G es una multinacional que trabaja en varias categorías. En lugar de operar en distintas instalaciones, sus categorías pueden aumentar la producción total contratando, aprendiendo, comprando, investigando y experimentando juntas, además de acudir al mercado de la mano. En los noventa, P&G aunó un conjunto de servicios internos, como recursos humanos e informática, en un único módulo —los servicios comerciales globales (GBS)— para explotar a nivel global los beneficios de escala de esas funciones.

Estas cinco capacidades esenciales se sustentan y refuerzan mutuamente y, colectivamente, distinguen a P&G. En solitario, cada capacidad es fuerte, pero no basta para generar una verdadera ventaja competitiva a largo plazo. De hecho, la forma en que todas ellas se compenetran y se respaldan es lo que genera una ventaja estable. Cuando sale una idea novedosa y brillante de los laboratorios de P&G, se le puede dar un nombre y distribuirla por todo el mundo en las mejores tiendas minoristas de cada mercado. Para la competencia, es complicado igualar esa combinación. En el quinto capítulo hablaremos más sobre las capacidades esenciales y la relación que pueden guardar con la ventaja competitiva.

## SISTEMAS DE GESTIÓN

La última decisión estratégica de la cascada concierne a los sistemas de gestión. Estos sistemas pueden impulsar, respaldar y medir la estrategia. Para ser verdaderamente eficaces, su diseño ha de dar respuesta a las decisiones y capacidades. Los tipos de sistemas e indicadores variarán según cada decisión, capacidad y compañía. En general, sin embargo, los sistemas deben garantizar que se comunica cada decisión a toda la compañía, que se forma a los empleados para respetar las decisiones y usar las capacidades, que se prevé la financiación y el mantenimiento de capacidades a lo largo del tiempo, y que se mide la eficacia de las decisiones y el progreso hacia las aspiraciones.

Debajo de las decisiones y capacidades de Olay, el equipo creó sistemas e indicadores de apoyo. También diseñó una estrategia de recursos humanos basada en la idea del «amor al trabajo» (para animar al desarrollo personal y expandir el talento del personal del sector de belleza), así como sistemas de seguimiento pormenorizados para medir las respuestas de los consumidores a la marca, el empaquetado, las líneas de productos y cualquier otro elemento del cóctel de marketing. Olay se articuló alrededor de la innovación, creando una estructura en la que un equipo trabajaba en la estrategia y el lanzamiento de productos actuales mientras otro diseñaba la siguiente generación. Instruyó a comerciales técnicos, personas con experiencia en I+D y marketing que pudieran hablar con credibilidad a dermatólogos y editores de belleza. Creó sistemas de asociación con empresas líderes de marketing y diseño interior para que los mostradores de Olay fueran atractivos e invitaran a comprar. También sacó provecho de sistemas de P&G como el de adquisiciones globales, la organización de desarrollo de mercado (MDO) global y los GBS para que los miembros de los equipos de cuidado de la piel y de Olay tuvieran libertad para ocuparse de las tareas de más valor.

A nivel corporativo, los sistemas de gestión abarcaban debates estratégicos, revisiones del programa de innovación, evaluaciones del valor de la marca, del plan presupuestario y operativo y del desarrollo de la evaluación de talento. A partir del 2000, se cambiaron por completo todos estos sistemas de gestión para hacerlos más efectivos. Todos estaban perfectamente integrados, se apuntalaban entre sí y eran cruciales para ganar. En el sexto capítulo indagaremos más en los sistemas de gestión en general y, específicamente, en la forma en que funcionan en P&G.

## LA FUERZA DE LAS DECISIONES

Empezábamos esta discusión con la historia de Olay. A nuestro entender, Olay cuajó porque disponía de un conjunto integrado de cinco decisiones estratégicas (cuadro 1.3) que encajaban a la perfección con las decisiones de la empresa matriz (cuadro 1.4).

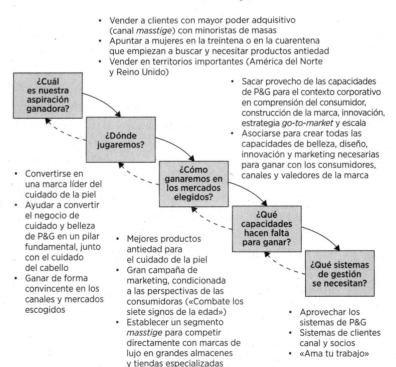

Cuadro 1.3
**Decisiones de Olay**

Como fueron decisiones bien integradas y compenetradas a nivel de categoría, sector y compañía, el éxito con la marca Olay allanó el camino para cumplir las estrategias de los niveles superiores.

Olay usó en su beneficio las capacidades esenciales de P&G. El equipo aprovechó la enorme comprensión de los consumidores para determinar dónde y cómo podía convertir a Olay en un baluarte de la antiedad. Aprovechó la escala y el liderazgo en I+D para crear un producto mejor a un precio competitivo. Utilizó el saber de P&G en construcción de marcas y sus relaciones con los clientes canal para convencer a las consumidoras de que probaran el producto. Todo esto fue vital para reinventar la marca, transformar su posición en el mercado y llevarse el gato al agua.

Cuadro 1.4
**Decisiones de P&G**

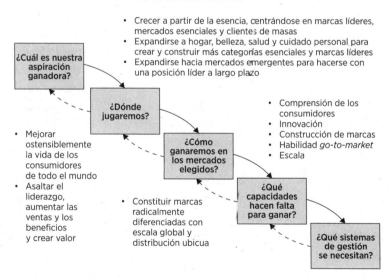

**RECAPITULANDO**

No es tan fácil abrirse paso entre toda la cascada de decisiones. No es un proceso lineal de sentido único. No hay hojas de verificación con las que crear y articular aspiraciones, decidir dónde jugar y cómo ganar y, luego, valorar tus capacidades. En verdad, la estrategia es un proceso repetitivo en el que todas las partes se mueven e influyen mutuamente y deben considerarse de forma conjunta. Para decidir dónde jugar y cómo ganar, las compañías tienen que entender sus capacidades esenciales y sopesarlas. Pero también puede que deban generar y potenciar nuevas capacidades esenciales para, de cara al futuro, responder a decisiones importantes de dónde jugar y cómo ganar. Como las cinco decisiones se retroalimentan, la estrategia no es fácil. Pero es viable. Un marco claro y sólido para pensar en las decisiones es una muleta inicial útil para los managers y líderes que quieren pulir la estrategia para su negocio o función.

La estrategia no tiene por qué ser feudo de un pequeño consejo de sabios. Se le puede quitar hierro reduciéndola a cinco preguntas importantes que pueden (y deben) formularse a todos los niveles del negocio: ¿Cuál es tu aspiración ganadora? ¿Dónde deberías jugar? ¿Cómo puedes ganar allí? ¿Qué capacidades necesitas? ¿Qué sistemas de gestión te ayudarían? Estas decisiones se pueden interpretar como una cascada estratégica y caben en una sola página. Pueden combinarse para explicar la estrategia de tu compañía y decirte qué hay que hacer para llevarla a cabo. En los próximos cinco capítulos trataremos la esencia de cada decisión y la reflexión que la acompaña (por separado y conjuntamente), empezando por la primera pregunta: ¿Cuál es tu aspiración ganadora?

## CASCADA DE DECISIONES: QUÉ HACER Y QUÉ NO

Al final de cada capítulo, compartiremos unos cuantos consejillos rápidos: las cosas que deberías hacer y que deberías evitar al aplicar las lecciones del capítulo a tu propia empresa.

- ✓ Ten presente que la estrategia gira en torno a decisiones ganadoras. Es un conjunto coordinado e integrado de cinco decisiones muy específicas. Cuando definas tu estrategia, elige lo que harás y lo que no.
- ✓ Asegúrate de que tomas las cinco decisiones. No te detengas después de definir lo que quieres ganar, después de escoger dónde jugar o cómo ganar, ni tampoco tras valorar tus capacidades. Si vas a crear una estrategia viable y sostenible, debes responder a las cinco preguntas.
- ✓ Interpreta siempre la estrategia como un proceso repetitivo; si descubres claves en una fase de la cascada, puede que te convenga revisar las decisiones tomadas en otra fase.
- ✓ Ten en cuenta que la estrategia se produce en múltiples niveles de la organización. Una organización se puede concebir como un conjunto de cascadas anidadas. Ten en consideración las otras cascadas mientras trabajes en la tuya.
- ✓ Recuerda que no hay ninguna estrategia perfecta; encuentra las decisiones particulares que te vayan bien.

# 2

## Qué es ganar

Las aspiraciones son el propósito motriz de una empresa. Recuerda la declaración de misión de Starbucks: «Inspirar y nutrir el espíritu humano. Solo una persona, una taza de café y un barrio al mismo tiempo». O la de Nike: «Ofrecer inspiración e innovación a todos los atletas* del mundo». (La nota adicional, marcada por el asterisco, dice así: «Si tienes cuerpo, eres un atleta»). Y la de McDonald's: «Ser el lugar y la forma de comer preferidos por los consumidores». Cada una es una declaración de lo que pretende ser la compañía y un reflejo de la razón de su existencia. Pero una misión ambiciosa no es una estrategia; apenas sí es un comienzo.

La primera celda de la cascada de decisiones estratégicas —¿Cuál es tu aspiración ganadora?— define el propósito de tu empresa, su misión y aspiración rectora, en términos estratégicos. ¿En qué consistiría ganar, para esta organización? ¿Cuál es exactamente su aspiración estratégica? Estas respuestas son la base de tu debate estratégico; establecen el contexto para todas las decisiones estratégicas subsiguientes.

La aspiración suprema de una compañía se puede expresar de muchas maneras. Sin embargo, por regla general debes empezar con la gente (consumidores y clientes), no con el dinero (precio de las acciones). Peter Drucker argumentaba que el propósito de una organización es crear un cliente. Y aún hoy sigue valiéndonos. Analiza las declaraciones de misión anteriores. Starbucks, Nike y McDonald's —todas empresas de enorme éxito, a su manera— condicionan sus ambiciones a los clientes. Y fíjate en el tono de esas aspiraciones: Nike quiere contentar a cada atleta (no solo a algunos); McDonald's quiere ser el lugar favorito para comer de sus clientes (no solo una elección cómoda para las familias que están de viaje). El deseo de las tres compañías no es solo satisfacer a los clientes; quieren ganar con ellos. Y este es el aspecto fundamental de la aspiración de una compañía: debe jugar para ganar. Jugar solo para participar es contraproducente. Es un atajo a la mediocridad. Ganar es lo que importa y es el criterio clave de una estrategia acertada. Una vez fijada la aspiración ganadora, el resto de las preguntas estratégicas van encaminadas a encontrar formas de lograr la victoria.

¿Por qué importa tanto convertir la victoria en una aspiración explícita? Ganar vale la pena porque el líder del sector acumula una porción considerable (y a veces desproporcionada) de la creación de valor. Pero ganar también es complicado. Hay que tomar decisiones difíciles, esmerarse mucho e invertir bastantes recursos. Hay montones de compañías que intentan ganar y no lo consiguen. Así que imagina las probabilidades de ganar sin proponértelo expresamente. Cuando una compañía opte por participar, pero no por ganar, pasará lo inevitable: no tomará las decisiones difíciles ni hará las inversiones sustanciales que podrían hacer de la victoria una remota posibilidad. Una aspiración demasiado modesta es mucho más peligrosa que una demasiado ambiciosa. No son pocas las compañías que acaban muriendo por culpa de la modestia de sus aspiraciones.

## JUGAR POR JUGAR

Tomemos como ejemplo una de las apuestas estratégicas más costosas del último siglo: la decisión de General Motors (GM) de sacar Saturn. Por supuesto, el contexto es importante. En los cincuenta, al final de la legendaria presidencia de Alfred P. Sloan, GM tenía más empleados que ninguna otra compañía del planeta y acaparaba más de la mitad del mercado automovilístico de Estados Unidos. Era la empresa más grande del Big Three[*] y, durante un tiempo, fue la más grande y fuerte de la Tierra. Pero Sloan se jubiló y los gustos cambiaron, en parte a raíz de las crisis del petróleo de los setenta. Se importaron modelos más baratos de bajo consumo que propiciaron que el catálogo de General Motors empezara a verse anticuado e inasequible.

En los ochenta, las marcas esenciales de la compañía en Estados Unidos —incluyendo Oldsmobile, Chevy y Buick— estaban en declive. Los jóvenes compradores estaban decantándose por Toyota, Honda y Nissan, eligiendo modelos más pequeños y económicos de estos fabricantes. Los costes también preocupaban cada vez más. A medida que los trabajadores sindicados de GM se hicieron mayores, los generosos subsidios por jubilación fueron acrecentando los costes heredados, que a su vez repercutieron en las personas que compraban coches. Mientras tanto, las relaciones con los sindicatos de la United Auto Workers eran tumultuosas y no iban camino de mejorar; la empresa reestructuró las operaciones, cerró plantas, desplazó recursos y despidió a decenas de miles de empleados.

En 1990, en una encrucijada estratégica, GM tomó una decisión osada y sacó una nueva marca para competir en el

---

[*] Denominación con la que se conocía a las compañías Ford, Chrysler y General Motors. (N. del T.)

mercado de automóviles pequeños. Saturn —«otro tipo de empresa, otro tipo de coche»— era la primera marca nueva del fabricante en casi setenta años y era la primera vez que se usaba una filial, en vez de una división, para fabricar y vender coches. El objetivo, según el entonces presidente Roger Smith, era «vender un coche en la gama más baja del mercado y seguir ganando dinero»[1]. En resumen, Saturn fue la respuesta de GM a las importaciones japonesas que amenazaban con dominar el mercado de automóviles pequeños. Se trataba de una estrategia defensiva, una manera de jugar en ese segmento, para proteger el terreno que aún le quedaba y que estaba cediendo.

GM creó unas oficinas separadas para Saturn y negoció un convenio simplificado y flexible con los sindicatos de United Auto Workers para la planta en Spring Hill, otorgando a los trabajadores un mayor control y una fracción de los beneficios a cambio de que se bajaran el salario. Saturn también adoptó una filosofía manifiestamente diferente en la atención al cliente, empezando por una política que prohibía a todos sus concesionarios regatear el precio convenido. En Saturn, «los clientes eran objeto de una atención personal normalmente encontrada en los concesionarios más lujosos. [...] Por decreto, cuando se daba a un cliente las llaves de un nuevo Saturn, los empleados dejaban sus tareas a medio hacer y salían al salón de exposiciones a congratularse»[2]. El lanzamiento de Saturn llegó acompañado de un gran revuelo, pues parecía ser la solución mágica de GM: la iniciativa estratégica innovadora que finalmente revertiría a la situación.

En realidad, Saturn no recondujo la situación. Al cabo de unas dos décadas y veinte mil millones de dólares en pérdidas, según estimaciones de los analistas, Saturn desapareció. Al final de 2010, la división se había volatilizado y se habían cerrado todos sus concesionarios. Después de declararse en bancarrota y reorganizarse, GM no es más que una sombra de lo que fue y su cuota de mercado en Estados Unidos es inferior al 20 %[3]. La creación de Saturn no provocó la bancarrota, pero tampoco aportó demasiado. Pese a que los vehículos de Saturn se ganaron la lealtad de sus propietarios, nunca alcanzaron el volumen necesario para justificar un catálogo entero de coches o una red de concesionarios por todo el país. Como dijo un exdirectivo de GM en referencia a Saturn, «bien podría ser el mayor fiasco en la historia automovilística desde que Ford sacó el Edsel»[4].

Los dirigentes de Saturn aspiraban a participar en el segmento de automóviles pequeños para jóvenes de Estados Unidos; Toyota, Honda y Nissan aspiraban a ganarlo. ¿Adivináis lo que pasó? Pues que Toyota, Honda y Nissan apuntaron a lo más alto, tomando decisiones estratégicas difíciles e invirtiendo grandes sumas para ganar. Y con Saturn, GM pretendió solo jugar y se fijó un listón mucho más bajo. Al principio, Saturn era una buena marca, pero necesitaba recursos sustanciales para mantener el ritmo de Toyota, Honda y Nissan, que estaban invirtiendo como si no hubiera un mañana. GM no podía ni quería seguir sus pasos. Saturn no murió por fabricar malos coches, sino simplemente porque sus aspiraciones eran demasiado modestas para mantener viva la iniciativa. Las aspiraciones no fomentaban decisiones sobre dónde jugar y cómo ganar, ni capacidades ni sistemas de gestión ganadores.

Para ser justos, GM tenía un rimero de dificultades que le complicaban jugar para ganar: relaciones tensas con los sindicatos, asfixiantes costes heredados en seguridad social y pensiones y reglamentos complicados para la distribución. No obstante, como la compañía jugó por jugar, en lugar de intentar jugar para ganar, perpetuó sus problemas generales, no los resolvió. Compara la técnica usada por GM con la usada por P&G, que juega para ganar allí donde decide jugar. Jugar para ganar es algo razonablemente sencillo de imaginar en un mercado de consumo. ¿Pero cómo lo ve una función interna de servicios compartidos? Incluso allí puedes jugar para ganar, como demuestra Filippo Passerini, presidente de la unidad de Servicios Comerciales Globales (GBS) de P&G.

## JUGAR PARA GANAR

Al final de la burbuja de las puntocoms, el mundo informático entró en pánico. El NASDAQ se había hundido, arrastrando consigo la credibilidad del sector de alta tecnología y los índices generales del mercado, y había empujado la economía a la recesión. Con todo, pese al hundimiento, era evidente que el gasto en infraestructuras y servicios informáticos seguiría aumentando. Para la mayoría de las compañías (incluida P&G), los servicios informáticos no eran para nada una competencia esencial, y los costes y complejidades de prestar dichos servicios *in-house* eran aterradores. Por suerte, llegó al rescate una nueva estirpe de prestadores de servicios: los subcontratistas de procesos de negocios (o BPO, por sus siglas en inglés). Estas compañías (como IBM, EDS, Accenture, TCS e Infosys) prestaban una serie de servicios informáticos externamente y resolvían los entuertos a cambio de una cuota. Disipada la niebla posimpacto, las compañías, digitalizándose a marchas forzadas, tuvieron que tomar decisiones sobre cuánto usar los BPO, qué socio escoger y cuál era la mejor forma de hacerlo. No era fácil; una mala decisión podía costar millones de dólares en sobrecostes y provocar un sinfín de jaquecas más adelante.

En P&G, muchas de las operaciones que se podrían haber externalizado se acoplaron en una reorganización de 1999. Esta función GBS era responsable de una serie de servicios, incluyendo los informáticos, los de gestión de instalaciones y los recursos humanos. En el 2000, se estaban sondeando activamente tres opciones para el futuro de los GBS: mantener el curso y seguir gestionándolos internamente; refundarlos (parcial o totalmente) para que fueran un actor clave del sector de

BPO; o subcontratar la mayor parte de los GBS a una de las grandes compañías de BPO que ya existían.

    No era una decisión sencilla. Las bolsas y la economía se estaban desplomando, junto con las acciones de los BPO que cotizaban. De cerrarse, el acuerdo sería muy complejo y tendría un tamaño sin precedentes para el sector global de los BPO. P&G no había externalizado ni vendido nada que afectara a tantos empleados, así que había mucha incertidumbre sobre cómo afectaría a la moral y la cultura. Al exponer las opciones a los trabajadores, algunos expresaron el temor de que la compañía vendiera a empleados leales como esclavos.

    Lo más fácil habría sido decir que la cuestión era muy peliaguda y mantener el *statu quo*. Al fin y al cabo, los GBS iban como la seda. Jugaban bien en su espacio y prestaban servicios de alta calidad a un sinnúmero de clientes internos. Otra alternativa habría sido recurrir a la segunda opción más convencional: llegar a un único acuerdo gigantesco con una gran firma de BPO, como IBM Global Services o EDS. Finalmente, la compañía podría haber concluido que una gran organización interna de servicios globales suponía un uso ineficiente de sus recursos y haber refundado los GBS como un BPO de pleno derecho. Cualquiera de estas decisiones habría parecido sensata, dadas las circunstancias. Pero ninguna contestaba satisfactoriamente a la pregunta de cómo podía ganar P&G con sus servicios globales.

    La dirección no las tenía todas consigo de que se hubiesen planteado todas las opciones, así que pidió a Filippo Passerini, que tenía buenos conocimientos informáticos y una larga experiencia como manager de marketing, que revisara las alternativas y sugiriera otras posibilidades, si las había. Passerini no vio nada clara la elección convencional. En teoría, subcontratar a un único BPO inmenso crearía grandes economías de escala. No cabía duda de que el acuerdo sería bueno para el BPO, porque sellaría el mayor acuerdo de externalización en la historia del sector. Pero no había ninguna señal clara de que el acuerdo pudiera ayudar a P&G a ganar. P&G quería que el acuerdo de externalización aportara algo más que eficiencia de costes y un compromiso con un nivel de servicio predefinido. Su afán era encontrar flexibilidad, un socio capaz y dispuesto a innovar con P&G para crear valor inexistente en la estructura de entonces.

A Passerini se le ocurrió enseguida una nueva opción. En vez de firmar un solo acuerdo, P&G externalizaría varias actividades de los GBS a los mejores socios BPO: encontraría un socio ideal para gestionar las instalaciones, otro para gestionar la infraestructura informática, etc. Este sistema de elegir la mejor oferta tenía sentido porque las necesidades de P&G son muy variadas; lógicamente, una alianza de los socios más especializados tendría más posibilidades de satisfacerlas. Passerini vio que la especialización podía elevar la calidad y reducir el coste de las soluciones de los BPO. Pensó que P&G podía hacer frente a la complejidad de gestionar múltiples relaciones para crear más valor que con solo una relación. Además, la pluralidad de socios mitigaba el riesgo, dado que se les podía comparar unos con otros para alentarles a mejorar su rendimiento. Por último, la externalización liberaría el resto de recursos de GBS para invertir en las capacidades esenciales de P&G y crear una ventaja competitiva sostenible.

El argumento a favor de este método selectivo era convincente. En 2003, P&G firmó asociaciones de BPO con Hewlett-Packard en soporte informático y aplicaciones, con IBM Global Services en recursos humanos y con Jones Lang Lasalle en gestión de instalaciones. También cabe destacar que Passerini no eligió al actor más grande o conocido en cada espacio BPO. De hecho, según dice él, los escogió según otro criterio elemental: «Todos ellos tenían un común denominador: la interdependencia. El resultado fue variado. HP era el cuarto en su sector, a mucha distancia del tercero. Con P&G, ganaron visibilidad y credibilidad inmediatamente. Por más importantes que sean para nosotros, porque ahora todos nuestros sistemas operan con la plataforma de HP, somos igual de importantes para ellos [como su cliente principal]. Cada uno [de los socios más capacitados] sacó un provecho diferente, pero todos se convirtieron en empresas interdependientes con P&G»[5].

Passerini había ideado una forma mejor de entender la relación con los BPO, una que preguntaba en qué condiciones podemos ayudar al otro a ganar.

El método de Passerini ha sido un éxito. Las tres asociaciones originales han dado buenos frutos y han desembocado en un puñado de asociaciones más estrechas por diferentes servicios. El coste de los servicios ha caído, la calidad ha aumentado y los niveles de servicio han mejorado. Los índices de satisfacción de los seis mil empleados que fueron transferidos a los BPO asociados también crecieron. Esos trabajadores desempeñan ahora un papel crucial en sus nuevas organizaciones, en vez del papel subalterno que ejercían en P&G. El sistema también ha dado libertad a los miembros del equipo de GBS. Ya pueden centrarse en innovar y crear sistemas informáticos que concuerden con las decisiones y capacidades estratégicas de la compañía; entre otras, diseñar experiencias virtuales de compra vanguardistas para gestionar las opiniones de los consumidores y una «cabina» escritorio que otorga a los líderes de P&G herramientas para que puedan tomar decisiones a simple vista. Se ha podido externalizar la dimensión práctica de los servicios compartidos de P&G y, de este modo, se han podido priorizar áreas donde se puede generar una ventaja estratégica. La perspectiva que ha adoptado P&G en esta serie de transacciones se ha convertido en un modelo para otras organizaciones, ya que la pluralidad de BPO empieza a ser la norma general del sector, en detrimento del BPO único.

Si la aspiración de los GBS hubiera sido encontrar una solución aceptable, nunca se habría dado con este método. Pero la aspiración era bastante más ambiciosa. Las preguntas que se formularon fueron estas: ¿Qué decisión ayudaría a P&G a ganar? ¿Cómo podría esa decisión crear una ventaja competitiva sostenible? Todavía se plantean estas preguntas. Ahora Passerini encabeza una organización de GBS más ágil e interpreta la prestación de servicios a P&G como la creación de una ecuación de valor ganadora. Según dice: «Me da miedo que nos convirtamos en una *commodity*. [...] [En la informática], necesitas ser distinto para no convertirte en una. Hemos hecho un esfuerzo por aportar un valor único a P&G. Si algo es distintivo y único, le prestamos atención; todo lo que es una *commodity* —todo lo que no aporta ninguna ventaja competitiva hacerlo internamente— lo externalizamos».

El deseo de ganar induce una mentalidad competitiva —en un sentido positivo—, un deseo de hacerlo mejor siempre que se pueda. Por esta razón, los GBS compiten por ganarse a sus clientes internos. Passerini lo explica así: «No imponemos nuestros servicios; los ofrecemos [a los negocios y funciones] por un coste. Si las unidades de negocio quedan satisfechas, los comprarán. Si no, no». Este mercado abierto genera un *feedback* importante y obliga a los GBS a seguir reflexionando sobre cómo ganarse a sus clientes internos y crear nuevo valor. Tal es el caso que Passerini tiene fama de haberse alzado en una reunión del equipo de liderazgo global y haber prometido: «Dadme cualquier cosa que pueda convertir en un servicio y os ahorraré diecisiete centavos por dólar». Fue una oferta que no dejó indiferente a nadie y que fijó el tono para su equipo. Lo aceptable no era una opción. Prestar servicios no era la estrategia. La estrategia era prestar mejores servicios, de mayor calidad y a precios más bajos, actuando a la vez como motor de innovación para la compañía. Era una estrategia para ganar.

**CON LOS QUE MÁS IMPORTAN**

Para fijar correctamente las aspiraciones, es importante entender con quién y contra quién estás ganando. Por tanto, es importante tener en cuenta a qué te dedicas, quiénes son tus clientes y quiénes tus competidores. Nosotros pedíamos a los negocios de P&G que se centraran en ganar con aquellos que más importan y contra lo mejor de lo mejor. Queríamos que miraran hacia fuera, hacia sus consumidores más importantes y sus mejores competidores, en vez de mirarse el ombligo, estudiando sus propios productos e innovaciones.

Si preguntas a la mayoría de las compañías a qué se dedican, te dirán su línea de productos o te detallarán los servicios que ofrecen. Muchos fabricantes de teléfonos móviles, por ejemplo, dirían que se dedican a hacer smartphones. Es poco probable que digan que su labor es conectar a la gente y permitir la comunicación en cualquier sitio, a cualquier hora. Pero esa es realmente su actividad; un smartphone es solo una manera de lograrlo. O piensa en una compañía del cuidado de la piel. Es muchísimo más factible que diga «fabricamos productos para el cuidado de la piel» que «ayudamos a las mujeres a tener una piel más sana y de apariencia más joven» o «las ayudamos a sentirse guapas». Es una diferencia sutil, pero importante.

Las primeras descripciones son ejemplos de marketing miope, un peligro que el economista Theodore Levitt identificó hace medio siglo y que sigue coleando hoy en día. Las compañías aquejadas por esta dolencia se ofuscan con los productos que fabrican y son incapaces de ver el fin superior o la auténtica dinámica del mercado. Estas compañías gastan miles de millones de dólares en fabricar nuevas generaciones de productos que apenas mejoran las anteriores. Utilizan indicadores totalmente internos para medir el progreso y el éxito —patentes, avances técnicos y demás—, sin pararse a considerar las necesidades de los consumidores ni los cambios del mercado ni a preguntarse a qué se dedican realmente, qué necesidad del consumidor satisfacen y cuál es la mejor forma de hacerlo.

El mayor riesgo de tener la lupa puesta en los productos es que nos fijamos en las cosas equivocadas: los materiales, la ingeniería y la química. Te distraen del consumidor. Las aspiraciones ganadoras se deberían articular pensando expresamente en el consumidor. Las aspiraciones más poderosas siempre tendrán en el consumidor, no en el producto, su razón de ser fundamental. En el negocio de cuidado del hogar de P&G, por ejemplo, la aspiración no es ofrecer el detergente más potente o la lejía más eficaz, sino reinventar las experiencias de limpieza, suprimiendo lo más laborioso de las tareas del hogar. Es una aspiración que da como fruto productos que revolucionan el mercado, como Swiffer, Don Limpio Borrador Mágico y Febreze.

### CONTRA LO MEJOR DE LO MEJOR

Luego está la competencia. Al fijar las aspiraciones ganadoras, debes echar un vistazo a todos los competidores, no solo a los que conoces mejor. Por supuesto, debes empezar por los sospechosos habituales. Fíjate en tus mayores competidores de siempre: para P&G, estos eran Unilever, Kimberly-Clark y Colgate-Palmolive. Ahora bien, después amplia tus horizontes y céntrate en el mejor competidor de tu espacio: ensancha tu campo de visión para determinar quién puede ser exactamente.

Este era el método que intentábamos promover en P&G. En los diversos sectores y categorías, los mejores competidores solían ser compañías locales, competidores de marca blanca y pequeñas empresas de bienes de consumo. De esta forma, el equipo de cuidado del hogar reparó en Reckitt-Benckiser (fabricante de Calgon, Woolite, Lysol y Air Wick).

No fue fácil convencer a los líderes de equipo de que se tomaran más en serio a Reckitt-Benckiser. Pero fue esclarecedor observar su posición competitiva respecto a P&G: sus resultados en comparación con los nuestros. P&G acumuló seis años consecutivos de gran crecimiento de los ingresos y las ganancias por acción, llegando a los dobles dígitos. Sin embargo, Reckitt-Benckiser estaba rindiendo aún mejor. El quid de la cuestión no era tanto la empresa rival en sí, sino conseguir que los general managers se cuestionaran sus planteamientos y criterios. El empujón era preguntar: «¿Quién es realmente tu mejor competidor? O lo que es más importante, ¿qué estrategias y operaciones está llevando a cabo mejor que tú? ¿En qué rinden mejor que tú y cómo? ¿Qué podrías aprender de ellos y hacer de forma distinta?». Analizar a tu mejor competidor, sea cual sea esa compañía, te aporta puntos de vista útiles sobre las diversas formas de ganar.

**RECAPITULANDO**

La esencia de una gran estrategia es tomar decisiones resueltas y difíciles: por ejemplo, decidir a qué dedicarse y a qué no, dónde jugar en los negocios que elijas, cómo ganar donde juegues, qué capacidades y competencias convertirás en tus máximos puntos fuertes y cómo tus sistemas internos traducirán estas decisiones y capacidades en un rendimiento excelente en el mercado. Y todo empieza con una aspiración ganadora y definiendo lo que significa ganar.

A menos que la aspiración suprema sea ganar, es improbable que una empresa invierta recursos adecuados y suficientes para crear una ventaja sostenible. Pero solo con las aspiraciones no basta. Hojea cualquier informe anual de una compañía y casi seguro que encuentras una visión aspiracional o una declaración de objetivos. Aun así, en la mayoría de corporaciones resulta difícil ver cómo se traduce la declaración de objetivos en una estrategia real y, en último término, en una acción estratégica. Muchos altos directivos creen que su tarea estratégica empieza y acaba por compartir su aspiración con los empleados. Desgraciadamente, después de eso no ocurre nada. Sin vincular la aspiración a decisiones explícitas sobre dónde jugar y cómo ganar, las visiones son frustrantes y, en última instancia, insatisfactorias para los empleados. La compañía necesita elegir dónde y cómo jugar para actuar. Sin eso, no puede ganar. El próximo capítulo afrontará la cuestión de dónde jugar.

ASPIRACIÓN GANADORA: QUÉ HACER Y QUÉ NO

- ✓ Juega para ganar, no solo para competir. Define *ganar* según tu contexto, esbozando cómo sería un futuro brillante y esplendoroso para la organización.
- ✓ Formula aspiraciones significativas y convincentes para tus empleados y consumidores; no se trata de encontrar el lenguaje perfecto o la visión de consenso, sino de conectar con una idea más profunda del propósito existencial de la organización.
- ✓ Cuando pienses en lo que significa ganar, empieza por los consumidores, no por los productos.
- ✓ Fija aspiraciones ganadoras (y toma las otras cuatro decisiones) para las funciones internas. También para las marcas y líneas de negocio. Pregúntate esto: ¿Qué significa ganar para esta función? ¿Quiénes son sus clientes y qué significa ganar con ellos?
- ✓ Piensa en ganar en relación con la competencia. Vigila a tus competidores de toda la vida, pero busca también aquellos «tapados» que puedan aparecer de improviso.
- ✓ No te detengas aquí. Las aspiraciones no son estrategia; simplemente son la primera celda de la cascada de decisiones.

## LA ESTRATEGIA COMO VICTORIA
### A. G. LAFLEY

En mis más de cuarenta años de trayectoria profesional, he descubierto que a la mayoría de los líderes no les gusta elegir. Preferirían mantener abiertas todas las puertas. Las decisiones les fuerzan a mojarse, les constriñen y generan un incómodo grado de riesgo personal. También me he dado cuenta de que son pocos los que pueden definir de verdad lo que es ganar. Normalmente hablan de medidas financieras a corto plazo o de la cuota modesta de un mercado perfectamente definido. En la práctica, sopesando opciones en vez de decisiones —y sin definir con convicción lo que es ganar—, estos líderes deciden jugar, no ganar. Al final, se conforman con resultados mediocres en el sector... en el mejor de los casos.

Cuando entré en P&G a finales de los setenta, a la compañía no se le daba muy bien tomar decisiones y definir lo que es ganar. En junio de 1977, empecé como asistente de marca para la división norteamericana de lavandería, conocida cariñosamente como *Big Soap* [«Gran Jabón»]. Por aquel entonces, P&G vendía quince marcas de detergente y jabón para la ropa y cinco marcas de lavavajillas. Eran bastantes más de las que los consumidores necesitaban o querían y más de las que los clientes minoristas podían distribuir, comercializar y vender para sacar rentabilidad. Actualmente, P&G tiene cinco marcas de lavandería y tres de lavavajillas. Al mismo tiempo, el negocio ha aumentado constantemente sus ventas netas, la cuota de mercado, el margen bruto y operativo y la creación de valor. Y sobre todo, P&G se ha convertido en el líder destacado del mercado norteamericano. Colgate-Palmolive y Unilever, antaño competidores temibles, han ratificado su salida de las categorías en Estados Unidos y han transformado el resto de sus marcas en marcas blancas fabricadas por contrato, que en la mayoría de casos desempeñan un papel muy secundario al de P&G y las marcas blancas. La victoria de P&G en la categoría norteamericana de lavandería es la culminación de una serie de decisiones estratégicas claras, conectadas y cohesionadas que se empezaron a tomar a principios de los ochenta. Unos cuantos líderes de sector, categoría y marca se han comprometido a ganar en esta categoría y han encontrado formas para hacerlo.

Aunque P&G fue mejorando a la hora de definir qué implicaba ganar a nivel de marca y categoría, no siempre lo ha tenido igual de claro como compañía, lo cual ha provocado periodos de bajo rendimiento. A comienzos de los ochenta, los líderes de la compañía estaban frustrados con la caída de los ingresos brutos y con los índices de crecimiento de las ventas, así que ordenó estimular el crecimiento de los ingresos brutos orgánicamente y por medio de adquisiciones. Sin una estrategia clara sobre dónde jugar y cómo ganar, el resultado fue un galimatías de adquisiciones que no compensó nunca el coste en capital (Orange Crush, Ben Hill Griffin, Bain de Soleil, etc.) y una retahíla de marcas y productos nuevos que no cuajaron, como Abound, Citrus Hill, Cold Snap, Encaprin, Solo y Vibrant. En 1984-1985, los beneficios anuales de la compañía cayeron por primera vez desde la Segunda Guerra Mundial. En 1986, oficializó su primera gran reestructuración y condonación de deuda. En ese momento, se recurrió a Michel Porter y a Monitor. Fue la primera experiencia de P&G con la estrategia empresarial y tuve suerte de ser uno de los conejillos de Indias en la primera clase de Porter.

Por desgracia, la primera vacuna no funcionó. Cuando el negocio y los resultados económicos a corto plazo empezaron a mejorar, gracias a otra gran reestructuración y al mayor crecimiento internacional, P&G olvidó buena parte de lo que había aprendido. En los noventa, los ingresos brutos cayeron de nuevo y la compañía volvió a refugiarse en la táctica de crear nuevas categorías y marcas, además de fomentar las fusiones y adquisiciones. Esta vez, apostó todavía más por los nuevos productos y tecnologías, como los robots limpiadores del hogar, los vasos y platos de cartón e incluso los nuevos formatos de venta al detalle. Y las adquisiciones abrieron todavía más el abanico para englobar la compañía de agua PUR y la compañía Iams, de comida para mascotas. P&G sopesó seriamente comprar la Eastman Kodak Company, perdió una subasta ante Pfizer para adquirir American Home Products y tanteó a Warner-Lambert en su intento por entrar en el sector farmacéutico. Como era de esperar, volvió a errar el tiro.

Cuando fui elegido director general en el año 2000, la mayoría de los negocios de P&G estaban incumpliendo sus objetivos. Y una buena parte de ellos los incumplían por mucho. La compañía había invertido e intentado abarcar demasiado. No estaba ganando con aquellos que más importaban: los consumidores y clientes. Durante mis treinta primeros días en el cargo, visité a todos los minoristas principales donde vendíamos nuestros productos. Descubrí que P&G era su mayor proveedor, pero no éramos ni de lejos el mejor... en ninguna tienda. Los consumidores estaban abandonando P&G, como ponía de manifiesto el declive en el índice de primeras compras y en la cuota de mercado de gran parte de nuestras marcas líderes.

Estaba decidido a acertar con la estrategia. Para mí, acertar significaba que P&G se centrara en maneras viables de ganar con los consumidores más relevantes y contra la mejor competencia. Significaba que los líderes tomaran decisiones estratégicas de verdad (que identificaran lo que iban a hacer y lo que no, dónde iban a jugar y dónde no y cómo iban a crear específicamente una ventaja competitiva para ganar). E implicaba que los líderes a todos los niveles de la compañía se convirtieran en hábiles estrategas y gestores. Iba a enseñar estrategia en P&G hasta lograr la excelencia.

Quería que mi equipo entendiera que la estrategia es un pensamiento disciplinado que exige tomar decisiones difíciles y que todo se resume en ganar. Crecer o crecer más rápido no es una estrategia. Generar una cuota de mercado no es una estrategia. Aumentar un 10 % o más los beneficios por acción no es una estrategia. Vencer al competidor X tampoco. Una estrategia es un conjunto coordinado e integrado de decisiones sobre dónde jugar, cómo ganar, sobre cuál es la capacidad esencial y sobre cuál es el sistema de gestión, destinadas a satisfacer perfectamente las necesidades de un consumidor, creando una ventaja competitiva y aumentando el valor para el negocio. La estrategia es una forma de ganar. Fin de la película.

# 3

## Dónde jugar

Durante décadas, Bounty fue una marca baluarte de P&G. Desde los setenta a los noventa, la marca se hizo un hueco en el corazón y la mente de los consumidores con los anuncios de televisión de Nancy Walker, que interpretaba a una camarera de *diner* llamada Rosie devota del papel absorbente. El eslogan publicitario, «*The quicker picker-upper*» («El limpiador más rápido»), era tan conocido como el de American Express, «*Don't leave home without it*» («No salgas de casa sin ella»), o el de Maxwell House, «Good to the last drop» («Bueno hasta la última gota»). La ventaja tecnológica exclusiva de la marca convertía a Bounty en un papel más absorbente que las marcas de la competencia, con lo que se convirtió en la líder del sector en Norteamérica. Incluso después de que Rosie se retirara, la marca siguió aumentando un 1 % al año su cuota de mercado, como un reloj.

Pero a finales del milenio, el negocio de Bounty iba dando tumbos. Norteamérica siempre había sido su mejor mercado —y el más grande—, pero mientras P&G impulsaba el programa de globalización, el equipo de pañuelos y toallitas (que era responsable de Bounty, del papel higiénico Charmin y de los pañuelos Puffs) se había embarcado en una cruzada de adquisiciones globales, sumando marcas y capacidad manufacturera en Europa, Asia y Latinoamérica. Las compras restaron liquidez y constriñeron el crecimiento y la rentabilidad en el mercado esencial de Estados Unidos. En 2001, cuando Charlie Pierce fue nombrado director de cuidado familiar global (el nuevo nombre que se dio al negocio de pañuelos y toallitas), había que dar un volantazo. Como dice Pierce: «Creo que mi trabajo consistió en declarar la crisis»[1].

Era obvio que la expansión global entrañaba problemas, pero también los entrañaba la falta de rumbo estratégico, sobre todo en I+D. El equipo de cuidado familiar, inspirado por los objetivos ampliados (*stretch goals*) de la compañía de pensar a lo grande, estaba valorando ideas tangenciales y rompedoras, como la tecnología de film plástico, las fiambreras y los platos de cartón. Tal vez estos nuevos productos valieran la pena, pero poco tenían que ver con crear mejores pañuelos, mejor papel absorbente o mejor papel higiénico. Algunos integrantes del equipo de cuidado familiar global habían llegado a la conclusión de que nunca podrían obtener una gran rentabilidad del negocio de los pañuelos y las toallitas, estructuralmente poco atractivo, así que buscaron el crecimiento en otros productos y segmentos. Pierce recuerda su reacción inicial: «Si es cierto que no podemos sacar una rentabilidad decente de nuestro negocio, deberíamos abandonarlo por completo».

¿Era verdad? Como compañía, P&G había tomado varias decisiones respecto a dónde jugar: crecer a partir de la esencia; expandirse a las categorías de cuidado del hogar, belleza, salud y cuidado personal; y reforzar su presencia en los mercados emergentes. P&G hizo todas estas elecciones creyendo que podía ganar gracias a su habilidad para entender a los consumidores esenciales, creando y construyendo marcas diferenciadas y explotando el I+D, el diseño innovador de productos, la escala global y las asociaciones fuertes con proveedores y clientes puente. Todo ello representaba un reto para el cuidado familiar. En Europa, Asia y Latinoamérica, el exceso de capacidad manufacturera y el dominio de las marcas blancas estaban convirtiendo la categoría en una *commodity*. En los mercados emergentes, los precios y la predisposición a pagar eran tan bajos que diferenciar la marca no concedía ninguna ventaja (o muy poca). En los mercados emergentes, una estrategia de nicho —centrarse solo en los escasos clientes que buscaban la máxima calidad— era casi imposible; viendo los requisitos de capital para fabricar productos de papel, un negocio debe tener una escala considerable para ser rentable. Sin embargo, la idea de construir un negocio de pañuelos y toallitas verdaderamente global era insostenible.

La buena noticia era que, en Norteamérica, el negocio resultaba estructuralmente atractivo; solo con las ventas en esa región, P&G podía tener una marca líder de miles de millones de dólares con grandes economías de escala manufacturera. El equipo de cuidado familiar podía rebajar los objetivos y jugar únicamente en Norteamérica, en la mitad superior del mercado, y, con el tiempo, ir vendiendo sus activos en el resto del mundo. P&G ya había tomado una decisión así antes. La compañía había decidido entrar o permanecer en categorías que, por lo común, eran poco atractivas en sí mismas, pero solo había jugado en los segmentos potencialmente atractivos, apretándose el cinturón con los precios, los gastos de capital y explotación, el diseño de productos y empaquetados, los costes operativos y la escala. Antes de que P&G encontrara una forma de aprovechar sus puntos fuertes solo en los segmentos más atractivos, había desechado la posibilidad de ganar en categorías como el cuidado de la ropa, el cuidado femenino y la alta perfumería. En cada caso, decidir dónde jugar también implicó explícitamente decidir dónde no jugar, en el marco de una estructura sectorial general.

Una vez definido el territorio, las decisiones de dónde jugar pasaron a concernir a los productos. Decidiendo jugar a nivel global, lógicamente el equipo de innovación había optado por fomentar una serie de nuevos productos y categorías, como las fiambreras y los vasos de cartón, que no concordaban con la esencia del papel absorbente y los pañuelos. Dada la naturaleza poco atractiva del negocio de pañuelos y toallitas, tenía cierto sentido probar categorías de productos potencialmente más rentables. Pero esto significaba que, en lugar de innovar sus productos existentes, el equipo estaba potenciando categorías más especulativas. En cuanto se demarcó el territorio, el equipo de cuidado familiar pudo revertir la decisión de dónde jugar: volvió con el producto a la actividad esencial y procuró mejorar su posición competitiva en el sector de papel absorbente, papel higiénico y pañuelos. Así pudo volver a priorizar Bounty, Charmin y Puffs.

El equipo empezó con Bounty y con los consumidores, a los que se ha de comprender a fondo para debatir sobre estrategia. Si quiere ser efectiva, la estrategia debe partir de un deseo de satisfacer las necesidades del usuario generando valor tanto para la compañía como para el consumidor. Mientras estudiaba en qué segmentos jugar, el equipo de Bounty formuló varias preguntas clave: ¿quién es el consumidor?, ¿qué misión hay que cumplir?, ¿por qué los consumidores escogen lo que escogen en función de dicha misión? En el mercado norteamericano, la marca Bounty era tremendamente conocida y poseía un gran valor. Según Pierce, «tenía de lejos el mejor nombre en su categoría y era una de las marcas más valiosas de la compañía. [...] Si hubieras hecho una encuesta, prácticamente el 100% de la gente te habría dicho que Bounty era una gran marca y un producto sensacional. Pero al final compraban otro producto. ¿Qué tenía de malo esta situación?». Pierce y su equipo se propusieron entender a fondo las necesidades, los hábitos y las prácticas de los consumidores con el papel absorbente.

Al observarlos e interrogarlos, descubrieron que había tres tipos distintos de usuarios de papel absorbente. El primer grupo buscaba resistencia y capacidad de absorción. Para estos consumidores, Bounty era la opción ideal, pues combinaba magistralmente los dos atributos que más les interesaban. El equipo descubrió que, entre estos consumidores, Bounty era el claro vencedor. Allí, dice Pierce, «Bounty no tenía un cuarenta por ciento del mercado, sino el ochenta».

Pero muchos consumidores no encajaban en la categoría de resistencia y capacidad de absorción, sino que pertenecían a otros dos segmentos. El segundo segmento constaba de consumidores que buscaban un papel absorbente con tacto de tela. No les importaba mucho la resistencia o la capacidad de absorción, al menos no tanto como al grupo esencial de Bounty. Lo que buscaba este grupo de clientes era el suave tacto del papel absorbente al cogerlo. El último segmento priorizaba por encima de todo el precio, aunque no era su único interés, dice Pierce: «Esos consumidores también necesitaban resistencia. No necesitaban para nada una mayor capacidad de absorción, porque compensaban de otra manera las carencias del papel absorbente de bajo precio: usando más trozos». Esos consumidores preferían usar más trozos de papel barato, si hacía falta, en vez de gastar más dinero en una marca de más calidad con la que pudieran usar menos trozos cada vez. Para ellos, era un término medio lógico.

Bounty había concentrado la mayor parte del primer segmento de consumidores, pero había hecho pocas incursiones en los otros dos grupos. Pierce quería jugar en los tres segmentos para lograr una mayor escala y aumentar la rentabilidad. En lo sucesivo, Bounty no iba a convertirse en uno sino en tres productos distintos, cada uno diseñado para llegar a un segmento específico de consumidores. La marca tradicional seguiría igual y se ofrecería al primer segmento, que ya la adoraba. Se usaría un nuevo producto, llamado Bounty Extra Soft, para intentar atraer a los consumidores que buscaban una sensación suave, como de tela. Y luego estaba el último segmento:

el de la resistencia y el precio. Estos consumidores planteaban un pequeño problema.

En general, el papel absorbente de bajo precio que se comercializaba era de mala calidad y el equipo de Bounty no quería devaluar la marca esencial asociándola con un producto mediocre. Pierce señala que «estos productos tienen una resistencia pésima. Es fácil que se te hagan trizas y se rasguen. Al más ligero contacto con un líquido, se desintegran. Entonces no solo tienes que secar lo que has vertido, sino que tienes que limpiar el estropicio provocado por el papel». Para llevar el nombre de Bounty, un producto tendría que hacer honor al valor de la marca, aunque se vendiera según su valor percibido. El nuevo producto no estaba diseñado como una versión simplificada de Bounty, sino como un producto nuevo pensado para satisfacer las necesidades específicas de los consumidores en busca de resistencia y buen precio. Bounty Basic era bastante más resistente que cualquier otra marca de bajo precio y se vendía más o menos a un 75 % del coste del producto estándar. Se colocaba en una estantería distinta a la del Bounty tradicional, con las otras marcas de menor precio, así que iba dirigida al tercer segmento de consumidores.

Aunque existía un ligero temor de que los consumidores de Bounty pudieran pasarse al Bounty Basic, los atributos de cada uno de los tres productos respondían tan bien a las necesidades de cada segmento que, de hecho, pocos clientes cambiaron de categoría. Pierce dice: «El Bounty clásico era un producto que había existido durante décadas. El Bounty actual está compuesto por tres productos que fueron diseñados tras entender a fondo a los consumidores y tras segmentarlos claramente. En cuanto a las prestaciones, todos los productos son muy diferentes entre sí y cada uno está diseñado para satisfacer las necesidades de sus usuarios».

Al final, el equipo de cuidado familiar decidió no jugar en la parte puramente *commodity* del mercado; aunque el precio de Bounty Basic corresponde a su valor percibido, es superior al de las marcas blancas y ofrece una resistencia claramente mejor. Al eludir el rango *commodity* de la gama de productos y precios, P&G puede dirigirse a sus consumidores esenciales a través de sus minoristas más valiosos (sus clientes más fieles y grandes), utilizando ventajas esenciales en innovación y construcción de marca. Pierce y su equipo tomaron decisiones sobre dónde jugar a nivel de territorio (Norteamérica), de consumidores (tres segmentos en la mitad superior del mercado), de productos (papel absorbente, con marca básica y *premium*), de canales (supermercados, grandes tiendas de ofertas, *drugstores* y supermercados de suscripción como Costco) y de fases de producción (I+D y producción del papel absorbente, pero sin cultivar los árboles ni extraerles la pulpa). Para Bounty y la categoría de cuidado familiar, estas decisiones claras sobre dónde jugar espolearon la innovación y ayudaron a marcas poderosas a crecer todavía más. De resultas, la rama de cuidado familiar de P&G creció y creó valor sistemáticamente a una velocidad inigualable dentro del sector.

**LA IMPORTANCIA DE ELEGIR BIEN EL CAMPO DE JUEGO**

Decidiendo dónde jugar, definimos el campo de juego para la compañía (o para la marca, la categoría, etc.). Todo se resume a tu sector de actividad real. La decisión estriba en dónde competir y dónde no. Es crucial entender esto, porque el campo de juego que eliges también es el lugar donde debes encontrar maneras de ganar. Las decisiones sobre dónde jugar ocurren en una sucesión de dominios, entre los que sobresalen estos:

- *Geografía*. ¿En qué países o regiones intentarás competir?

- *Tipo de producto.* ¿Qué tipos de productos y servicios vas a ofrecer?
- *Segmento de consumidores.* ¿Qué grupos de consumidores te fijarás como objetivo? ¿En qué rango de precios? ¿Qué necesidades satisfarás?
- *Canal de distribución.* ¿Cómo llegarás a tus clientes? ¿Qué canales usarás?
- *Fase de producción vertical.* ¿En qué fases de la producción participarás? ¿Y en la cadena de valor? ¿Te involucrarás mucho o poco?

Hay que considerar muchas cosas para elegir con conocimiento de causa. Y las consideraciones son siempre las mismas, sea cual sea el tamaño de la compañía o el tipo de sector. Piensa en un pequeño agricultor. Tiene que responder a una serie de preguntas para aclarar el campo de juego. ¿Venderá solo a nivel local o a amigos y vecinos, o tratará de afiliarse a una cooperativa con mayor presencia geográfica? ¿Qué frutas y verduras cultivará? ¿Venderá productos orgánicos u ordinarios? ¿Venderá cestas con fruta sin procesar, o convertirá las manzanas en zumo antes de venderlas? ¿Venderá directamente a los consumidores o lo hará a través de un almacén intermediario? Si procesa la fruta para fabricar zumo, ¿lo hará él mismo o externalizará esa fase de la producción? Si es previsor, el campesino sopesará dónde jugar para poder elegir territorios, segmentos, productos, canales y opciones de producción que encajen (por ejemplo, vendiendo verduras orgánicas localmente en mercados agrícolas o procesando la fruta para venderla en todo el país, minimizando el desperdicio).

Las start-ups, las pequeñas empresas, las compañías regionales o nacionales e incluso las grandes multinacionales deben afrontar un conjunto parecido de dilemas respecto a dónde jugar. Obviamente, las respuestas diferirán. Las decisiones de las pequeñas empresas pueden ser más limitadas que en las grandes compañías, sobre todo en términos de capacidad y escala. Pero incluso estas segundas deben tomar decisiones explícitas para competir en ciertos sitios, con ciertos productos y para ciertos clientes (y no otros). Optar por ofrecer servicios a todo el mundo, en todas partes —o simplemente a todo el que venga— es un suicidio.

    Decidir dónde jugar también exige decidir dónde no jugar. Cuando estás valorando dónde expandirte (o dónde no) se ve con nitidez, pero cuando estás valorando si deberías quedarte en los sitios y segmentos donde te estás ofreciendo en la actualidad es bastante más difícil. El *statu quo* —permanecer en los lugares y segmentos donde has estado siempre— acostumbra a ser una decisión implícita que no se analiza. Solo porque hayas elegido un lugar donde jugar en el pasado no tienes por qué quedarte. Piensa en una compañía como General Electric. Hace una década, obtenía bastante rédito de sus *holdings* de entretenimiento (NBC y Universal) y de sus negocios de materiales (plástico y silicona). Hoy ha remodelado la cartera para priorizar las infraestructuras, la energía y el transporte, donde sus capacidades únicas pueden resultar claves para ganar. Fue una decisión explícita sobre dónde no jugar.

    Es inevitable que, al decidir dónde jugar, la importancia de cada dimensión varíe según el contexto. Hay que valorar a conciencia cada dimensión, que tendrá un peso diferente en cada situación. Una start-up puede anteponer los productos o servicios que ofrece, pero un gigante estancado se centrará en los clientes —buscando entender mejor sus necesidades y probando nuevas maneras de afrontar la segmentación— para estrechar y pulir una decisión demasiado imprecisa.

    En P&G, las decisiones de dónde jugar empiezan por el consumidor: ¿quién es?, ¿qué quiere y qué necesita? Para ganar con mamá, P&G dedica enormes recursos para entenderla, observándola, visitándola a casa e invirtiendo muchísimo en descubrir sus necesidades insatisfechas o tácitas. Solo se puede determinar adecuadamente dónde jugar (en qué negocios entrar y cuáles abandonar, qué productos vender, qué mercados priorizar, etc.) con un esfuerzo coordinado para entender al consumidor, sus necesidades y la manera en que P&G puede satisfacerlas. Como explica el actual director general, Bob McDonald: «No nos llenamos la boca con la comprensión de los consumidores. Profundizamos de verdad. Nos sumergimos en el día a día de la gente. Nos esmeramos mucho por encontrar las tensiones que podemos ayudar a aliviar. De ellas sacamos moralejas que desembocan en grandes ideas»[2]. Estas grandes ideas pueden ser la base de una decisión firme sobre dónde jugar.

El canal de distribución también suele ser una elección peliaguda para P&G, debido al tamaño dominante y al poder de mercado de los minoristas en cuestión. Tesco posee más del 30 % del mercado del Reino Unido[3]. Walmart vende a unos doscientos millones de norteamericanos por semana[4]. Otros actores, como Loblaw en Canadá o Carrefour en Europa, tienen una presencia regional significativa. Por este motivo, el canal es especialmente relevante para la compañía. Por supuesto, hay sectores en que el canal ni siquiera se valora (por ejemplo, en los sectores servicios que tratan directamente con el consumidor final). Reiteramos que el contexto importa y que cada compañía debe valorar por sí misma el peso de las diferentes decisiones sobre dónde jugar.

Para decidir dónde jugar, un último factor que considerar es la competencia. Igual que al definir las aspiraciones ganadoras, una compañía debería decidir dónde jugar pensando seriamente en la competencia. Puede que elegir un campo de juego idéntico al de un competidor fuerte sea un proyecto menos atractivo que desviarse para competir de otra forma, por otros clientes o en otras líneas de productos. Pero la estrategia no consiste solamente en encontrar un camino único. Si es capaz de aportar un valor nuevo y distintivo, la compañía puede decidir jugar en un campo concurrido o en un campo con un competidor dominante. En tal caso, se puede ganar plantando cara al competidor líder enseguida o yendo antes a por los competidores más débiles.

Esto es lo que sucedió con Tide. Con el lanzamiento de Liquid Tide en 1984, P&G estaba entrando en la categoría de detergentes líquidos contra un competidor fuerte y consolidado. Incluso con el fuerte valor de marca de su detergente en polvo, no iba a ser tortas y pan pintado. Wisk, el detergente líquido de Unilever líder del mercado, era una marca fuerte y arraigada con una clientela fiel. Durante los dos o tres primeros años, Wisk no cedió ni un ápice de su cuota de mercado a Liquid Tide. En el primer año, de hecho, la amplió. Era evidente que los usuarios de Wisk no estaban pasándose a Tide. Pero P&G no necesitaba robar usuarios a Wisk para ganar en la categoría, al menos en aquel momento. El ambicioso lanzamiento de Liquid Tide ayudó a expandir la categoría general de detergentes líquidos y P&G se llevó la mayor parte de dicha expansión. Liquid Tide creó nuevos consumidores para el detergente líquido y ninguno de ellos era leal a Wisk. A medida que la categoría fue creciendo, Tide pudo empezar a quitar cuota de mercado a actores más pequeños, como Dynamo, que no podían competir contra P&G en I+D, escala y experiencia en construcción de marcas. Solo entonces, una vez reunida una masa crítica, Liquid Tide tuvo que retar directamente a Wisk. En aquel momento, la batalla ya estaba casi ganada.

Para Liquid Tide, el objetivo no fue evitar un campo de juego en el que había un competidor feroz, sino expandir el campo de juego para que cupieran los dos competidores y ganar tiempo para coger inercia. Al final, Liquid Tide ganó el pulso y tomó la delantera del mercado con resolución.

## TRES PELIGROSAS TENTACIONES

Como hemos señalado, hay que valorar muchas cosas al tomar una decisión ganadora sobre dónde jugar, desde los consumidores a los canales, los clientes, la competencia y las diferencias locales, regionales y globales. Con tanta complejidad, es fácil que tu estrategia caiga presa de un exceso de simplificación, de la resignación o incluso de la desesperación. En concreto, cuando te plantees dónde jugar, deberías evitar tres deslices. El primero es negarse a elegir, tratando de jugar en todos los campos a la vez. El segundo es intentar esquivar una decisión heredada o poco atractiva mediante una adquisición. El tercero es aceptar una decisión como algo inevitable o imposible de cambiar. Ceder a cualquiera de estas tentaciones conlleva decisiones estratégicas poco convincentes y, a menudo, el fracaso.

### No elegir

La concreción es un atributo crucial para ganar. Tratar de serlo todo para todos los clientes suele llevarnos a prestar un servicio deficiente a todo el mundo. Incluso la compañía o marca más fuerte está posicionada para atender mejor a unos clientes que a otros. Si tu segmento de consumidores es «todo el mundo» o tu territorio es «todas partes», no has asimilado bien la necesidad de elegir. Tal vez argumentes que hay compañías como Apple y Toyota que deciden ofrecerse a todo el mundo. Pero lo cierto es que no. Aunque tienen una vasta base de clientes, ambas compañías no ofrecen los mismos servicios en todos los sitios del mundo y a todos los segmentos de clientes. Hace nada, en 2009, Apple solo obtenía un 2 % de sus ingresos de China. Esa era una decisión de dónde y cuándo jugar. Era una decisión basada en los recursos, las capacidades y el entendimiento de que ni siquiera Apple puede estar en todas partes al mismo tiempo.

P&G tampoco puede atender igual de bien a todos los mercados. Con Bounty, decidió atacar tres segmentos de consumidores en la gama alta del mercado norteamericano del papel absorbente; optó por no ofrecerse al resto del mundo ni a clientes cuyo principal criterio de decisión fuera el precio. En general, cuando P&G decidió jugar en los mercados emergentes, dio prioridad a regiones donde ya tenía un negocio consolidado (como México) y a nuevos mercados que se abrían con igualdad de oportunidades para todos los competidores entrantes (por ejemplo, Europa del Este, tras la caída del Muro de Berlín, y China, cuando Deng Xiaoping abrió los primeros parques empresariales en Cantón). La decisión de entrar por turnos en ciertos mercados emergentes permitió a P&G priorizar la asignación de recursos, la liquidez y, lo que es más importante, la gente, con tal de ascender por la curva de aprendizaje y crear negocios de éxito. Sin esa decisión concreta, P&G habría terminado con un batiburrillo de negocios mediocres esparcidos por el mundo, carentes de la atención y los recursos necesarios para liderar el mercado.

### Intentar esquivar un sector poco atractivo por medio de las adquisiciones

A menudo, las compañías usan las adquisiciones para intentar esquivar los sectores poco atractivos y entrar en los atractivos. Por desgracia, es algo que rara vez funciona. Una compañía que es incapaz de diseñar una estrategia para salir de un sector difícil no tiene ninguna garantía de que vaya a maravillar en otro diferente, a menos que cuente con un método serio para trazar una estrategia en ambos sectores. Por lo común, una adquisición añade complejidad a una estrategia ya esparcida y fragmentada de por sí, con lo que dificulta aún más ganar en términos generales.

Las compañías explotadoras de recursos son especialmente vulnerables a esta trampa, puesto que muchas veces se desviven por los productores de valor añadido en sus sectores. Tanto en el sector del aluminio como en el del papel prensa o el carbón, es habitual que el comprador se deje seducir por los precios más altos y los mayores índices de crecimiento del sector *downstream*. Tristemente, hay dos grandes problemas con este tipo de adquisición. El primero es el precio. Cuesta un riñón entrar en sectores atractivos y, con mucha frecuencia, los compradores pagan por el activo más de lo que jamás valdrá para ellos, con lo que se condenan a largo plazo. Segundo, la estrategia y las capacidades necesarias en el sector objetivo tienden a ser muy diferentes a las del sector actual; es extremadamente difícil hilvanar estos dos métodos y sacar una ventaja en ambos (por ejemplo, minar la bauxita y procesar el aluminio). Normalmente, estas adquisiciones son demasiado caras y entrañan dificultades estratégicas.

En vez de buscar una posición más atractiva adquiriendo empresas, puedes fijarte un objetivo mejor para tu compañía. El verdadero objetivo debería ser crear una disciplina interna de pensamiento estratégico para afrontar con más garantías la actividad económica actual, independientemente del sector, y para conectar con los distintos destinos y oportunidades posibles.

### Aceptar una decisión como si no pudiera cambiarse

También puede ser tentador ver una elección sobre dónde jugar como algo dado, como algo hecho por ti. Pero una compañía siempre puede decidir dónde jugar. Para recuperar mi ejemplo preferido, Apple no estaba completamente limitada por su primera decisión de dónde jugar: los ordenadores de sobremesa. Aunque acabó forjándose un cómodo nicho en ese mercado, como el sobremesa por antonomasia de los sectores creativos, Apple decidió cambiar su campo de juego y pasarse al universo de la comunicación portátil y el entretenimiento, con iPod, iTunes, iPhone y iPad.

Resulta tentador pensar que no puedes elegir dónde jugar; es la excusa perfecta para la mediocridad. No es fácil cambiar de campo de juego, pero es posible y puede ser trascendental. A veces el cambio es sutil, como alterar el foco sobre el consumidor dentro del mismo sector (el caso de Olay). En otras ocasiones, el cambio puede ser drástico, como en Thomson Corporation. Hace veinte años, la compañía tenía decidido jugar en los periódicos norteamericanos, el petróleo del mar del Norte y los viajes por Europa; hoy, bajo el nombre Thomson Reuters, solo compite por internet, facilitando información imprescindible e informatizada por suscripción. Apenas hay parecido entre la elección antigua y actual de Thomson respecto a dónde jugar. El cambio no se produjo de la noche a la mañana —fueron veinte años de tremenda dedicación—, pero demuestra que se puede cambiar dónde se juega.

Incluso las marcas consolidadas tienen múltiples opciones. Ya hemos visto la decisión de Olay respecto a dónde jugar y cómo fue cambiando con el tiempo. En lugar de intentar proporcionar productos a todas las mujeres, en todas las franjas de edad y en la gama baja del mercado, el equipo de Olay decidió competir principalmente en un campo más reducido: el de las mujeres mayores de treinta y cinco que empezaban a preocuparse con los signos del envejecimiento. Esta era solo una de las numerosas opciones que tenía la marca: limitar y cambiar de forma explícita la decisión previa respecto a dónde jugar. Y luego está una de las mayores marcas de P&G, Tide, que ganó fuerza ampliando su campo de acción.

En su día, el equipo de Tide estaba centrado casi exclusivamente en la suciedad visible de la ropa. A finales de los ochenta, de hecho, Tide se ofrecía en dos formatos: el detergente en polvo tradicional y su versión líquida, ambos dirigidos a quitar la suciedad visible de las prendas («Tide's in, Dirt's out» o, en español, «Llega Tide y se va la suciedad»). P&G amplió el campo de juego para Tide yendo más allá de la suciedad visible y sacando versiones del producto para toda una gama de necesidades de limpieza: Tide con lejía, Tide con un toque de Downy, Tide con Febreze, Tide para lavado en agua fría y Tide sin fragancia. Luego, P&G amplió la oferta de Tide de los detergentes a otros productos de lavandería, creando una línea de productos quitamanchas entre los que descolló el brillante Tide-to-Go, un quitamanchas instantáneo. El fin era crear una línea de productos para diferentes tipos de colada, consumidor e incluso miembro de la familia.

Tide también expandió su modelo de distribución. El equipo empezó a prestar atención a los distribuidores que ofrecen un número muy limitado de marcas, como las *drugstores*, las tiendas al por mayor como Costco, las tiendas de todo a cien y las máquinas expendedoras en lavanderías de autoservicio y cámpines. Estos canales suelen ofrecer solo una marca nacional y una opción de marca blanca. P&G movió cielo y tierra para que siempre eligieran Tide como marca nacional. En cuanto marca líder de la categoría, su argumento era irrefutable. De hecho, se ha ampliado el horizonte para abarcar incluso la tintorería bajo la marca Tide. La definición ampliada del dónde jugar sirvió como trampolín para expandir la marca. Cada nuevo producto se cimenta sobre la superior eficacia limpiadora de Tide y sobre sus beneficios de valor añadido, con lo que se refuerza la marca en sí. De esta forma, Tide se amplió para hacerse fuerte.

## IMAGINAR UN NUEVO LUGAR DONDE JUGAR

A veces, la clave para encontrar un nuevo lugar para jugar está simplemente en creer que existe. En 1995, Chip Bergh fue nombrado general manager de la rama estadounidense de limpiadores de superficies duras. El directivo de P&G lo recuerda así, entre risas: «Suena como una actividad muy poco elegante y sensual... y no cabe duda de que lo era. No era una prioridad estratégica de la compañía pero, curiosamente, era un negocio esencial de todos nuestros competidores. Sabíamos que nunca iba a quitarle el sueño a nuestro director general. Pero, para nuestros competidores, cada mañana su director general se levantaba de la cama pensando en este negocio»[5]. El panorama competitivo era difícil. Entre las marcas de Bergh había algunos nombres que habían vivido tiempos mejores, como Comet, Spic and Span y Don Limpio. Según dice Bergh, era «un negocio en caída libre valorado en unos doscientos millones de dólares». A mediados de los setenta, Comet había llegado a disfrutar de una cuota de mercado del 50 % en su categoría. En 1995, todas las marcas de P&G en esta categoría sumaban conjuntamente menos del 20 % del mercado.

El mundo había cambiado y P&G no había conseguido cambiar. En los hogares había menos superficies duras, dado que la fibra de vidrio (y los mármoles porosos y otras piedras) había sustituido a la porcelana. Los competidores habían sacado limpiadores menos abrasivos que gustaban a los consumidores, pero P&G no. «Era evidente que teníamos que hacer algo muy, muy diferente —comenta Bergh—. Nos percatamos de que los consumidores ya no alababan nuestros productos y que nos habíamos quedado rezagados en cuanto a innovación».

Por tanto, Bergh instó a su equipo a valorar dónde jugar desde una perspectiva totalmente nueva, fundamentada en un entendimiento del panorama competitivo y de las capacidades esenciales de P&G. Según dice: «Me llevé al equipo de liderazgo de la oficina durante dos días. La idea principal era tomar una serie de decisiones que marcaran la diferencia en el negocio. Las nuevas decisiones (y la nueva estrategia) clamaban básicamente por que cambiáramos el concepto de limpieza doméstica y que hiciéramos la tarea menos ardua». Como siempre, empezamos por las necesidades de los consumidores: cómo limpiar las superficies deprisa y sin estropicios, afrontando una tarea concreta y mejorando los productos que había en oferta. Bergh continúa así: «Nos preguntamos cómo podíamos aprovechar la escala, el tamaño y la experiencia tecnológica de la compañía para cambiar por completo la limpieza doméstica. Nuestro principal avance fue empezar a acoplar diferentes tecnologías de P&G que nuestros competidores no tenían. ¿Cómo casamos la química con la tecnología tensoactiva y la tecnología papelera? Todo ello nos llevó hasta Swiffer, que lanzamos dos años más tarde».

Dentro de la categoría de limpiadores de superficies duras, Swiffer abrió una puerta completamente nueva en lo tocante a dónde jugar. Fue un superventas pensado para los consumidores. *Business Week* citó el producto entre los veinte que más han revolucionado la bolsa[6]. Diez años después, Swiffer ya ha penetrado en el 25 % de los hogares norteamericanos. Y mientras la competencia entra en la categoría que creó P&G, la compañía ya está atenta a la siguiente frontera estratégica de Swiffer, preguntándose qué viene a continuación.

**PROFUNDIZANDO**

En ocasiones, es fácil desechar las decisiones nuevas y diferentes sobre dónde jugar por ser peligrosas, por chocar con la actividad actual o por discordar con las capacidades esenciales. Y es igual de fácil descartar todo un sector solo por las decisiones predominantes que han tomado los competidores respecto a dónde jugar. Pero a veces hay que profundizar un poco más, estudiar desde todos los ángulos las elecciones imprevistas sobre dónde jugar, para entender de verdad lo que es posible y cómo se puede conquistar un sector decidiendo otro lugar donde jugar. Este fue el caso de la alta perfumería en P&G.

P&G comenzó dubitativo en el negocio de la alta perfumería. De hecho, su entrada en la categoría fue accidental. En 1991, la sociedad adquirió Max Factor para impulsar el perfil internacional de su negocio de cosmética y tinte (en el que penetró en 1989 con la compra de Noxell, la empresa matriz de Cover Girl). Por entonces, Cover Girl era una marca exclusivamente norteamericana. El negocio de cosmética de Max Factor operaba sobre todo fuera de Norteamérica, con lo que entraba como anillo al dedo, pero lo curioso era que también tenía una diminuta línea de perfumes. De hecho, así fue como P&G entró también en ese negocio. En 1994, el entonces presidente y director general, Ed Artzt, intentó ampliar la participación de P&G en el sector comprando Giorgio Beverly Hills por ciento cincuenta millones de dólares. La mayoría pensó que era una adquisición extraña... ¿Una empresa sobria del Medio Oeste, como P&G, comprando una perfumería elegante de Rodeo Drive?

En muchos sentidos, era una unión extravagante. El negocio de la alta perfumería estaba formado por una mezcla de marcas propiedad de la compañía, como Giorgio, y de marcas externas de las cuales P&G solo tenía en licencia los derechos sobre el perfume, como Hugo Boss. Para uno de los líderes mundiales más reconocidos del *branding*, las licencias daban pie a una situación peculiar: había que depender por completo de otra compañía para crear una imagen de marca general, a la que P&G simplemente añadía una línea de perfumes adecuados. Al parecer, no se echaba mano de los conocimientos de P&G en construcción de marcas y, para más inri, la reputación de esas marcas de moda era sumamente volátil. Sufrían altibajos y no parecía que pudieran hacer gran cosa para remediarlo (y P&G menos). Fueron poquísimas las marcas de perfume que aguantaron y crecieron durante décadas, como habían hecho Tide y Crest. Además, buena parte de los perfumes se vendían a través de un canal en el que P&G no tenía mucha presencia: los grandes almacenes y las perfumerías. Y, por último, para los laboratorios de I+D de P&G no era tan fácil crear corrientes de innovación como las que permitieron a Bounty y Pantene seguir aventajando a sus competidores. La perfumería de alto standing parecían ser un negocio utópico: con muchas tendencias y poca tecnología real. Las decisiones y capacidades estratégicas para la alta perfumería tenían poco que ver con las relativas a la mayoría de los demás negocios de P&G. Así pues, no es de extrañar que el negocio fuera dando tumbos durante la década de los noventa, cosechando peores resultados que los del sector y que los estándares de la compañía.

Al menos a simple vista, la alta perfumería parecía abocada a la desinversión. El negocio parecía encajar poco con el resto de P&G. Es más, reunía unas características que lo complicaban todo: se dependía de las casas de moda y la distribución era difícil. P&G no tenía hoja de ruta para dirigir internamente negocios como estos y, fuera, no había ningún modelo parecido con el que cotejarse. P&G tampoco llevaba mucho en la categoría, especialmente en su formato pos-Giorgio, así que no tenía un largo historial por el que guiarse. La compañía estuvo a punto de deshacer la inversión, pero acabó decantándose por reordenar sus ideas.

Era importante seguir con la alta perfumería por dos razones estratégicas. La primera: tener presencia en la categoría era importante para cualquier negocio fiable y competitivo del sector belleza. Y P&G quería liderarlo gracias al cuidado del cabello (Pantene, H&S) y al cuidado de la piel (Olay). Pero para ganarse un respeto dentro del sector belleza y entre los consumidores, la compañía también necesitaba una posición en cosmética y perfumería. La transferencia de conocimientos entre las diferentes categorías es significativa, de forma que aquello que aprendes con los cosméticos y perfumes —tanto a través del I+D de productos como de las investigaciones de los consumidores— se puede utilizar en gran medida en el cuidado del cabello y el cuidado de la piel, y viceversa. En otras palabras, solo con estar en el negocio de la perfumería, mejoras en las diferentes categorías de belleza.

Además, la fragancia es un aspecto crucial de la experiencia del cuidado del cabello; por sí solo, el aroma puede influir bastante en las preferencias de compra de los consumidores. Y no solo en el caso del cuidado del cabello. Esto nos lleva a la segunda razón estratégica para jugar en la alta perfumería: en muchas categorías del hogar y otras del cuidado personal, había segmentos significativos de consumidores que daban una gran importancia a la experiencia sensorial. P&G podía influir en la intención de compra de los consumidores si acertaba con el olor. Enseguida quedó patente que la fragancia era un factor relevante a la hora de crear experiencias agradables para los consumidores y que P&G era la empresa que más la usaba del mundo. La relevancia de este pequeño negocio de alta perfumería no se ceñía solo al tamaño; era crucial para generar capacidades y sistemas esenciales que pudieran diferenciar a la compañía y crear una ventaja competitiva para sus marcas y productos.

Por tanto, P&G no solo se aferró al negocio de la alta perfumería, sino que lo engrosó estratégicamente. P&G revolucionó el modelo de negocio del sector tomando una serie de decisiones estratégicas totalmente diferentes en lo relativo al dónde jugar y al cómo ganar. En el sector de la alta perfumería, el modo de proceder estaba claro: los ateliers y las casas de moda daban a luz nuevos perfumes, estos se empleaban en las pasarelas y llegaban a los grandes almacenes por Navidad. La mayoría de los perfumes de marca se sacaban para la campaña de Navidad e iniciaban su declive en primavera. Era un modelo basado en incentivar un producto hasta exprimirlo por completo. Y en buena parte de los casos, era un negocio accesorio a otro principal: el de la moda.

En cambio, P&G empezó por el consumidor, formando un equipo interno de expertos perfumistas para diseñar fragancias acordes con los deseos y necesidades específicas de los consumidores, así como conceptos de marca. Se asoció con la *crème de la crème* de los perfumistas y diseñadores de perfumerías. Al cabo de poco, P&G se convirtió en el socio preferido de alta perfumería en términos de innovación. Sus marcas piensan en los consumidores, tienen un concepto detrás y están diseñadas para encandilar a los usuarios. A medida que invirtió tiempo y esfuerzo en el negocio de la alta perfumería, P&G atrajo a las mejores agencias y ganó numerosos premios de publicidad, marketing y empaquetado. Creó carteras de productos que ampliaron y reforzaron su base de consumidores y creó marcas que se convirtieron en líderes de sus segmentos.

Otra norma del sector era luchar a brazo partido por la gama más alta del mercado femenino. En lugar de atacar de frente a los rivales más grandes, el equipo de alta perfumería de P&G decidió atacar el flanco más inesperado y desprotegido: los perfumes para hombres, con Hugo Boss, y los perfumes más juveniles y deportivos, asociándose con Lacoste. La competencia estaba enfrascada en los perfumes clásicos y modernos para mujeres, que concentraban las ventas y los beneficios del sector. Al elegir otro lugar donde jugar, el equipo de alta perfumería tuvo el tiempo y la oportunidad de probar su estrategia y su modelo de negocio, perfeccionar sus capacidades y ganar confianza en que podía ganar.

Para ganar en la alta perfumería, el equipo aprovechó todo lo posible las capacidades esenciales de P&G. Usó la pericia de la compañía en construcción de marcas para evaluar la fuerza y el valor de las marcas de moda, determinar cuáles había que incorporar bajo licencia y cuánto pagar por ellas. Usó sus conocimientos de disciplina estratégica para equiparar sus decisiones a las de los licenciantes, aumentando el valor para ambos. En términos de innovación, la experiencia puntera con los aromas permitió a P&G crear productos de marca bajo licencia que podían ofrecer un atractivo único a los consumidores y durar más de una temporada. Además, con su escala como mayor comprador de aromas del mundo, pudo adquirir costosos ingredientes clave a un coste inferior que cualquier competidor.

Aplicando al negocio todas estas capacidades, P&G creó una empresa de perfumes con licencias de Dolce & Gabanna, Escada, Gucci, etc. Entre tanto, se convirtió en uno de los negocios de alta perfumería más grandes y rentables del planeta, menos de dos décadas después de su humilde entrada en el sector. Permanecer en ese mundillo fue una decisión que, a primera vista, parecía ilógica y forzaba a pensar de otra forma sobre dónde jugar, pero que ha generado enormes dividendos para toda la compañía.

No obstante, hay cosas que pasan por puro azar y la adquisición de Max Factor es testimonio perfecto de ello. P&G la compró para globalizar el negocio de cosmética, pero nunca dio sus frutos. En Norteamérica, de hecho, los resultados fueron tan pobres que se dejó de vender. Y tampoco es que aportara una gran plataforma fuera de dicha región. Es decir, la adquisición bien podía considerarse un fracaso, atendiendo a la intención con que se compró. Pero el caso es que el negocio de cosmética llegó acompañado de otros dos: una pequeña cartera de perfumes y un negocio japonés diminuto de muy alta gama de cuidado de la piel, llamado SK-II. Esa cartera de perfumes acabó siendo el embrión de un negocio líder de alta perfumería valorado en miles de millones de dólares. Y SK-II se ha expandido a los mercados internacionales y ha superado la frontera de los mil millones de dólares en ventas globales, con una rentabilidad extremadamente atractiva. En este caso, la serendipia sonrió a P&G, aunque también hubo que tomar decisiones inteligentes y sudar mucho para realizar el potencial de los negocios.

## EL NÚCLEO DE LA ESTRATEGIA

Para decidir dónde jugar, hay que entender los posibles campos de juego y elegir uno. Se trata de escoger territorios, clientes, productos, canales y fases de producción que encajen, que se refuercen mutuamente y que casen con las necesidades reales de los consumidores. En lugar de intentar llegar a todo el mundo, conformarte con un nuevo campo de juego o aceptar como inevitables las elecciones que ya has hecho, toma una serie de decisiones audaces respecto a dónde jugar. Para hacerlo, necesitas una comprensión profunda de los usuarios, del panorama competitivo y de las propias capacidades. Hace falta imaginación y esfuerzo. Y tampoco viene mal algo de suerte de vez en cuando.

Mientras sopesas tus propias decisiones, recuerda que elegir dónde jugar también conlleva elegir dónde no jugar. Implica descartar opciones y marca el camino de la organización. Pero no hay una única respuesta correcta. Para algunas compañías o marcas, es mejor una elección concreta. A otras les conviene más una elección más vaga. O puede que la mejor opción sea elegir un segmento de clientes pequeño dentro de un territorio grande (o al revés). Como todo en esta vida, el contexto manda.

El núcleo de la estrategia es la respuesta a dos preguntas fundamentales: ¿dónde jugarás y cómo ganarás? El siguiente capítulo se centrará en la segunda pregunta y en la toma de decisiones integradas, en las que las elecciones de dónde jugar y cómo ganar se refuerzan y se respaldan, en vez de boicotearse mutuamente.

## DÓNDE JUGAR: QUÉ HACER Y QUÉ NO

- ✓ Asegúrate de decidir dónde jugarás y dónde no. Escoge y prioriza explícitamente las decisiones en todas las dimensiones relevantes del dónde (es decir, territorios, segmentos del sector, consumidores, clientes, productos, etc.).
- ✓ Reflexiona mucho antes de descartar un sector entero por carecer de atractivo estructural; busca segmentos atractivos en los que puedas competir y ganar.
- ✓ No te embarques en una estrategia sin tomar decisiones concretas respecto al dónde. Si todo es una prioridad, nada lo es. No tiene sentido intentar reinar en todos los segmentos. No puedes. No lo intentes.
- ✓ Busca lugares para jugar que te permitan atacar desde flancos inesperados, por el camino más fácil. Si puedes evitarlo, no asedies ciudades amuralladas ni te enfrentes a tus competidores más fuertes de frente.
- ✓ No te embarques en guerras con varios frentes a la vez. Planea cómo reaccionarán los competidores a tus decisiones iniciales e intenta anticiparte varios pasos. Las decisiones no tienen por qué durar para siempre, pero sí lo suficiente para darte la ventaja que buscas.
- ✓ No te dejes engañar por el atractivo que ofrece el espacio vacío. Es tentador ser el primero en entrar en un espacio sin competencia. Por desgracia, lo cierto es que solo una persona llega la primera (y solo hay un único jugador de bajo coste) y, muy a menudo, el espacio que vemos vacío ya ha sido ocupado por un competidor temible que aún no ves o no entiendes.

# 4

## Cómo ganar

Si le preguntas sobre la tecnología de las bolsas de basura Glad ForceFlex a Jeff Weedman, subdirector de desarrollo empresarial global de P&G, salta a la vista que es un apasionado. Como demostración, saca una bolsa blanca para restos de comida, la abre y se la enseña a su visitante[1]. «Mira esta película —dice—. ¿Ves estos dibujos de aquí? Gracias a estos dibujos, podemos estirar mucho más el material»[2]. Weedman mete un puño en la bolsa y estira una pequeña parte de ella hasta el máximo. Consigue meter el codo entero antes de que se rompa. «Gracias a la experiencia de P&G con los pañales, somos expertos manipulando películas de plástico —explica—. Esta bolsa gasta menos plástico que esas bolsas gruesas y se estira bastante más». La tecnología inventada por P&G genera una bolsa de plástico fuerte y flexible, pero emplea bastante menos material. Esto se traduce en un producto mejor para los consumidores, con más capacidad y aguante, a un coste inferior para el fabricante.

El producto ForceFlex usó el *quilting* —el arte de coser dos telas juntas desarrollado para el papel absorbente— y supuso un gran paso adelante para la tecnología de las bolsas de basura. Salió de los laboratorios de P&G con una tecnología hermana: el envoltorio de plástico con cierre automático. Imagina que quieres guardar un trozo de pollo que ha sobrado en el congelador, para comértelo en unos días. Puedes meterlo en un envoltorio de plástico y rezar por que no se oxide a través de uno de los múltiples agujerillos, o puedes guardarlo en una costosa bolsa Zip Top (de un solo uso). Sin embargo, los científicos de P&G encontraron otra opción: arrancabas un trozo pequeñito del nuevo y revolucionario envoltorio de plástico (parecido al film plástico para embalaje), metías encima el pollo, doblabas el material sobre el trozo de carne, apretabas suavemente el pollo con los dedos y... ¡tatatachán!, tenías una bolsa herméticamente sellada para guardar en la nevera o el congelador.

Las dos nuevas tecnologías resultaban tan prometedoras que la dirección de P&G autorizó una prueba de mercado, empezando por el envoltorio para comida (con la marca Impress). Tal vez fuera el concepto menos apasionante de los dos: el envoltorio plástico de cierre automático aportaba un beneficio que no se sabía si interesaría a los consumidores, mientras que las bolsas de basura ultrarresistentes resolvían una frustración de los consumidores de la que se tenía plena constancia (bolsas que gotean y se rompen). No obstante, Impress fue el punto de partida.

A los consumidores que participaron en la prueba les encantó. El producto se disparó hasta más de un 25 % de la cuota de mercado en un abrir y cerrar de ojos, a un sobreprecio del 30 % respecto a los envoltorios existentes. Era evidente que poseía una tecnología única que la competencia no tenía y que los consumidores valoraban.

Cuando P&G obtiene resultados así, normalmente opta por invertir decididamente en la nueva marca y lanzarla en todo el país. Pero el equipo estaba sobre aviso en este sentido y era reticente a poner toda la carne en el asador con estas nuevas tecnologías plásticas.

A comienzos de los ochenta, los científicos de P&G habían encontrado una forma de condensar la dosis diaria recomendada de calcio en un solo vaso de zumo de naranja. Y lo mejor era que el cuerpo absorbía directamente el calcio, en vez de procesarlo a toda prisa como sucede con los suplementos. Además, el calcio no estropeaba el sabor del zumo. Para todas las mujeres y los niños que tenían que beber leche simplemente para recibir su dosis de calcio —aunque fueran intolerantes a la lactosa o detestaran la leche—, era un gran logro. Al igual que Impress décadas más tarde, el nuevo zumo de naranja rico en calcio obtuvo muy buenos resultados en los test con consumidores. En 1983, salió a la venta en el país bajo el nombre Citrus Hill, enfrentándose a dos rivales temibles: Minute Maid (división de Coca-Cola) y Tropicana (entonces independiente pero más tarde adquirida por PepsiCo, Inc., con lo que se convirtió en otro frente más de la guerra entre Coca-Cola y Pepsi). Los dos competidores dominaban el segmento de las marcas del mercado: Tropicana lideraba el segmento de recién exprimidos; y Minute Maid, un segmento más grande, el de zumos elaborados a partir de concentrado congelado. Citrus Hill competía con ambos.

Basta decir que Minute Maid y Tropicana combatieron a su nuevo enemigo como si sus vidas dependieran de ello, aunque, dada la reputación de P&G, no parecía ser ninguna exageración. P&G aspiraba a liderar la cuota de mercado en cada categoría y solo se conformaba con la segunda plaza en contadas ocasiones. Por tanto, los competidores pensaban que si permitían a P&G prosperar, probablemente uno de ellos moriría y ambos podían perder terreno. A juzgar por todo lo que hicieron, Minute Maid y Tropicana consideraron el lanzamiento de Citrus Hill como una batalla por la supervivencia, no una mera incursión de la competencia.

Para P&G, no era lo mismo que penetrar en una nueva categoría contra cientos de pequeños productores de pañales de tela (sacando Pampers) o fabricantes de fregonas (con Swiffer). Citrus Hill iba a retar a dos competidores gigantescos, atrincherados y con enormes recursos. Por desgracia, las guerras del zumo de naranja resultaron ser una lección de humildad para P&G. Citrus Hill no consiguió perforar en ningún momento las defensas de Minute Maid y Tropicana, y P&G abandonó el negocio tras una década de frustraciones. El colofón de la vejación fue que hubo que cerrar la marca, ya que no se encontró a nadie dispuesto a comprarla. Lo único positivo fue que P&G cosechó unos beneficios anuales atractivos después de la salida, pues cedió bajo licencia la tecnología cálcica a sus dos antiguos competidores. Ambas empresas estuvieron encantadas de añadir un beneficio atractivo a sus productos.

Transcurridas dos décadas, a nivel de competencia era obvio que Impress se iba a enfrentar de frente con la marca líder Glad, de The Clorox Company, y con Saran Wrap, de SC Johnson. Ambas eran marcas fuertes con líneas de productos consolidadas, además de pertenecer a dos de los competidores más aguerridos de P&G en las categorías de productos del hogar y de limpieza. Las nuevas bolsas de basura competirían con la líder Glad, además de la línea Hefty de Reynolds Group Holdings. Entrar en un negocio con esas dos tecnologías significaba que P&G volvería a entrar en mercados consolidados contra dos grandes marcas, cada una de las cuales contaba con el respaldo de una organización inmensa y capaz. Al igual que Coca-Cola y Tropicana, tanto Clorox como SC Johnson y Reynolds estarían advertidos de los peligros de permitir que P&G se ganara un espacio. Todos iban a pelear a muerte. Además, estaban las dudas que planteaba la operación. Para sacar Impress y la tecnología de bolsas de basura, habría que invertir mucho capital en infraestructura manufacturera, una tecnología cara y especializada con la que P&G no tenía ninguna experiencia.

Dicho de otro modo, mientras valoraba tomar otra decisión de dónde jugar, el equipo pasó un calvario para encontrar una forma realmente convincente de ganar en ese campo de juego. A los consumidores les encantaba el producto. La tecnología era sensacional y exclusiva. Pero vista la aguerrida dinámica competitiva y los altos costes financieros, para lograr la victoria no bastaba con la tecnología y el producto. En lugar de sacar la nueva tecnología y capear el temporal, que acabaría remitiendo, decidimos explorar métodos totalmente diferentes para ganar en este espacio. Antes, cuando P&G no podía usar una tecnología, la cedía bajo licencia a otra compañía (como había hecho, por ejemplo, con el aditivo cálcico tras el declive de Citrus Hill). Pero atendiendo al increíble potencial de las ganancias en este caso, nos preguntamos si había alguna opción más aparte de los extremos de la comercialización y la licencia. Así pues, se pidió a Jeff Weedman que encontrara una tercera vía para crear más valor para los consumidores y aportar una ventaja competitiva a P&G.

Weedman estudió las posibilidades. Lo recuerda así: «Hablamos con competidores del espacio de los envoltorios. Les preguntamos si querían esa tecnología e hicimos una subasta». Se presentaron muchas ofertas por la tecnología, en muchos formatos diferentes. Una de las más fascinantes fue la de Clorox. Clorox había adquirido la marca Glad de envoltorios y bolsas de basura en 1999, cuando se hizo con First Brands después de superar la oferta de P&G. Como explica Larry Peiros, entonces vicepresidente del grupo de The Clorox Company (ahora vicepresidente ejecutivo y director de operaciones): «Glad fue una adquisición complicada desde el principio. Nuestros productos apenas se diferenciaban y los costes de materias primas estaban aumentando. Tanto Hefty, que era un competidor agresivo, como las marcas blancas de prestaciones similares estaban amenazando el mayor negocio de Glad: el de las bolsas de basura. Los productos Glad para almacenar comida, Glad Cling Wrap y GladWare, estaban siendo presionados por el negocio líder de Ziploc para guardar comida. La cosa no tiraba y era evidente que necesitábamos desarrollar seriamente los productos e invertir mucho para vencer a largo plazo»[3]. Pero Clorox no tenía los mismos conocimientos que P&G en I+D de materiales y plásticos. Ni su escala era igual de gigantesca. Además, el equipo de Clorox era consciente de lo que implicaría que la tecnología de P&G acabara en manos de una compañía rival. Así pues, hizo una oferta peculiar para formar una gran asociación.

Peiros lo recuerda así: «Teníamos muchas razones para querer una relación más estrecha que la que existe con la licencia. Procter es una fábrica de tecnología. Compiten en muchas categorías de miles de millones de dólares, innovando sin parar, y algunas de esas innovaciones se podían aplicar a bolsas y envoltorios. Si P&G estaba dispuesta a darnos acceso a su tecnología actual y futura para nuestra categoría, nos iría de perlas. Al principio fue una conversación un tanto extraña. No hay duda de que la idea de colaborar con un competidor directo era nueva para Clorox. No teníamos nada definidos ni el formato ni las estructuras de la *joint venture*». Se tendría que crear una asociación sólida en una categoría, pero ambas compañías iban a mantener una feroz competencia en las demás.

Para Weedman, se trataba de tomar una decisión nueva y trascendental de cómo ganar. Era innovación en su sentido más amplio. Varias compañías presentaron atractivas ofertas de licencia, pero cooperar con Clorox mandaría una importante señal externa e interna sobre cómo iba a trabajar P&G en el futuro. Según Weedman, «cuando la gente habla de innovación, se suele referir a las moléculas. Esa iba a ser una innovación del modelo de negocio, una innovación a lo largo de todo el espectro».

Alentado fuertemente por la dirección, Weedman creó una *joint venture* con Clorox en la que era esta empresa, y no P&G,

la que detentaba el control. A cambio de ceder ambas tecnologías y veinte profesionales (principalmente científicos y técnicos de I+D) a la colaboración, P&G recibió el 10 % del negocio total de Glad, con la opción de adquirir otro 10 % según unas condiciones preestablecidas. Sin embargo, Clorox iba a dirigir el proyecto: la fabricación, la distribución, las ventas, la publicidad y todo lo demás. Con este acuerdo, P&G renunció al control como nunca antes lo había hecho.

La coalición se formalizó en enero de 2003, y en enero de 2004 P&G ejerció de buena gana la opción de compra de un 10 % adicional del negocio. Cuando se cerró el acuerdo de la *joint venture*, Glad estaba valorada en cuatrocientos millones de dólares; al cabo de cinco años, había crecido hasta superar los mil millones, impulsada por Press'n Seal (la nueva marca de Impress) y, en especial, por ForceFlex. Por muy importantes que fueran las contribuciones financieras del acuerdo para P&G, el método en sí fue aún más significativo. Mandó una señal determinante para el futuro de la compañía. No era el mismo Procter de antes, que debía tener el control y dominar. Esta colaboración con un competidor —para crear un negocio líder exitoso en un espacio libre de competencia— fue colosal. Y el método empleado ha derivado en muchas iniciativas similares de desarrollo conjunto, como las franquicias Tide Dry Cleaners, en las que P&G colabora de las formas más inesperadas.

Con el desarrollo de estas nuevas tecnologías de embalaje, P&G tuvo que tomar algunas decisiones sobre dónde jugar y cómo ganar. El reto era encontrar un modo de ganar, no solo de competir, con estas nuevas tecnologías. Para encontrar la respuesta, había que adoptar una perspectiva diferente ante lo que podía significar ganar y ante las maneras en que podía ganar P&G. Había que elegir sabiamente cómo ganar, comprendiendo todo el campo de juego. El resultado fue una asociación pionera entre P&G y Clorox; una asociación que hizo más fuertes a ambas compañías y que creó una marca de miles de millones de dólares líder en su categoría.

Elegir dónde jugar es la primera de las dos fases de las que está compuesta la estrategia. La segunda es cómo ganar. Ganar significa proporcionar una ecuación de valor mejor que la competencia a consumidores y clientes, así como proporcionarla de forma sostenida. Como señaló Mike Porter hace más de tres décadas, adelantándose a todo el mundo, solo hay dos formas genéricas de hacerlo: ser líder en costes y diferenciarse (para saber más sobre las bases microeconómicas de estas dos estratégicas, consulta el apéndice B).

**ESTRATEGIAS DE BAJO COSTE**

Como su nombre indica, una empresa líder en costes extrae sus beneficios del hecho de tener una estructura de costes inferior a la competencia. Imagina que las compañías A, B y C producen artículos que los clientes están encantados de comprar por cien dólares. Los productos son parecidos, así que si una compañía cobra más que las otras por su producto, la mayoría de los clientes optarán por no comprarlo y se decantarán por las opciones más baratas. La compañía B y la C tienen estructuras de costes similares y fabrican los artículos por sesenta dólares, de modo que tienen cuarenta dólares de margen. La compañía A tiene una estructura de costes inferior por fabricar básicamente el mismo producto. De hecho, lo puede hacer por cuarenta y cinco dólares, con lo que su margen es de cincuenta y cinco. En este caso, la compañía A es la líder de bajo coste y tiene una ventaja inconmensurable respecto a sus rivales.

Las empresas de bajo coste no tienen por qué cobrar los precios más bajos. Tienen ocasión de fijar un precio más bajo que la competencia, pero también pueden reinvertir la diferencia en crear una ventaja competitiva. Mars es un ejemplo fantástico de esta táctica. Desde los ochenta, sus barritas dulces han gozado de una clara ventaja de costes respecto a las de Hershey's. Mars ha decidido estructurar su gama de barritas de forma que se puedan fabricar en una única línea de producción de muy alta velocidad. Además, suele usar ingredientes menos caros. Ambas decisiones reducen enormemente el coste de producción. Hershey's y otros competidores cuentan con múltiples métodos de producción y emplean ingredientes más caros, con lo que sus costes estructurales son más elevados. Más que vender sus barritas a un precio inferior, algo casi imposible por la dinámica de colmados y supermercados, Mars ha decidido comprar el mejor lugar de la estantería de barritas dulces en todas las tiendas de este tipo de Estados Unidos. Hershey's no puede hacer gran cosa para contrarrestar la iniciativa de Mars; simplemente no tiene dinero extra que gastar. Gracias a esta inversión, Mars pasó de ser un pequeño actor a convertirse en el mayor rival del coloso Hershey's, rivalizando con este por liderar la cuota general de mercado.

Dell Computer siguió una senda similar en sus inicios. En su primera década, disfrutó de una considerable ventaja de costes respecto a sus competidores del sector de PC. La cadena de suministro superior y las decisiones de distribución aportaron a Dell una diferencia de costes de unos trescientos dólares por ordenador; simplemente, a sus competidores les costaba más fabricar, vender y distribuir PC. En vez de quedarse con todos esos márgenes, Dell devolvió una parte a los consumidores, cobrando menos que la competencia por productos prácticamente iguales. Aprovechando estos precios más bajos, Dell se hizo con el liderazgo de la cuota de mercado en un tiempo récord, llevándose por delante en el proceso una porción de Gateway, HP, Compaq e IBM. La diferencia de trescientos dólares en los márgenes aportó a Dell una ventaja ganadora crucial en aquel momento. La compañía nació en 1984 en la habitación de Michael Dell, como una start-up, y en 1999 se había convertido en una compañía de cien mil millones de dólares.

Aunque todas las compañías se esmeran por mitigar los costes, solo hay un jugador de bajo coste por sector: el competidor con los costes más bajos. Si una compañía tiene costes inferiores que algunos competidores, pero no que todos, podrá seguir activa y rivalizar durante un tiempo, pero no ganará. Solo el auténtico jugador de bajo coste puede ganar con una estrategia así.

**ESTRATEGIAS DE DIFERENCIACIÓN**

La alternativa al bajo coste es la diferenciación. En una buena estrategia de diferenciación, la compañía ofrece productos o servicios que los clientes perciben como mucho más valiosos que los del resto de competidores y, además, es capaz de hacerlo aproximadamente con la misma estructura de costes que la competencia. En este caso, las tres compañías —A, B y C— fabrican artículos por sesenta dólares. Pero aunque los clientes están dispuestos a abonar cien dólares por los objetos de las compañías A y B, se prestan a pagar ciento quince por los de la compañía C, al percibir una mayor calidad o un diseño más interesante. En este caso, la compañía C tiene quince dólares más de margen que sus competidores, además de una ventaja significativa respecto a ellos.

En esta clase de estrategia, las ofertas tienen distintas ecuaciones de valor para los consumidores, así como distintos precios. Cada marca o producto ofrece una proposición de valor específica que atrae a un grupo concreto de clientes. La fidelidad surge cuando hay una conexión entre la oferta distintiva de la marca y el valor personal de esta para el consumidor. En el sector de la hostelería, por ejemplo, un consumidor podría aceptar pagar mucho más por una oferta basada en el servicio, como la de Four Seasons Hotels and Resorts, mientras que otro podría atribuir mucho más valor a una experiencia única y especializada, como la que ofrece el Library Hotel de Nueva York. La diferenciación entre productos es fruto de las actividades de la empresa: diseño y prestaciones del producto, calidad, *branding*, publicidad, distribución, etc. Cuanto más se diferencia un producto en un aspecto que interesa a los consumidores, más sobreprecio puede ostentar. Así pues, Starbucks puede cobrar 3,50 dólares por un capuchino, Hermès puede cobrar diez mil dólares por un bolso Birkin y casi ni tienen que calcular los costes de producción.

No todos los factores diferenciales son iguales. Aunque a veces se considera a Toyota un productor de bajo coste por el acento que pone en la eficiencia industrial, sí es un factor diferencial. Su eficiencia industrial es necesaria para compensar el entorno productivo, sobreponderado a un país con altos costes: Japón. No obstante, en el mercado automovilístico de Estados Unidos, el fabricante de coches percibe un sobreprecio de varios miles de dólares por vehículo con respecto a sus competidores, pese a fabricarlo por un coste similar. Los modelos más vendidos, Camry y Corolla, tienen fama de tener mayor calidad, fiabilidad y duración, con lo que justifican buena parte del sobreprecio. Esta ventaja diferencial significa que, cuando quiere ganar cuota de mercado, Toyota puede rebajar los precios sin perder rentabilidad y sus competidores no tienen recursos para responder. O también puede invertir una parte del recargo en añadir prestaciones nuevas y atractivas a sus vehículos. Al hacerlo, lo cierto es que puede reforzar su ventaja diferencial.

Todas las estrategias de éxito toman uno de estos dos caminos: el liderazgo en costes o la diferenciación. Ambos pueden proporcionar a la compañía un mayor margen entre ingresos y costes que los competidores, de forma que se genera una ventaja ganadora sostenible (cuadro 4.1). A fin de cuentas, este es el objetivo de cualquier estrategia.

## Cuadro 4.1
**Diferentes ecuaciones de valor ganadoras para estrategias de bajo coste y de diferenciación**

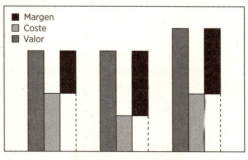

Competidor medio   Líder en costes   Factor diferencial

■ Margen
■ Coste
■ Valor

Si bien es cierto que solo hay dos estrategias genéricas, las empresas las pueden utilizar de muchas formas. De hecho, en algunos casos las empresas pueden emplear ambas estrategias al mismo tiempo, cobrando un plus considerable respecto a la competencia y produciendo a un coste inferior. La técnica de usar dos estrategias es rara, pero es posible si la compañía tiene una ventaja formidable en términos de cuota de mercado y una escala significativa con costes adaptados. IBM, que fue dominadora absoluta del negocio *mainframe*, es un ejemplo histórico. Google e eBay son ejemplos actuales. Y en algunos negocios —como los detergentes para la ropa, el cuidado femenino y los perfumes—, P&G es una compañía que se diferencia del resto y, a la vez, goza de ventajas de costes gracias a su liderazgo del mercado y su escala global. Sin embargo, normalmente los mercados son dinámicos y aparecen nuevos competidores que hallan formas inesperadas e innovadoras de aportar valor, así que las compañías que persiguen el bajo coste y la diferenciación al mismo tiempo se acaban viendo forzadas a elegir. A IBM le pasó cuando Hitachi y Fujitsu Microelectronics entraron en la informática *mainframe* con estrategias de costes mucho más bajos. También eBay ha tenido que hacerlo tras el surgimiento de Craigslist y otras alternativas. Es muy difícil incentivar tanto el liderazgo en costes como la diferenciación porque ambas cosas exigen acudir al mercado de una manera muy específica (cuadro 4.2).

Cuadro 4.2
**Diferentes imperativos en las estrategias de bajo coste y las estrategias de diferenciación**

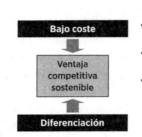

- Comprensión sistémica de los costes/fuentes de costes
- Reducción incesante de los costes
- Sacrificio de los clientes inconformistas
- Compromiso con la estandarización

- Comprensión profunda e integral de los clientes
- Construcción intensa de marcas
- Esmero en la conservación de clientes
- Compromiso con la innovación

En otras palabras, la vida dentro de una compañía líder en costes dista mucho de la vida dentro de una compañía diferenciadora. En la primera, los managers siempre están intentando entender mejor las fuentes de gastos y están modificando sus operaciones en consecuencia. En una compañía diferenciadora, los managers siempre tratan de profundizar en su comprensión holística de los clientes para aprender a prestarles unos servicios más especializados. En el primer tipo de empresa se busca reducir costes sin descanso, mientras que en la segunda se construye la marca sin descanso.

Los clientes se ven y se tratan de forma muy distinta. En una empresa líder en costes, los clientes inconformistas —es decir, los que quieren algo especial, diferente a lo que produce la empresa en un momento dado— se sacrifican para estandarizar el producto o servicio, todo en aras de la eficiencia en costes. En una empresa que busca diferenciarse, los clientes se conservan con sumo celo. Si los clientes indican que desean algo diferente, se intenta diseñar una nueva oferta que les deslumbre. Y si un cliente se va, su salida se clava en el corazón de la empresa como una estaca, pues indica que la estrategia ha fracasado con ese cliente. Es tan simple como la diferencia entre Ryanair y Apple. Como cliente, si le dices a Ryanair que quieres escoger antes los asientos, que no quieres volver a facturar las maletas en tu escala y que, cuando vayas a un sitio, quieres volar a un aeropuerto concreto, Ryanair te dirá: «Genial, deberías probar British Airways». Pero en Apple, si los clientes dicen que el iPad es bonito, la empresa lo interpreta como un mensaje para sacar una nueva generación de iPad todavía más estética.

Tanto el liderazgo en costes como la diferenciación requieren buscar un carácter distintivo. No vas a ser líder en costes si tu producto o servicio es exactamente igual que el de tus competidores, ni podrás diferenciar a tu empresa. Para vencer a largo plazo, debes tomar decisiones concienzudas y creativas sobre cómo ganar. Haciéndolo, tu organización puede proporcionar a los consumidores una mejor ecuación de valor que la competencia, con lo que creas una ventaja competitiva.

La ventaja competitiva aporta la única protección a la que puede aspirar una compañía. Una compañía con una ventaja competitiva gana un margen mayor entre ingresos y costes que el resto, aun dedicándose a la misma actividad. Una empresa puede usar ese margen adicional para pelear contra esas otras compañías, que no tendrán recursos para defenderse. Puede explotar esa ventaja para ganar. El bajo coste y la diferenciación pueden parecer conceptos simples, pero son trascendentales para que las compañías sigan fieles a sus estrategias. A muchas compañías, les gusta atribuir su victoria a la eficiencia operativa o a la complicidad con la clientela. Parecen buenas ideas, pero si no se traducen en una verdadera estructura de costes más bajos o en precios superiores, no sirven como estrategias. En todas sus categorías y mercados, P&G impulsa estrategias que diferencian a la marca para poder cobrar precios más elevados.

### LAS MÚLTIPLES FORMAS DE GANAR

En la última década, ha arraigado y ganado credibilidad el concepto de las estrategias «el ganador se lo lleva todo» (*winner-take-all*). Se ha usado mayormente para hablar de Toyota, Walmart y Dell, pero también se ha aplicado a Microsoft, Apple y Google. La idea es que la compañía en cuestión encuentra la fórmula mágica para competir y genera una escala tan grande que le permite seguir exprimiendo su ventaja hasta apoderarse de todo el mercado. Aun así, mucho después de declararse vencedor de todo lo que había por ganar, a Walmart le brotó Target en un frente y Dollar Stores en otro. La cuota de mercado de Dell se vio eclipsada por una HP que resurgió de las cenizas y, ahora, se ve amenazada por las tablets (incluyendo los iPad) de alta gama y las importaciones económicas y de gama baja como Lenovo o Acer. Y aunque Toyota sigue luchando por el primer puesto en el exigente sector global del automóvil, tiene menos del 15% de la cuota de mercado. Microsoft tiene un hueso duro de roer en las tablets y los smartphones de otros sistemas operativos. Apple está luchando a brazo partido con Android, Google está en guerra con Facebook y, por supuesto, Google y Apple compiten ahora entre sí. En suma, no hay ninguna estrategia perfecta que dure para siempre. Hay varias formas para ganar en casi cualquier sector. Por eso es tan crucial reforzar la capacidad de pensamiento estratégico dentro de tu organización.

La capacidad estratégica es necesaria para reflexionar y salir de atolladeros, como el que aprisionaba al equipo del detergente para la ropa Gain. Hubo un momento en que Gain estuvo a punto de echar el cierre, pues solo se distribuía en unos pocos estados sureños. De hecho, a finales de los ochenta, el brand manager de Gain, John Lilly, envió un escrito al entonces director general, John Smale, recomendándole cerrar la marca. Smale le devolvió el texto a Lilly con su respuesta en el encabezado: «John, inténtalo una vez más, por favor». Smale no puso en duda la lógica de la nota; solo quería dar otra oportunidad a Gain, aunque las posibilidades fueran nimias.

El equipo de Gain (entonces liderado por la siguiente brand manager, Eleni Senegos) se propuso redefinir las decisiones de dónde jugar y cómo ganar, con lo que se dio a la marca otra oportunidad. El equipo empezó por el consumidor. Tide era la líder indiscutible del mercado y ostentaba una posición envidiable en la categoría de limpieza general. Pero los datos de segmentación de consumidores demostraban que había un grupo pequeño pero apasionado que no estaba satisfecho con Tide ni con ningún otro producto de la competencia. Este segmento estaba muy interesado en la experiencia sensorial de hacer la colada: el olor del producto en la caja, el olor durante el proceso de lavado y, sobre todo, el olor de la ropa limpia. Para ellos, el aroma era la prueba de que la ropa estaba impecable. Por aquel entonces, no había ninguna marca dirigida a los «buscadores de olor», gente que quería una experiencia aromática intensa desde el momento en que abría la caja hasta que se metía la ropa en el cajón, pasando por todo el proceso de lavado y secado. Gain podía llenar ese nicho de mercado.

Gain pudo ocupar esa posición gracias a la experiencia de P&G con los aromas en diversas categorías de productos. Como ya hemos señalado, P&G es la compañía de fragancias más grande del mundo; no solo tiene un negocio potente en alta perfumería, sino que casi todos sus productos tienen un aroma distintivo, diseñado para crear una experiencia única y atractiva para el usuario. Al posicionarse dentro de la categoría de buscadores de olor, P&G sacó tajada de su talento para crear aromas intensos en todas las fases del proceso y para dejarlo claro en todos los sentidos. Se cambió por completo el empaquetado para hacerlo brillante, llamativo y descarado. Su mensaje era: «Si te gustan los olores fuertes y atrevidos, este es tu producto». El equipo insistió en este posicionamiento desde los estantes de las tiendas y a través de la publicidad. Hoy, Gain es una de las marcas de P&G valoradas en mil millones de dólares, aunque solo se vende en Estados Unidos y Canadá. Y el aliciente fue el impulso que dio Smale de volver a pensar, de encontrar otra manera de ganar.

La estrategia de Febreze es otro ejemplo de cómo encontrar el modo de ganar. P&G había sufrido para insuflar vigor a su negocio de cuidado del hogar y hacer crecer la categoría en general. En su día, la compañía había gozado de una posición fuerte en los limpiadores de superficies, con marcas como Comet y Spic and Span, pero desinvirtió en esas marcas a raíz de una decisión de dónde jugar. Así pues, el equipo de cuidado del hogar se centró en nuevos segmentos de consumidores y productos y en nuevas tecnologías de productos, ensanchándolos orgánicamente en vez de hacerlo por medio de las adquisiciones. Uno de estos nuevos productos, basado en una tecnología propia, era un espray para eliminar el mal olor de las superficies suaves. No era un producto totalmente nuevo, pero era un ambientador mejor que podía acabar de verdad con el mal olor, en vez de limitarse a ocultarlo.

Lamentablemente, dos colosos copaban el mercado de ambientadores: Reckitt-Benckiser (fabricante de Air Wick) y SC Johnson (Glade). Era una categoría estratégica troncal para ambas compañías; no iban a vender sus valiosas marcas a P&G y, seguramente, iban a defender la categoría con uñas y dientes contra cualquier recién llegado. Así que, en términos de cómo ganar, la duda era cuál era el mejor modo de introducir esta nueva tecnología para demostrar su eficacia a los consumidores, de crear una marca fuerte y diferenciada y de sortear inicialmente las murallas que la competencia había erguido en torno a ambientadores y desodorantes.

En realidad, Febreze era una tecnología de productos que intentaba realizar una función. Para tener más posibilidades de ganar, el equipo de cuidado del hogar de P&G decidió empezar jugando de local, con la lavandería. Por tanto, posicionó la nueva tecnología como un aditivo para combatir el mal olor al hacer la colada. Luego, el equipo fue atacando sistemáticamente los flancos, del más débil al más sólido: como aerosol para cortinas, alfombras y distintos tejidos de la casa; como desodorante para objetos malolientes del hogar, como las zapatillas para correr y las prendas para hacer deporte; y también como desodorante y ambientador. Mientras tanto, P&G adquirió AmbiPur, de Sara Lee, para expandir la tecnología superior de Febreze a Europa y ciertos mercados emergentes. En total, tardó una década en colocar a Febreze en la posición de líder allí donde decidió jugar.

El negocio de la alta perfumería del tercer capítulo es otro ejemplo de la fuerza que tiene integrar las decisiones de dónde jugar y cómo ganar. P&G llegó al sector por medio de una adquisición pero, una vez allí, la compañía reflexionó largo y tendido sobre cómo ganar. En vez de aceptar las reglas del juego (un negocio sumamente estacional, acostumbrado a exprimir las marcas hasta la saciedad y que no daba ocasión de aprovechar las valoraciones de los consumidores ni las capacidades en construcción de marcas y comercialización), el equipo de alta perfumería encontró nuevas formas para ganar. Emulando al equipo de cuidado del hogar, atacó una zona menos parapetada —los perfumes para hombre y los aromas más juveniles y deportivos— en vez de lanzarse directamente al fragor de la batalla: la dura competencia entre las marcas de lujo para mujeres. El equipo halló nuevas formas de ganar creando marcas según las necesidades y los deseos específicos de los consumidores, asociándose con éxito con perfumerías y diseñadores. Con ello, el negocio de la alta perfumería pasó a formar parte de la estrategia general de cómo ganar de P&G, otra forma de diferenciar marcas en un aspecto importante para los consumidores y de valerse de los beneficios de su escala global.

Es tentador creer que la estrategia, en general, y las elecciones de dónde jugar y cómo ganar, en particular, solo son necesarias para los empleados que trabajan de cara al público: esas personas que interactúan con consumidores y competidores externos. Pero todas las líneas de negocio y todos los cargos deberían contar con una estrategia que concuerde con la dictada por la empresa en su conjunto y que indique dónde jugar y cómo ganar en su contexto específico. En P&G, todos los directivos deben urdir sus propias estrategias de este modo. Joan Lewis, directora de conocimiento del mercado de consumo global, lo explica: «Para nosotros, dónde jugar y cómo ganar ha sido un marco de referencia elemental. Las organizaciones suelen ser buenas con una cosa o con la otra, sin darse cuenta de que son dos conjuntos diferentes de decisiones. Hubo una época en la que no fuimos tan disciplinados con nuestras decisiones de dónde jugar. Nos ofrecíamos en todos los sitios en los que alguien necesitaba conocer las impresiones de los consumidores, o en cualquier sitio donde pensábamos que se podía añadir valor. Igual que un negocio pierde su enfoque y, por ende, su potencial de crecimiento, cuando intentas hacer demasiadas cosas a la vez —o hacer cosas que están más alejadas de tus fortalezas—, desdibujas un poco el impacto que puedes tener»[4].

Así pues, Lewis y su equipo intentaron analizar con mayor esmero su estrategia, valorando: «[...] En qué clase de decisiones de la compañía o de negocios concretos estábamos tratando de influir: aquellas en las que la comprensión del consumidor es el factor principal del éxito de la empresa. Nos comprometimos claramente con la compañía respecto a dónde jugar y, luego, estructuramos cómo ganar y cómo cumplir dicho compromiso. Desde el punto de vista de una organización, cuando pienso en cómo ganar, pienso en dos cosas. La primera es la capacidad actual con los tipos específicos de consumidor e investigación de mercado y los métodos de ensayo que usamos para responder a preguntas sobre el negocio. Luego, en cuál es la mejor estructura organizativa para hacerlo: ¿cuánto está imbricado en el negocio?, ¿cuánto es corporativo?, ¿qué se produce a gran escala y qué se fabrica de forma sumamente personalizada?». P&G podría haber contratado a una agencia de investigación líder y haberlo externalizado todo. Pero, en vez de eso, como las opiniones de los consumidores informan tanto las decisiones que toma como compañía respecto a cómo ganar, P&G conservó el capital intelectual internamente, donde el grupo de Lewis diseña métodos de ensayo nuevos y personalizados para satisfacer necesidades específicas y externaliza la investigación estándar de cada sector, como las encuestas y los grupos focales. Lewis y su equipo determinan qué significa ganar para su función, teniendo bien presentes sus clientes internos y el mercado general. Este método les permite tomar decisiones diarias más inteligentes con arreglo a una estrategia rectora, así como afianzarse como la empresa que más valora la opinión del consumidor dentro del sector.

La estrategia de P&G de externalizar los GBS al mejor licitante demuestra la fuerza que tiene para una función interna sopesar dónde jugar y cómo ganar. Este método fue elegido a conciencia: para cada servicio, la compañía seleccionaba el proveedor que podía aportar un mayor valor cooperando con P&G, dando libertad al equipo de GBS para que erigiera capacidades decisivas para la empresa. Esta decisión fundamental de cómo ganar ha hecho que el equipo siga intentando ganarse a sus clientes internos: rebajando costes, subcontratando las actividades no esenciales y creando sistemas para respaldar las decisiones corporativas, las concretas de cada unidad de negocio y las estratégicas y funcionales.

## DECISIONES DE REFUERZO RECÍPROCO

Las decisiones de dónde jugar y cómo ganar no son independientes; decidir resueltamente dónde jugar solo tiene valor si se respalda tomando una decisión robusta y viable de cómo ganar. Las dos deberían reforzarse mutuamente para crear una combinación inconfundible. Pensemos en Olay: la nueva decisión de dónde jugar (mujeres de entre treinta y cinco y cuarenta y nueve años que buscaban productos antiedad para el cuidado de la piel) se ajustaba perfectamente a la nueva decisión de cómo ganar (el segmento *masstige* de alta gama, con socios minoristas de masas y productos que combatían los siete signos de la edad). Con Bounty, la decisión de jugar solo en Norteamérica permitió al equipo condicionar la decisión de cómo ganar a las distintas necesidades de los consumidores norteamericanos. En la *joint venture* de Glad, algunas decisiones de dónde jugar (como la de crear una nueva categoría de envoltorios y bolsas de basura en P&G) habrían dificultado ganar con los consumidores, considerando el tipo de competencia en la categoría y la probable respuesta de los competidores. En vez de eso, la compañía encontró una alternativa: una *joint venture* con un competidor que creó un valor nuevo para los consumidores, para P&G y para Clorox. Se valoró conjuntamente el dónde y el cómo y se ideó un método muy diferente.

El negocio de los pañales de P&G en los mercados emergentes es otro ejemplo. En el 2000, la compañía estaba expandiéndose a buen paso en una serie de categorías de los mercados emergentes. La estrategia para el cuidado para bebés era esta: recuperar la claridad de la marca en Norteamérica, ratificar el liderazgo del mercado en Europa y expandirse a otros productos de la categoría, más allá de los pañales. Lanzarse a los mercados emergentes era una parte de la estrategia general. Se decidió empezar por Asia debido a su atractiva demografía. ¿Pero qué tipo de decisión encajaría con esa decisión de dónde jugar? ¿Cómo se las ingeniaría P&G no solo para entrar en el mercado asiático de cuidado para bebés, sino también para ganar? ¿Y cómo iba a acomodarse la estrategia de entrar en mercados emergentes con la estrategia global de cuidado para bebés?

No iba a ser fácil. Los pañales Pampers vendidos en todo el mundo eran demasiado caros para los mercados emergentes. Tradicionalmente, las compañías de bienes de consumo han afrontado estas situaciones de dos maneras. La primera es ceder la tecnología: básicamente, consiste en coger un producto del primer mundo que en su día fue rompedor, pero que ahora está más bien obsoleto, y venderlo en los mercados emergentes. La otra técnica habitual es coger el producto de mayor calidad y eliminar todos los costes posibles. Deb Henretta, entonces presidenta del grupo para Asia y para productos especiales globales (ahora presidenta del grupo en cuidado de la piel, belleza y cuidado personal global), cuenta que, en esencia: «Cogíamos un pañal que costaba unos 0,24 dólares en Norteamérica o Europa Occidental y lo hacíamos de peor calidad. Lo íbamos laminando más y más hasta que nos quedábamos con un producto de unos 0,08 o 0,10 dólares»[5]. Normalmente, el producto final era deficiente, una burda imitación que no satisfacía las necesidades de nadie. En vez de intentar cualquiera de estas vías, Henretta y su equipo adoptaron otro método: «Hagamos borrón y cuenta nueva —le dijo a su equipo— y pongámonos en la mente del consumidor. Descubramos qué necesitan realmente esos consumidores y fabriquemos el pañal en consecuencia. Produzcamos solo lo que necesitan; sin todas las comodidades que únicamente esperan los consumidores de los mercados desarrollados».

Henretta fijó parámetros específicos para medir el éxito: «Decidimos que queríamos un pañal que costara lo mismo que un huevo. A ese precio, los consumidores se lo podrían permitir. Además, enlazamos eso con el posicionamiento estratégico de que los pañales ayudan a controlar enfermedades aumentando la salud e higiene del bebé, además de permitirle dormir mejor. Todo ello se conjuró para conformar la proposición».

La filosofía nueva de hacer borrón y cuenta nueva obligaba a repensar la capacidad de innovación. Tradicionalmente, con los pañales y otros productos, se ha hecho hincapié en la tecnología de vanguardia. En este caso, los equipos de I+D tenían otro desafío: afrontar las necesidades específicas y diferenciadas de los consumidores en los mercados emergentes, con unos parámetros de costes específicos. Esa era una manera diferente de plantear y usar la capacidad esencial de innovación, aunque los equipos de I+D cumplieron las expectativas. De resultas, se logró liderar el mercado chino en una categoría en rápido crecimiento.

**RECAPITULANDO**

Al decidir dónde jugar, debes tener en cuenta una serie de aspectos importantes —tales como los territorios, productos, necesidades de los consumidores, etc.— para encontrar un campo de juego interesante. Las decisiones sobre cómo ganar determinarán lo que harás en ese campo. Dado que los contextos —como la dinámica de la competencia y las capacidades de cada compañía— difieren muchísimo, no hay una única taxonomía simplificada de decisiones de cómo ganar. Idealmente, la elección consiste en buscar el bajo coste o buscar la diferenciación. Pero el cómo de cada estrategia variará en función del contexto. Los líderes en costes pueden erguir una ventaja en muchas variables diferentes: abastecimiento, diseño, producción, distribución, etc. Las empresas que intentan diferenciarse del resto pueden cobrar un sobreprecio considerable por la marca, la calidad, el tipo de servicio y demás. Recuerda que no hay ninguna decisión de cómo ganar que sirva para todas las compañías. Incluso en un mismo mercado, se puede competir de muchas formas diferentes y ganar. Elegir un método para ganar consiste en pensar en grande y reflexionar mucho en el contexto de los campos de juego a los que opta la empresa.

Es crucial actuar de acuerdo con cómo se haya decidido ganar. El liderazgo en costes y la diferenciación conllevan obligaciones diferentes que deberían resultar en una serie de actividades distintas dentro de la empresa. Para estructurar una compañía que aspire a ser líder en costes, hay que intentar ahorrar compulsivamente en gastos de modo que la estandarización y la sistematización se conviertan en motores esenciales del valor. Aquello que exija proceder de forma especial es susceptible de añadir costes y habría que eliminarse. En una estrategia de diferenciación los costes tienen su importancia, pero no son la piedra angular de la compañía; ese lugar lo ocupan los clientes. La pregunta del millón es cómo deleitar a los clientes de un modo especial para que estén más dispuestos a pagar.

Dónde jugar y cómo ganar no son variables independientes. El núcleo de las mejores estrategias está formado por decisiones que se refuerzan mutuamente. De resultas, no se trata de elegir dónde jugar, luego cómo ganar y después seguir adelante. Aunque hemos colocado las decisiones en capítulos separados en aras de la claridad, están entrelazadas y deberían considerarse juntas: ¿qué decisiones respecto a cómo ganar concuerdan con las tomadas respecto a dónde jugar? ¿Y qué combinación tiene más sentido para tu organización? A partir de aquí, el siguiente paso es entender las capacidades que harán falta para hacer realidad esas decisiones.

CÓMO GANAR: QUÉ HACER Y QUÉ NO

- ✓ Esfuérzate por generar opciones nuevas respecto a cómo ganar donde actualmente no las hay. Solo porque no haya una decisión obvia para tu estructura actual, no significa que sea imposible generarla (o que no valga la pena, si la recompensa es lo bastante jugosa).
- ✓ Pero tampoco te engañes. Si no te queda piedra por mover y no has podido generar una opción viable respecto a cómo ganar, encuentra otro campo de juego o abandona.
- ✓ Cuando te plantees cómo ganar, hazlo considerando dónde vas a jugar. Las decisiones deberían apoyarse mutuamente y crear un núcleo estratégico fuerte para la compañía.
- ✓ No asumas que la dinámica de un sector es inamovible. Es posible que las decisiones de los agentes de dicho sector estén conformando la dinámica y que esta se pueda modificar.
- ✓ No restrinjas el debate de dónde jugar y cómo ganar a los cargos que trabajan de cara al público. Loe empleados internos y los técnicos también pueden y deben decir la suya.
- ✓ Cuando estés ganando, dicta las reglas del juego y saca partido; cuando no, cámbialas.

## PAMPERS: LA LECCIÓN ESTRATÉGICA MÁS IMPORTANTE DE P&G
### A. G. LAFLEY

A finales de los cincuenta, un químico de P&G llamado Vic Mills, hastiado por tener que limpiar los pañales de tela de su nieto, llegó a la conclusión de que tenía que haber un método mejor, así que empezó a estudiar el segmento incipiente de los pañales desechables, que entonces representaba menos del 1% de los miles de millones de pañales que se cambiaban al año en Estados Unidos.

En diciembre de 1961, después de estudiar los pañales desechables de primera generación de todo el mundo —y tras varios diseños fallidos en test previos a la comercialización—, P&G probó un diseño rectangular de tres capas con almohadilla (una capa inferior de plástico, un forro absorbente y una capa superior repelente al agua) en Peoria, Illinois. Tampoco funcionó. A las madres les gustaba el pañal desechable, pero el precio de 0,10 dólares por unidad era excesivo. Se hicieron otros seis test de mercado, se mejoró el diseño y la ingeniería y se desarrolló un proceso de producción completamente nuevo hasta que, al final, P&G dio con la tecla: esta vez, el precio era de 0,06 dólares por pañal.

La compañía sacó el nuevo producto con el nombre Pampers[6]. Durante el resto de los sesenta y de los setenta, los pañales desechables Pampers aumentaron notablemente sus ventas, tanto en volumen como en ingresos, atrayendo a las personas que usaban pañales de tela. P&G supo crear una nueva categoría y escaló con facilidad hasta lo más alto de su cuota de mercado. Visto con retrospectiva, la historia de Pampers es un ejemplo ideal de inteligencia y visión estratégica. Un producto mejor satisfizo una necesidad incumplida de los consumidores, proporcionó una experiencia mejor al usuario y creó un mejor valor total para el consumidor. Como lo diría Peter Drucker, los pañales desechables para bebés «crearon clientes» y les prestaron un servicio mejor que la competencia. A mediados de los setenta, Pampers había amasado un 75% de la cuota de mercado en

Estados Unidos y se había expandido a unos setenta y cinco países de todo el globo.

Imagina lo lejos que podría haber llegado Pampers si, en 1976, P&G hubiera elegido una estrategia distinta. Entonces fue cuando introdujo una segunda marca de pañales, Luvs, formados por una almohadilla en forma de reloj de arena y bordes elásticos con frunces. Los Luvs encajaban mejor, eran más absorbentes y cómodos y tenían un sobreprecio aproximado de cerca del 30 % con respecto a los Pampers. La decisión de sacar Luvs, un producto mejor, puede haber sido el peor error estratégico en la historia de P&G. Así pues, ¿por qué introdujo una nueva marca en vez de mejorar y ampliar la que ya existía? Primero, porque en aquella época la compañía estaba abogando por una estrategia multimarca —una nueva marca por cada producto nuevo de cada sector— y la teoría parecía estar dando resultado con los detergentes para la ropa y varias categorías más. Segundo, porque el nuevo diseño dispararía los costes operativos y exigiría una inversión considerable en capital de fabricación; las proyecciones auguraban que se necesitaría un sobreprecio de venta del 20 % para mantener los márgenes y la compañía temía que los usuarios fueran a rechazar una línea más cara de productos Pampers. Así pues, Pampers se quedó tal cual y se sacó el diseño avanzado con sobreprecio bajo la denominación Luvs.

La compañía cometió un triste error de cálculo. Aunque los consumidores casi siempre dicen que no comprarán (o ni siquiera probarán) un producto mejorado si se vende a un precio superior, esos mismos consumidores suelen cambiar de opinión cuando el producto y la experiencia de uso resultan claramente mejores y el sobreprecio reviste un valor. Este fue el caso de los pañales con forma y Pampers lo pagó caro. Surgió una nueva amenaza. En 1978, Kimberly-Clark introdujo Huggies, una nueva marca con la misma forma de reloj de arena que Luvs: encajaba mejor y tenía un sistema avanzado de atadura con cinta. Gracias a su nuevo producto, Huggies se encaramó hasta el 30 % de la cuota de mercado. Mientras tanto, la llegada de Luvs hizo poco para atraer nuevos consumidores a P&G. En vez de eso, escindió en dos la cuota de mercado de Pampers. En total, P&G

seguía vendiendo más pañales, pero tanto Pampers como Luvs iban por detrás de Huggies en cuota de mercado.

El futuro director general John Pepper, que por aquella época había asumido el control de las operaciones en Estados Unidos, recuerda una serie de grupos focales que le provocaron «sudor frío». Todas y cada una de las madres que usaban Huggies, Luvs o Pampers preferían el pañal con forma de reloj. Las madres habían hablado.

Y, finalmente, P&G se decidió. En 1984, el director general John Smale ratificó la decisión de cambiar el diseño de los pañales Pampers y darles forma. P&G sacó Ultra Pampers, un diseño con forma de reloj de arena, un nuevo gel absorbente de creación propia, un protector impermeable en la cintura y una malla elástica y transpirable con frunces para las piernas. La compañía invirtió quinientos millones de dólares en crear e impulsar nuevas líneas de pañales y otros doscientos cincuenta en marketing y promoción de ventas. Ultra Pampers fue un éxito, pues convirtió a la mayoría de los usuarios de Pampers al diseño de nueva generación del producto y volvió a situar a Pampers por delante de Luvs en cuota de mercado. Pero no asestó el golpe definitivo a Huggies en Estados Unidos; ni tampoco resolvió la tensión entre Pampers y Luvs: dos productos esencialmente idénticos que, durante una década más, P&G trató de diferenciar por todos los medios habidos y por haber (en balde) mediante la publicidad. Al final, en los noventa se cambió el posicionamiento de Luvs como una oferta de valor más simple y básica.

El director general Ed Artzt resumió las moralejas de la historia de Pampers en una clase sobre estrategia que dio a principios de los noventa:

1. Ante cada innovación de producto, determina si afecta específicamente a una marca o si trasciende a toda la categoría. No permitas nunca que el producto sea la razón por la que un usuario abandone tu marca. Al negar a Pampers la forma de reloj de arena y un mejor encaje durante una década, la marca perdió cinco generaciones de padres primerizos y sus bebés.

**2.** La competencia imitará tu tecnología, intentará igualarla y, en el mejor de los casos, superarla. La superioridad técnica por sí sola no es sostenible.

El pañal Luvs no fue el único desafío estratégico al que se enfrentó Pampers a lo largo de los años. A finales de los ochenta, P&G decidió ignorar los pañales con cintura elástica. En cambio, Huggies desarrolló la braga pañal Pull-Ups, con la que creó un enorme segmento nuevo y asumió su liderazgo. La braga pañal aportaba un sobreprecio cada vez que se cambiaba y constituía una porción gigantesca de los ingresos que extraía Kimberly-Clark de los pañales para bebés, con lo que también pudo competir mejor en el segmento de los pañales nocturnos. En Asia, Unicharm también sacó provecho de la tecnología de la cintura elástica para hacerse con el liderazgo en la categoría de pañales para bebés de su mercado doméstico, Japón, y luego de varios otros países asiáticos.

Como narra John Pepper en su libro *What Really Matters*, a finales de los ochenta se decidió no invertir en los pañales con cintura elástica porque P&G aún estaba entre la espada y la pared por acertar con la versión mejorada de su producto Ultra Pampers[7]. La compañía sucumbió al argumento de «lo primero es lo primero» e invirtió todos los recursos disponibles a arreglar el problema entre manos. No equilibró la rentabilidad del presente con la inversión de futuro. P&G volvió a errar en las preferencias de los consumidores: sobreestimó los recelos económicos y el sobreprecio e infravaloró a la competencia. Al final, si P&G se hubiera tomado simplemente el tiempo de entender a los consumidores, habría adoptado los pañales con cintura elástica y habría convertido las últimas dos décadas en una competición a tres por ese segmento.

La historia de los pañales para bebés de P&G está llena de problemas estratégicos ocasionados por malos diseños y tecnologías, por lecturas muy equivocadas del consumidor y por elecciones estratégicas de la competencia que cambiaron las reglas del juego. Pero todavía es una categoría en la que puede ganar, si se planifica bien la estrategia. Hoy, Pampers es un negocio de ocho mil millones de dólares con una cuota líder del mercado internacional de pañales desechables (valorado en veinticinco mil millones de dólares). Tiene una cuota de más del 30 % frente al 20 % aproximado de Huggies, de Kimberly-Clark, en gran medida gracias al liderazgo de los pañales de P&G en Europa y otros mercados, donde la compañía siguió centrada únicamente en la franquicia de la marca Pampers. El negocio es una gran fuente de crecimiento y de creación de valor. A veces, P&G sí ha acertado.

En toda mi trayectoria empresarial, no he visto jamás un sector más competitivo que el del cuidado para bebés. Los consumidores son exigentes y delicados, y te abandonan enseguida; cada tres años aparece una base de consumidores totalmente nueva. Para unos padres, el pañal es uno de los artículos más caros —si no el que más— de la cesta de la compra semanal. La competencia es aguerrida. Los minoristas son competidores; prácticamente cada minorista destacado trata a las jóvenes familias como perfectos clientes potenciales y la mayoría vende su propia marca blanca de pañales. El mercado es grande y está creciendo gradualmente en los mercados emergentes, donde hay un potencial inmenso para ofrecerse a bebés que empiezan la vida usando tela o ni siquiera llevando pañales. La apuesta también es formidable; es un negocio de gran capital en que la obsolescencia del producto y de la maquinaria es una amenaza continua. Hay que tomar decisiones ganadoras que sostengan la ventaja competitiva el tiempo suficiente para crear un valor notable. La guerra de los pañales para bebés continuará y las mejores estrategias se alzarán con la victoria.

# 5

## Aprovecha tus puntos fuertes

La mayoría de las fusiones entre empresas no crean valor. Cuanto mayor es el acuerdo, menos posibilidades parece tener de salir bien. Hay muchos casos que lo advierten: AOL-Time Warner, Daimler-Chrysler, Sprint-Nextel y Quaker-Snapple. En todos estos casos, las sinergias prometidas no se materializaron, se destruyó valor (en vez de generarse) y las acciones se desplomaron. En el caso de Snapple, Quaker pagó mil setecientos millones de dólares por la marca en 1995 y juró que la convertiría en la siguiente Gatorade. Menos de tres años más tarde, Quaker se deshizo de una empresa venida a menos por solo trescientos millones. Time Warner valoró AOL en unos ciento noventa mil millones de dólares en el momento de su fusión, pero solo diez años después se la quitó de encima por apenas tres mil millones[1].

Así pues, ¿cómo consiguió P&G revertir la tendencia con la adquisición de Gillette en 2005? La fusión no fue fácil. De hecho, fue relativamente compleja, como explica el *Sunday Times* de Londres: «Once mil millones de dólares en ventas de Gillette combinados con un negocio, el de P&G, de cincuenta y siete mil millones; treinta mil empleados uniéndose a los cien mil de P&G; con sede en ochenta países y presentes en ciento sesenta»[2]. Sin embargo, la adquisición aportó más de dos mil millones de dólares en sinergias de costes en dos años y, desde la integración, sigue aportando considerables sinergias de ingresos. Gillette fue de lejos la adquisición que mayor valor creó, superando con holgura la creación de valor prometida a los accionistas.

Las raíces del éxito de la adquisición se remontan a la consideración inicial de la oportunidad. Como explica Clayt Daley, que dejó su cargo de director financiero en 2009, P&G tenía tres criterios principales para cualquier adquisición. El primero era que cualquier compra tenía que «acelerar el crecimiento; en un mercado que estaba creciendo (y que probablemente seguiría haciéndolo) más rápido que la media en su espacio y en una categoría o segmento, territorio o canal donde pensábamos que podíamos crecer tan rápido como el mercado, si no más»[3]. Este era el primer obstáculo y el más obvio. El segundo criterio era que la adquisición tenía que ser estructuralmente atractiva: «[Un negocio] que tendiera a brindar márgenes brutos y operativos por encima de la media del sector o de la compañía. Buscábamos negocios que pudieran generar un flujo de caja libre y sólido». Para P&G, el flujo de caja libre era un importante factor de creación de valor a nivel corporativo. Una vez despejados estos dos escollos, había un criterio final que muy pocas compañías tienden a sopesar sistemáticamente. Nos referimos a cómo encajaría la posible adquisición en la estrategia de la compañía: su aspiración ganadora, sus decisiones de dónde jugar y cómo ganar, sus capacidades y sus sistemas de gestión.

Gillette tenía marcas potentes (como Mach3, Venus y Oral B) que sumaron mucho a los negocios de belleza y cuidado personal de P&G y contribuyeron con un flujo de caja significativo. Pero, como explica Daley: «Entonces empiezas a plantearte qué aporta P&G a la fiesta, cómo encajan con nuestras fuentes de ventaja competitiva». Encajábamos bastante bien:

en términos de dónde jugar, Gillette contribuía con las marcas líderes de afeitado para hombres y mujeres, así como con el mayor negocio internacional de cepillos de dientes. Ambos eran lo bastante grandes para convertirse de inmediato en negocios esenciales de P&G. Gillette también concordaba con la decisión estratégica de crecer en las categorías de belleza y cuidado personal. Además, geográficamente ofrecía ventajas adicionales en los mercados emergentes, con una posición líder en países donde P&G estaba reforzando su presencia (como Brasil, India y Rusia). Respecto a cómo ganar, la experiencia en construcción de marcas de Gillette —así como su innovación de productos, sus tecnologías esenciales y el dominio del merchandising *minorista*— se adecuaba a las decisiones corporativas de P&G.

Pero aún había más cosas que valorar. «En definitiva —sigue diciendo Daley—, todo se resume en si tú, como comprador, vas a aportar valor o no a esa adquisición. En verdad, la adquisición solo funciona si eres mejor que el anterior propietario del negocio, o si eres mejor que la compañía independiente. Normalmente, esto se vertebra en cuáles son tus capacidades: en este caso, capacidades en materia de consumidores, de *branding*, de I+D, de comercialización, de infraestructura global y de *back office*. ¿Las capacidades y competencias que aportas al negocio lo van a optimizar, lo harán crecer más deprisa y crearán más valor que antes?». En resumen, el encaje estratégico entre el nuevo negocio y las capacidades de P&G era crucial.

## GILLETTE Y LA CASCADA DE DECISIONES ESTRATÉGICAS

Chip Bergh, entonces director de acicalamiento masculino de P&G, supervisó la integración de la unidad de negocio global de Gillette. Lo hizo con la ayuda de Bob McDonald, que lideró la integración de la organización de desarrollo de mercado global, y de Filippo Passerini, que lideró la integración del *back-end*. Bergh recuerda que: «A diferencia de muchas adquisiciones, en ese caso no se trataba de una compañía de éxito que compraba una mediocre. Estábamos ante una compañía de éxito comprando otra que también lo era»[4]. Bergh fue el primer miembro de P&G en pisar terreno de Gillette, puesto que visitó Boston apenas diez días después de cerrarse el acuerdo. Según dice: «Inicialmente, buena parte de mi trabajo consistió en ayudar a Gillette a integrarse en P&G, consistió en ensamblar, en asegurarme de que todo iba como la seda, en procurar que la rueda siguiera girando y en colaborar con el director general de Gillette, Jim Kilts, y el equipo de liderazgo. Y, de paso, aprendí cómo trabajaban de primera mano».

Nueve meses después, Bergh se hizo cargo oficialmente del negocio de hojas y maquinillas de afeitar. Así lo recuerda: «[Primero] abordamos la estrategia de Gillette en el acicalamiento masculino. Tenían mucha pasión por el negocio, pero tenía la sensación de que también había muchas oportunidades. Quería reunirme con el equipo de liderazgo en un lugar externo para mandar la señal de que había que proteger todo lo genial que hasta entonces había funcionado, pero también quería empezar a añadir al caldero algunas de las capacidades esenciales de P&G. Buscamos formas para acelerar el crecimiento en este negocio tan rentable y atractivo». El objetivo era sacar provecho de las capacidades de Gillette y de P&G y crear otras que fueran necesarias para ganar y no existieran.

Como hemos hablado antes, las cinco capacidades esenciales de P&G para decidir dónde jugar y cómo ganar son la comprensión del consumidor, la construcción de marcas, la innovación, la habilidad *go-to-market* y la escala global. Explotar estas capacidades en el negocio de Gillette era la máxima prioridad. Desde la primera reunión posadquisición, Bergh se propuso incorporar el marco estratégico de P&G al ADN de Gillette, intentando articular la cascada de decisiones de Gillette. Una vez aclaradas las decisiones de dónde jugar y cómo ganar, el equipo pudo prestar atención a las capacidades necesarias para hacerlas realidad.

Gillette trazó enseguida una estrategia explícita —relativa a dónde jugar y cómo ganar— encajada dentro de P&G. La primera decisión fue volver a una posición ganadora clara con los sistemas de afeitado para hombres con Gillette Fusion, un producto de alta gama a punto de sacarse al mercado. La segunda fue expandir la marca Gillette a otros productos de cuidado personal masculino, como desodorantes y champú, utilizando las tecnologías innovadoras de P&G relativas a productos de belleza y cuidado personal. La tercera fue ganar también en el sector de la depilación femenina: con el afeitado en mojado, la rasuración y la depilación. La cuarta prioridad estratégica para Gillette fue estimular el consumo expandiéndose a mercados emergentes, en general, y a India, en particular.

Gillette necesitaría capacidades específicas para materializar estas decisiones. Como en el caso de los pañales, si se optaba por jugar en el mundo en vías de desarrollo, había que tomar una decisión meditada para ganar de un modo adecuado a ese contexto. Gillette necesitaba una maquinilla que satisficiera como ninguna otra las necesidades de los consumidores en el mundo en vías de desarrollo. Para ello, el equipo tendría que recurrir al profundo entendimiento de los consumidores y a la innovación pionera de P&G.

Profundizar etnográficamente en la investigación de los consumidores (es decir, observar y evaluar la calidad en las tiendas y en el hogar) era una técnica de P&G bastante nueva para Gillette, que había confiado sobre todo en la investigación cuantitativa ordinaria. Bergh instó a su equipo a repensar su postura hacia el consumidor de los mercados emergentes. De hecho, recuerda una reunión en Boston en la que se acordó sacar la primera innovación de Gillette diseñada desde cero para los mercados emergentes (en ese caso, pensada especialmente para India). El grupo estaba formado, dice, por científicos del Reading Technical Centre del Reino Unido, su laboratorio de innovación *upstream*, por científicos de Boston, por gente de marketing y por investigadores de mercado: «Nos reunimos todos durante tres días para empezar a repartir el trabajo».

La orden que dio Bergh al equipo fue simple: «Lo primero que quiero que hagáis es que paséis dos semanas en India. Quiero que viváis con esos consumidores. Quiero que entréis en sus casas. Tenéis que entender cómo se afeitan y qué lugar ocupa el afeitado en sus vidas». Según Bergh, en el laboratorio de Reading había un investigador muy respetado y brillante, uno de los científicos con mayor trayectoria de Gillette. Al parecer, el científico no las tenía todas consigo: «Levantó la mano algo dubitativo y dijo: "Chip, ¿por qué tenemos que ir a India? Hay muchos hombres indios que viven a tiro de piedra, en Reading. ¿Por qué no podemos preguntárselo a ellos?"».

Eso, ¿por qué? Bergh estaba convencido de que lo correcto era ir a India. Según sus experiencias, tendrían que hablar con consumidores indios reales sobre el terreno, en el auténtico mercado indio. Así que mandó allí al equipo y quedó satisfecho con el resultado: el mismo científico se le acercó unos meses después durante un análisis de innovación. Bergh recuerda las palabras de aquel hombre: «Ahora lo entiendo todo. Puedes ver las fotos en los libros y escuchar las historias, pero hasta que no llegas allí... [no lo entiendes]. Me pasé tres días con un tipo: fui de compras con él, le acompañé al barbero, le observé mientras se afeitaba. Ahora entiendo de qué va realmente la declaración de objetivos de la empresa, de mejorar la vida de los consumidores... Me sentía tan motivado e inspirado que diseñé la primera maquinilla en una servilleta, en el avión de vuelta a Londres». Según Bergh, aquel hombre le había contado la anécdota con lágrimas en los ojos.

El científico no empezó a entender realmente las necesidades del consumidor indio hasta que llegó a ese país. Aprendió lo que no podía aprender desde el laboratorio o haciendo test con consumidores en las afueras de Londres. Normalmente, las maquinillas se diseñan y se prueban bajo el supuesto de que todo el mundo se afeita como lo hacemos los occidentales, con un lavabo grande y acceso a agua corriente caliente. En India, los miembros del equipo vieron que esto simplemente no era cierto. Muchos de los hombres que se encontraron se afeitaban con un triste cuenco pequeño de agua fría. Sin agua corriente caliente para limpiar la maquinilla, los pelillos suelen obturar la hoja y afeitarse resulta mucho más difícil. El nuevo producto de Gillette tendría en cuenta este problema específico. Sería un nuevo tipo de maquinilla, diseñada especialmente para satisfacer las necesidades de los consumidores indios. La maquinilla Gillette Guard, como se la denominó, se parecía mucho al primer borrador diseñado en servilleta. Tenía una sola hoja, un protector dentado para prevenir las hendiduras y un cartucho fácil de limpiar[5]. Costaba quince rupias (o 0,34 dólares), y las hojas de repuesto, cinco rupias cada una (0,11 dólares)[6]. En cambio, en Estados Unidos, la Gillette Fusion Pro-Glide de alta gama se vende por 10,99 dólares y cada cartucho de hojas de repuesto cuesta unos tres dólares[7]. En tres meses, la Guard era la cuchilla más vendida de India, gracias a una serie de capacidades en innovación y comprensión del consumidor que hubo que cultivar, en vez de dejar al azar. Al contactar directamente con el consumidor indio y tratarle como la persona que mandaba, el equipo de Gillette consiguió entender a qué concedía valor y cuáles eran sus experiencias.

Para el director general de informática Passerini, el éxito en la adquisición de Gillette exigió unas capacidades algo diferentes. Para él y su equipo, todo fue en gran medida un reto para la integración de sistemas. Hubo que integrar dos negocios colosales, con dos sistemas informáticos muy diferentes, sin vacilar. «Integramos Gillette en quince meses», dice con un ligero matiz de orgullo: «Al hacerlo en quince meses y no en los tres o cuatro años habituales, ahorramos cuatro millones de dólares al día»[8]. Para hacerlo, Passerini tuvo que aplicar las capacidades de P&G a sus propias infraestructuras informáticas, repensando la escala y la innovación. Passerini procedió a innovar sus estructuras de equipos, los modelos de asociación y, resumiendo, el negocio entero, para sacar partido de la escala, en vez de verse atrapado por ella. Creó un modelo *flow-to-the-work*: es decir, un modelo en que la mayoría de los miembros de la organización trabajan por proyectos y no tienen tareas fijas. Esta estructura permitió que su inmenso equipo informático fuera ágil, innovador y eficiente. Los miembros del equipo tenían las habilidades necesarias para integrar los sistemas; Passerini creó una estructura que les ayudara a hacerlo.

Al plantearnos si hacer la adquisición, dimos muchas vueltas a cómo iba a encajar la estrategia de Gillette con la de P&G. Queríamos determinar si podía haber una estrategia real para la fusión, un plan claro para ganar. Veíamos que ambas compañías tenían culturas compatibles: compartían aspiraciones ganadoras y valores esenciales. También creíamos que P&G y Gillette podían trabajar bien juntas y que los regímenes de trabajo propio y externo se podían integrar plenamente en un plazo relativamente corto de tiempo. Pensábamos que la adquisición podía aportar valor gracias a las sinergias de costes y al crecimiento futuro. Por lo general, en una adquisición todo se centra en la integración, en las sinergias y en los nombramientos de líderes. Pero la sinergia no es una estrategia.

La estrategia era la clave. En este sentido, creíamos que P&G y Gillette hacían buenas migas y que las capacidades de la segunda encajaban con las de la primera. Pensábamos que P&G podía aprovechar esos puntos en común para crear nuevas capacidades donde las necesitara. A la vista de todo esto, la imponente adquisición de Gillette, en la que se apostó la empresa entera, tenía sentido. Se tardó un tiempo en convencer a todas las partes, pero era indudable que, si P&G invertía las capacidades adecuadas, podía ser una oportunidad estratégica de las que se presentan una vez cada cien años.

## QUÉ SON LAS CAPACIDADES Y LOS SISTEMAS DE ACTIVIDAD

Las capacidades esenciales son aquellas actividades de una organización que, en su máximo fulgor, le permiten hacer realidad sus decisiones de dónde jugar y cómo ganar. Se entienden mejor como un sistema de actividades coadyuvantes: un concepto acuñado por Michael Porter, de la Harvard Business School. Porter señaló que es difícil extraer una ventaja competitiva fuerte y sostenible de una sola capacidad (por ejemplo, teniendo el mejor personal de ventas o la mejor tecnología del sector), sino que debe extraerse de un conjunto de capacidades que encajan entre sí (es decir, que no entran en conflicto) y que se refuerzan mutuamente (o sea, que se hacen más fuertes de lo que serían en solitario).

Para Porter, «la posición estratégica [de una compañía] emana de una serie de actividades a medida diseñadas para conformarla»[9]. A la representación visual de este conjunto de actividades, le da el nombre «sistema de actividad». Como «la estrategia competitiva consiste en ser diferente [...] [y] significa escoger a propósito un conjunto de actividades diferente que aportan un valor único», un sistema de actividad también debe ser distinto del de los competidores[10]. En su histórico artículo de 1996 titulado «What Is Strategy?», Porter demuestra su teoría con ejemplos de Southwest Airlines, Progressive Insurance y The Vanguard Group, articulando el modo en que cada una de estas organizaciones tomó decisiones únicas y personalizó un sistema de actividad para atenerse a ellas.

El sistema de actividad es una representación visual de la ventaja competitiva de una empresa, pues condensa en una sola página las capacidades esenciales de la misma[11]. Articular las capacidades esenciales de una firma es un paso vital del proceso estratégico. Al identificar las capacidades requeridas para atenernos a las decisiones de dónde jugar y cómo ganar, cristalizamos el área de atención e inversión para la compañía. Permitimos a la empresa seguir invirtiendo en sus capacidades actuales, erigir otras y reducir la inversión en aquellas que no sean esenciales para la estrategia.

En el 2000, las decisiones de P&G respecto a dónde jugar estaban tomando forma (crecer a partir de la esencia; expandirse a las categorías de hogar, belleza, salud y cuidado personal; y expandirse a los mercados emergentes) y sus decisiones respecto a cómo ganar también estaban quedando patentes (excelencia en la construcción de marcas enfocadas hacia el consumidor; un diseño innovador para los productos; y la explotación de la escala global y las asociaciones con minoristas). Había que traducir estas decisiones en el conjunto de capacidades necesarias.

El pistoletazo de salida para este proceso mental se produjo en una reunión que celebraron los líderes empresariales y funcionales fuera de la empresa. Se separó a los líderes por equipos según el negocio y la función y, entonces, se les pidió que dijeran cuáles creían que eran los principales puntos fuertes de la compañía. Tras un largo día discutiendo y debatiendo, los equipos habían generado más de cien posibles ventajas competitivas en varios gráficos esparcidos por la sala. Como era de prever, cada función había identificado su conjunto especial de capacidades y competencias disciplinarias. Cada negocio había identificado capacidades distintivas de su sector.

Había que reformular la cuestión. A la mañana siguiente, se otorgó a cada persona tres votos para que eligiera cuáles eran las capacidades esenciales de la compañía con arreglo a los criterios siguientes: primero, para cada capacidad concreta, el grupo debía tener motivos fundados para creer que P&G ya tenía una ventaja competitiva real y medible y que podía ampliarla en el futuro; segundo, la capacidad tenía que poderse atribuir generalmente a la mayoría de los negocios de P&G —o sea, tenía que ser una capacidad de la compañía, más que de un negocio, la que distinguiera a P&G de sus competidores—; y tercero, la capacidad tenía que ser clave, una ventaja competitiva real que marcara la diferencia entre ganar y perder. Por último, la pregunta era esta: ¿qué capacidades debía tener P&G, en cuanto compañía global, para ganar en los diversos sectores en que compitiera?

Con las capacidades, ganar también es un criterio crucial. Las compañías pueden ser buenas en muchas cosas, pero hay un subconjunto de actividades que, juntas, generan distinción y apuntalan las decisiones específicas de dónde jugar y cómo ganar. No cabe duda de que P&G debe ser diestra con la fabricación, pero no tiene por qué destacar en ello para ganar. En cambio, sí necesita sobresalir en su habilidad para entender a los consumidores, innovar y convertir sus productos en marcas. Cuando estipules las capacidades esenciales, debes distinguir entre las ventajas genéricas y las actividades determinantes de refuerzo mutuo. Las compañías deben invertir desmesuradamente en erguir las capacidades esenciales que, unidas, produzcan una ventaja competitiva.

A propósito de las capacidades, puede que sientas la tentación de preguntarte simplemente qué haces muy bien y, luego, que intentes crear una estrategia acorde. El peligro que entraña esto es que las cosas que ahora se te dan bien podrían ser perfectamente irrelevantes para los consumidores y no aportarte una ventaja competitiva en ningún aspecto. En lugar de empezar por las capacidades y de encontrar maneras de ganar con ellas, debes empezar fijando tus aspiraciones y determinando dónde jugar y cómo ganar. Luego, puedes valorar las capacidades a la luz de esas decisiones. Solo así podrás ver lo que deberías hacer primero, lo que deberías seguir haciendo y lo que deberías dejar de hacer para ganar.

Tras una noche entera de sueño y con tiempo para reflexionar con criterios más definidos, el grupo acabó perfilando cinco capacidades esenciales:

1. *Entender a los consumidores.* Conocer a fondo a los consumidores, descubrir sus necesidades insatisfechas y diseñar soluciones mejores que cualquier competidor. En otras palabras, convertir al consumidor en el eje impulsor para ganar la ecuación de valor.
2. *Crear y erigir marcas.* Sacar y cuidar marcas con ecuaciones de valor potentes para el consumidor, de forma que se prolongue su vida en el mercado.
3. *Innovar (en sentido amplio).* I+D con el objetivo de hacer progresar la ciencia de materiales e inventar nuevos productos rompedores, pero también con una actitud innovadora con respecto a los modelos de negocio, las asociaciones externas y el modo de operar de P&G.
4. *Asociarse con clientes y proveedores y comercializar productos conjuntamente.* Ser el socio preferido gracias a la predisposición de P&G a cooperar en planes de negocio conjuntos y a compartir la creación de valor.
5. *Aprovechar la escala global.* Operar como una sola compañía para maximizar el poder de compra, las sinergias entre marcas y el desarrollo de capacidades imitables en todo el mundo.

Una vez articuladas las capacidades, el equipo dedicó buena parte del día a decidir cómo y dónde empezar a invertir en cada una de ellas para ampliar la ventaja competitiva. Trazó un plan de acción para cada capacidad a fin de crear una ventaja competitiva a nivel de compañía, categoría y marca.

Estas decisiones sobre las capacidades guiaron las decisiones estratégicas de P&G a lo largo de la siguiente década. Las cinco capacidades de P&G se pueden interpretar como la base del sistema de actividad de P&G a nivel corporativo. Según nuestra adaptación del concepto original de Porter, el sistema de actividad refleja las capacidades esenciales para ganar, las relaciones entre ellas y las actividades de apoyo. Este mapa asiste en las decisiones de dónde jugar y cómo ganar, como se muestra en el cuadro 5.1.

En este sistema, las capacidades esenciales se ilustran como grandes nodos y los conectores entre estos representan relaciones de refuerzo importantes. Estas relaciones de refuerzo blindan cada capacidad, lo cual es una característica esencial de cualquier sistema de actividad: el sistema en su conjunto es más fuerte que cualquiera de las capacidades que lo conforman, ya que estas encajan y se refuerzan mutuamente.

Cuadro 5.1
**Sistema de actividad de Procter & Gamble**

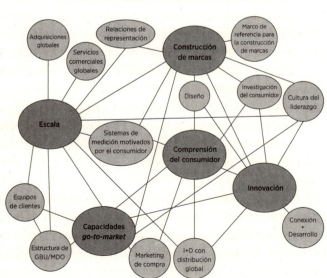

Connect + Develop es el programa de innovación abierta de P&G; consulta también el sexto capítulo. Acrónimos: GBU, unidad global de negocio; MDO, organización de desarrollo de mercado.

Por ejemplo, hay un vínculo estrecho entre la comprensión del consumidor y la innovación. Para P&G, a fin de que la innovación sea útil y aporte ventaja competitiva, debe ponderar al consumidor, por lo que hay que entender a fondo sus necesidades. El objetivo es conectar las necesidades del consumidor con lo que es tecnológicamente posible. La innovación también está unida a las capacidades *go-to-market*. Los productos novedosos e innovadores hacen que los socios del canal minorista sigan entusiasmados con P&G y estrechan la relación entre la compañía y sus mejores clientes. Ahora bien, para lograrlo, durante el proceso de I+D P&G se debe acordar tanto de los minoristas como de los consumidores finales. De poco le sirve a P&G sacar un producto nuevo fabuloso para los consumidores si no puede colocarlo y venderlo cómodamente en los canales minoristas. Y, por supuesto, la innovación también puede servir para influir en las relaciones minoristas, al mejorar el merchandising en la tienda y el rendimiento de la cadena de suministro.

Los nodos subordinados representan las actividades de apoyo a las capacidades esenciales. La escala, por ejemplo, se apuntala mediante la propia estructura de P&G. En P&G, las GBU supervisan las categorías, las marcas y los productos, facilitando una visión holística y coherente de cada elemento a nivel internacional. A la vez, las MDO son responsables de un continente, territorio, país, canal o cliente, prestando mucha atención a sus necesidades y demandas específicas. Las GBU y MDO se compenetran para crear un método global que se puede aplicar y personalizar localmente. Esta matriz permite a P&G recurrir a su escala cuando le hace falta, sin perder agilidad sobre el terreno. La escala también cuenta con el contrafuerte de las adquisiciones globales y de los servicios comerciales globales. Además, desemboca y se apoya en los equipos de clientes (es decir, equipos que solo trabajan con clientes específicos, como Tesco o Walmart), las relaciones de representación (P&G tiene el mayor presupuesto en publicidad del mundo) y los sistemas de medición motivados por el consumidor y el cliente (métodos cualitativos y cuantitativos para entender y registrar los resultados). Gracias a la inmensidad de su tamaño y de su volumen de actividad, P&G puede permitirse más recursos que los competidores en cada una de estas áreas y sacar mejores resultados.

Un sistema de actividad carece de valor si no contribuye a una decisión concreta de dónde jugar y cómo ganar. Volvemos a recordar que hay que valorar reiteradamente las diversas decisiones de la cascada. Tienes que ir retrocediendo y avanzando. Puedes plantearte una decisión provisional de dónde jugar y cómo ganar y, luego, preguntarte qué sistema de actividades serviría para afianzar esta decisión. Una vez cartografiado el sistema, puedes formular una serie de preguntas sobre su viabilidad, su peculiaridad y su carácter defendible.

Al estudiar la viabilidad, hazte varias preguntas: ¿es realista erigir este sistema de actividad? ¿En qué medida ya está construido y qué partes habría que crear *ad hoc*? ¿Te podrías permitir erigir las capacidades que necesitas? Si después de reflexionar te das cuenta de que el sistema de actividad no es viable, tendrías que reconsiderar dónde jugar y cómo ganar.

Cuando tengas un sistema de actividad viable, puedes preguntarte otras cosas: ¿es especial? ¿Es parecido o diferente a los sistemas de la competencia? Esta cuestión es importante. Imagina que un competidor ha tomado una decisión diferente respecto a dónde jugar y cómo ganar, pero cuenta con una serie de capacidades y actividades de apoyo muy similares. En esta circunstancia, el competidor podría apropiarse de tus decisiones —posiblemente mejores— y empezar a corroer tu ventaja competitiva. Si el sistema de actividad no es distintivo, se tiene que ir revisando el dónde, el cómo y el mapa hasta obtener una combinación especial. Como señala Porter, no todos los elementos tienen que ser únicos o imposibles de replicar. Lo inimitable debe ser la combinación de capacidades, el sistema de actividad en su conjunto.

Si el sistema es viable y distintivo, lo siguiente es preguntarte si se puede defender contra la competencia. Si el sistema se puede replicar o superar con facilidad, significa que la estrategia general no es defendible y no te aportará una ventaja competitiva significativa. En tal caso, tienes que ir modelando tus decisiones de dónde jugar y cómo ganar hasta encontrar un conjunto de decisiones estratégicas y un sistema de actividad que sean difíciles de replicar y de contrarrestar.

El objetivo, pues, es un conjunto de capacidades integradas y coadyuvantes que contribuyan a las decisiones de dónde jugar y cómo ganar y que sean viables, distintivas y defendibles. Si se mide el sistema de actividad de P&G con estos criterios, sale bien parado. El tiempo ha demostrado que su construcción era viable: la compañía tuvo que crear algunas capacidades, como Connect + Develop (la versión propia de la innovación abierta), el diseño, el I+D de distribución global y la organización de servicios comerciales globales, pero P&G invirtió en ellas. En general, el sistema de actividad es distintivo. Aunque los competidores poseen algunas de estas capacidades, ninguno reúne la combinación completa de P&G. L'Oréal tiene marcas potentes y un diseño innovador, pero, en términos de escala, no le llega ni a la suela del zapato a P&G. Unilever tiene una escala similar, pero no posee la capacidad *go-to-market* global de P&G, ya que su estructura organizativa es nacional, no internacional. Ningún competidor invierte tanto en entender al consumidor ni en innovar productos, ni ha sacado tantos productos nuevos en tantas categorías distintas. Finalmente, el sistema de actividad se ha podido defender: ningún competidor ha sido capaz de replicar el mapa entero del sistema, ni de aventajar la totalidad de las capacidades. Sin embargo, ten en cuenta que esto no significa que P&G tenga una estrategia obviamente superior. Como hemos indicado antes, hay muchas maneras de jugar en cualquier sector. En cada área de competencia se pueden tomar muchas decisiones distintas respecto a dónde jugar y cómo ganar, respaldadas por capacidades esenciales. En el sector de los bienes de consumo, la estrategia de P&G solo es una de las que funcionan.

## CAPACIDADES EN TODA LA ORGANIZACIÓN

Si tu negocio tiene una sola marca o línea de productos, tal vez tengas un solo conjunto de capacidades esenciales y un solo sistema de actividad para toda la compañía. No obstante, en una corporación con diferentes marcas, categorías y mercados, cada línea de actividad toma sus propias decisiones de dónde jugar y cómo ganar dentro del contexto de las elecciones organizativas. Por tanto, como es lógico, cada unidad debe tener un sistema de actividad que respalde sus decisiones, un sistema inspirado por el mapa corporativo. Es decir, hay capas de capacidades que se suceden en toda la organización y los sistemas de actividad tienen un aspecto ligeramente diferente en cada parte de la compañía.

En P&G, el sistema de actividad del cuidado para bebés dista de los sistemas de lavandería o cuidado de la piel. Si se decide competir en el cuidado para bebés, los programas de muestreo en hospitales y las relaciones con los empleados de enfermería y los sistemas sanitarios son actividades de apoyo importantes, dado que permiten captar a nuevas mamás enseguida. Entre esta actividad y el cuidado de la piel o la lavandería no hay un paralelismo directo. Del mismo modo, el equipo de lavandería no necesita crear vínculos con redactores de moda ni dermatólogos para que den referencias neutrales y ensalcen sus productos, como sí hace el equipo de cuidado de la piel. Y los sistemas de actividad para la organización de servicios comerciales globales o la MDO europea son diferentes de los sistemas de marca y categoría.

Con todo, si estos distintos sistemas de actividad no tienen nada en común, denota que la organización tiene negocios que no encajan bien en la misma cartera. Para que una corporación pueda aportar un mayor valor conjunto que el que podrían aportar las unidades sueltas, estas deben compartir algunas actividades esenciales; tanto entre los negocios que forman parte de la cartera como entre esos negocios y la compañía en general. Es esencial que en todos los sistemas haya al menos algunas capacidades y actividades que concuerden con las capacidades esenciales de la organización. Estas capacidades compartidas —que discurren por múltiples divisiones o unidades y en la organización en general— generan barras de refuerzo que empalman varias partes de la organización, igual que las barras de acero acoplan los pisos en los edificios de cemento para impedir su derrumbamiento (cuadro 5.2). Estas barras de refuerzo ayudan a impulsar la estrategia a todos los niveles.

Recordémoslo, los sistemas de actividad de cuidado para bebés, lavandería, cuidado de la piel, GBS y MDO europea serán distintos entre ellos y serán distintos del sistema de P&G en algunos aspectos. Sin embargo, todos tendrán algunas barras de refuerzo clave que entretejan sus capacidades. Por ejemplo, las cinco capacidades esenciales de P&G como compañía son importantes para el negocio del cuidado para bebés. La escala y la innovación son cruciales para los GBS, que supervisan los servicios informáticos y otros servicios centralizados. Obviamente, las capacidades *go-to-market* son críticas para la MDO europea, pero también lo son la comprensión del consumidor y la escala. Como hemos comentado, las opiniones del consumidor, la innovación y la escala de P&G fueron relevantes para Gillette. Los vínculos entre los sistemas son vitales para crear una ventaja competitiva en términos de marca, categoría, sector, función y compañía global, para hacer el sistema más fuerte que la suma de sus partes.

## Cuadro 5.2
### Barras de refuerzo

Sistemas de actividad distintivos

P&G

Categoría A

p. ej., innovación

Marca B

p. ej., escala

p. ej., el consumidor es el que manda

## ESTRATEGIA A MÚLTIPLES NIVELES

Dadas las capacidades esenciales que existen en distintos niveles de la organización, es difícil saber exactamente dónde empezar a estudiarlas: con estrategia corporativa o con estrategia empresarial. En realidad, no hay ningún lugar perfecto por el que empezar porque el proceso no es lineal: debes retroceder y avanzar entre los niveles, igual que necesitas saltar atrás y adelante entre las cinco preguntas de la cascada de decisiones estratégicas. Con todo, cuentas con tres principios para ayudar a la compañía a integrar los sistemas de actividad a múltiples niveles organizativos.

### 1. Empieza por el nivel indivisible

Cuando estés erigiendo un sistema de actividad, sabrás que estás en el lugar adecuado si se dan las siguientes condiciones:

(1) bajando un nivel, el sistema de actividad sería más o menos igual, pero (2) subiendo un nivel dentro de la organización, sería bastante diferente. En el caso de H&S, por ejemplo, el nivel inferior a la marca sería el producto específico (H&S Classic Clean, H&S Volumen Extra, etc.). Si tuvieras que erigir un sistema de actividad para cada uno de estos productos y compararlo con el sistema de marca, habría poca diferencia. Cada producto representa una pequeña variación en la fórmula. Pero al subir un nivel, de la marca a la categoría de cuidado del cabello, los sistemas de actividad serían considerablemente diferentes. En la categoría de cuidado del cabello, la cartera incluye productos como los tintes Nice'n Easy, las gominas Herbal Essences, etc. El mapa de H&S está diseñado para generar una ventaja por medio de la innovación de ingredientes terapéuticos, mientras que en el mapa Nice'n Easy destacan los accesorios para el peinado, los dosificadores y la investigación del color. El sistema de actividad de la categoría de cuidado del cabello debería ser un sistema más general que reflejara la esencia de los sistemas inferiores y que conectara con los superiores.

Podemos tratar los mapas a nivel de suelo (por ejemplo, H&S y Nice'n Easy) como «sistemas de actividad indivisibles»: por debajo de este nivel, el sistema de actividad no se divide en mapas distintos, pero por encima, hay múltiples mapas distintos que confluyen para conformar un sistema único. Este nivel indivisible no será el mismo en cada organización (entiéndase que el sistema de actividad indivisible no siempre se encuentra a nivel de marca). Cada compañía tiene que encontrar el nivel de competencia directa y empezar a articular las capacidades desde ahí. Erige sistemas de actividad desde ras de suelo —desde su componente indivisible— y ve trepando. ¿Por qué? Las capacidades del nivel indivisible impulsan las que hay en los niveles superiores.

## 2. Añade ventaja competitiva al nivel inferior

Todos los niveles por encima del sistema de actividad indivisible son agregados que, de alguna forma, han de sumar una ventaja competitiva neta. Como el agregado conlleva inevitablemente unos costes (financieros y administrativos) que no existirían si los sistemas de actividad indivisibles fueran negocios independientes, la estrategia a todos los niveles agregados debe compensar con un beneficio a los inferiores y, de algún modo, hacerlos más competitivos.

Un nivel puede contribuir con un beneficio neto de dos maneras, a través de dos tipos de barra de refuerzo. Primero, puede aportar la ventaja que ofrece compartir una actividad. Por ejemplo, la categoría de cuidado del cabello puede tener un laboratorio que lleve a cabo investigación fundamental sobre limpieza, acondicionamiento y estilo. Además, gracias a su ciclópea escala en todas las marcas de cuidado del cabello, puede llevarse a cabo dicha investigación por una fracción del coste que tendría para H&S. La ventaja tecnológica que aporta compartir actividades puede ser vital. La segunda manera en que un nivel superior de agregado puede aportar valor es la transferencia de habilidades y conocimiento. Por ejemplo, si H&S necesita brand managers y managers en I+D bien formados para su negocio y los puede sacar de la categoría de cuidado del cabello, esto constituye una transferencia valiosa de habilidades a H&S.

El management en cada nivel agregado debería intentar desarrollar un sistema de actividad que, de la manera más exclusiva posible, se centrara en las barras de refuerzo clave a través de las cuales ese nivel haya decidido añadir valor a los inferiores. La misión principal del nivel agregado es ayudar al inferior a competir con más efectividad, compartiendo actividades y transfiriendo habilidades. Esto implica tener una visión clara de cómo el nivel desea añadir valor y, luego, concentrar todos sus recursos para lograrlo. Las actividades que no añaden valor a los sistemas de actividad inferiores se deberían minimizar, porque lo acaban destruyendo. Por ejemplo, la categoría de cuidado del cabello solo debería existir como nivel agregado de la compañía si acredita un valor (al compartir actividades y transferir habilidades) mayor que los costes financieros y administrativos que impone a H&S, Nice'n Easy, Pantene, Herbal Essences, etc. De lo contrario, habría que eliminar el nivel.

## 3. Amplia o reduce la cartera inferior para optimizar la competitividad

El primer propósito de cada nivel agregado es crear capacidades que respalden esos niveles inferiores; el segundo es ampliar y reducir la cartera de los niveles inferiores para que se ajuste a las capacidades generales. En cuanto a optimizar la cartera, valora las barras de refuerzo organizativas —las capacidades que impregnan toda tu organización y que crean ventaja— y estudia si se puede ampliar la cartera a otros negocios que, con esas barras de refuerzo, serían más competitivos. La creación de las marcas Swiffer y Febreze dentro de la categoría de cuidado del hogar es un ejemplo excelente de cómo se expande una cartera conforme a barras de refuerzo basadas en la comprensión del consumidor y la innovación. Sin la habilidad para entender las necesidades insatisfechas de los consumidores, sin la habilidad para innovar y resolverlas, ninguno de los productos existiría hoy.

La misma importancia reviste recortar la cartera inferior cuando los beneficios de las barras de refuerzo no compensan los costes financieros y administrativos del agregado. Son negocios que estarían mejor en la cartera de otra compañía o como empresas independientes. P&G fue taxativa a la hora de sentenciar negocios a los que sus cinco capacidades corporativas no podían ayudar mucho a generar una ventaja competitiva. Entre 2000 y 2009, se deshizo de cerca de quince negocios al año. Se tuvieron que sacrificar marcas grandes y rentables como Folgers y Pringles porque no iban a beneficiarse lo suficiente del refuerzo corporativo para sostener una ventaja competitiva a largo plazo. Ambas se habían afianzado como marcas fuertes, pero tenían poco margen para innovar sus productos dentro de los canales de distribución de masas de P&G.

**GILLETTE: BARRAS DE REFUERZO**

¿Por qué la adquisición de Gillette cundió tanto a P&G? La respuesta está en que las barras de refuerzo de P&G se incrustaron con fuerza en el sistema de actividad de Gillette, sobre todo en su joya de la corona: el negocio del afeitado para hombres. Los puntos fuertes de P&G en las cinco capacidades esenciales permitieron añadir valor al negocio esencial de Gillette. Incorporando la empresa en su cartera, P&G consiguió añadir valor real compartiendo y transfiriendo esas capacidades.

Ten en cuenta la escala: tanto P&G como Gillette son grandes anunciantes en todo el mundo. Considerando el ingente presupuesto que barajaba Gillette para publicidad, cabía esperar que la entrada en P&G iba a tener poco efecto en sus costes publicitarios. Pero resultó que P&G replicó el programa de publicidad que tenía Gillette antes de la fusión, con lo que redujo al menos un 30 % el gasto, debido al tamaño adicional y a la ventaja presupuestaria de P&G. En cuanto mayor publicista del mundo, P&G otorga a Gillette los ahorros en costes que resultan de esa posición.

En términos de capacidad *go-to-market*, P&G fue capaz de meter las marcas de Gillette dentro de los equipos de clientes multifuncionales en los minoristas más grandes del planeta, con lo que ganó tanto en eficiencia de costes como en influencia con los minoristas. P&G también transfirió a Gillette sus prácticas conjuntas de creación de valor, líderes de su sector, con las que colabora directamente con minoristas para diseñar y aplicar programas para clientes y asociaciones que benefician a ambas partes.

En comprensión de los consumidores e innovación, P&G contribuyó con técnicas de investigación avanzadas del consumidor y con una capacidad de innovación más globalizada para mejorar el nivel y la calidad de la misma (como hizo con la nueva maquinilla para el mercado indio). Además, el equipo de GBS innovó en estructuras y procesos para despachar la integración con rapidez y eficiencia, minimizando los costes y la frustración.

Por descontado, Gillette contaba con sus propias capacidades, que podían fortalecer las de P&G durante y tras la integración. Gillette es una referencia mundial a la hora de lanzar nuevos productos y de explotar el marketing individualizado y el merchandising en tiendas para que los consumidores prueben mucho los productos. También tenía talento para la exposición en tienda, pues sabía adaptar su método de presentación y colocación en casi cualquier formato o espacio de una tienda. La adquisición de Gillette ayudó a P&G a perfeccionar su técnica de marketing y merchandising.

Aunque ya era una gran compañía, Gillette fue una buena adquisición porque se benefició muchísimo de las cinco capacidades esenciales de P&G. También ayudó que Gillette tuviera bastantes capacidades en esas áreas. El puzle encajaba muy bien en los negocios de afeitado masculino y femenino, en Oral B y bastante bien en Duracell. Braun, la empresa de afeitadoras eléctricas y aparatos pequeños de Gillette, suscitaba dudas porque no se beneficiaba tan directamente de la comprensión del consumidor, del I+D y de la distribución en minoristas de masas de P&G. La diferencia entre el valor creado por el afeitado para hombres, en un extremo del espectro, y por Braun, en el otro, ilustra la importancia de las barras de refuerzo en los negocios con varios niveles y categorías.

## EL RESPALDO A LAS DECISIONES

De la decisión de dónde jugar y cómo ganar se desprende la siguiente pregunta: ¿qué capacidades se necesitan para realizar esta estrategia? A fin de entender y visualizar esas capacidades, te resultará útil preparar un sistema de actividad basado en la estrategia, pues integra las actividades más importantes de la organización en una sola representación visual. Los grandes nodos del mapa son las capacidades esenciales, mientras que los pequeños son las actividades que las respaldan.

Si quieres ganar, el sistema de actividad debería ser viable, distintivo y defendible. Si le falta alguna de estas tres cualidades, debes retroceder a las decisiones de dónde jugar y cómo ganar para pulirlas o cambiarlas completamente hasta que den como fruto un sistema de actividad distintivo y ganador.

Si identifica las capacidades necesarias para lograr una ventaja competitiva, la empresa puede aplicar sus recursos, su atención y su tiempo a lo más determinante. Puede que también tenga que dedicarse a reforzar y agrandar esas capacidades —a través de la formación y el desarrollo—, invirtiendo en recursos adicionales, creando sistemas de apoyo e incluso reorganizando la compañía en torno a las capacidades. En el siguiente capítulo analizaremos el proceso de creación de sistemas de apoyo a las decisiones y capacidades específicas de la organización.

## ERIGIENDO CAPACIDADES: QUÉ HACER Y QUÉ NO

- ✓ Comenta, debate y pule tu sistema de actividad; crearlo es una tarea ardua y puede que debas intentarlo unas cuantas veces para atraparlo todo de una forma coherente.
- ✓ No te obsesiones con si algo es una capacidad esencial o una actividad de apoyo; haz todo lo posible para capturar las actividades más importantes que hacen falta para tus decisiones de dónde jugar y cómo ganar.
- ✓ No te contentes con un sistema de actividad genérico; esfuérzate por crear un sistema especial que refleje las decisiones que has tomado.
- ✓ Explota tus fortalezas únicas. Somete a ingeniería inversa los sistemas de actividad (y las decisiones de dónde jugar y cómo ganar) de tus mejores competidores y acáralos con los tuyos. Plantéate qué hace que los tuyos sean verdaderamente distintivos y valiosos.
- ✓ Ten en consideración toda la compañía, busca barras de refuerzo que sean lo bastante sólidas y versátiles para entrelazar múltiples capas de sistemas de actividad y mantener cohesionada la compañía.
- ✓ Sé sincero con el estado de tus capacidades; pregúntate qué necesitarás para mantener y lograr las capacidades que necesitas.
- ✓ Pon a prueba explícitamente la viabilidad, la peculiaridad y el carácter defendible. Sopesa en qué medida tu sistema de actividad es viable, único y defendible ante la reacción de la competencia.
- ✓ Empieza construyendo los sistemas de actividad a partir del sistema indivisible más bajo. Para todos los niveles superiores, los sistemas deberían tratar de respaldar las capacidades necesarias para ganar.

# 6

## Managers de lo que importa

La última celda de la cascada de decisiones estratégicas es la gran olvidada. A menudo, los equipos de altos directivos diseñan la estrategia y luego divulgan los conceptos principales al resto de la compañía, esperando que se actúe con rapidez y resolución. Pero aunque fijes una aspiración ganadora, aunque determines dónde jugar y cómo ganar y definas las capacidades necesarias, si no estableces sistemas de gestión para respaldar esas decisiones y capacidades, puede que la estrategia fracase igualmente de forma estrepitosa. Sin estructuras, sistemas e indicadores de apoyo, la estrategia sigue siendo un anhelo, un conjunto de objetivos que tal vez se acaben consiguiendo o tal vez no. Para ganar de verdad en el mercado, una compañía necesita un proceso robusto para crear, revisar y comunicar la estrategia; necesita estructuras que respalden sus capacidades esenciales; y necesita indicadores específicos para garantizar que la estrategia funciona. Estos sistemas de gestión son necesarios para completar la cascada de decisiones estratégicas y para afianzar la eficiencia a lo largo y ancho de la organización.

## SISTEMAS PARA ELABORAR Y EVALUAR LA ESTRATEGIA

Hace mucho tiempo, el proceso de creación y evaluación estratégica en P&G era, según la descripción del director de cuidado del hogar global David Taylor, «una magistral pantomima corporativa»[1]. Taylor recuerda sus primeras evaluaciones como brand manager: «Había veinticinco personas agolpadas en la sala. Estaba mi subdirector, el presidente de la agencia de publicidad y lo que yo suelo llamar una bandada entera de pájaros: personas arrimadas en fila a ambos lados». El brand manager tenía que interpretar delante de ese gran público: «Entrabas con una libretita con cincuenta hojas y, te preguntaran lo que te preguntaran, contestabas. Ibas a la etiqueta veinticinco; luego a la cuarenta...».

Abundaban los rumores de que había un director general que parecía deleitarse poniendo en aprietos a la gente con preguntas difíciles y específicas. Taylor lo recuerda así: «Me acuerdo de las historias. Hubo una persona que me dijo: "Tu objetivo en esta reunión es no salir humillado, sobrevivir". Luego, cuando me subieron de rango, un director me dijo: "Tu función en esa reunión es hablar de cualquier cosa menos de estrategia. Menciona proyectos de innovación, lleva muestras [de publicidad] y material para entretenerlo. No querrás que meta las narices en tu estrategia. Habla de cualquier cosa menos de la estrategia». Esta técnica de entrar y salir arraigó profundamente en la cultura de P&G.

Sabíamos que teníamos que reinventar el proceso de cabo a rabo, abordar de verdad la estrategia en vez de negociar presupuestos y hablar de productos y marketing. Queríamos fomentar una visión de equipo con la que el director general pudiera colaborar con los directores y ayudar a progresar su pensamiento en tiempo real. Queríamos crear un diálogo útil, en vez de una presentación unidireccional a prueba de balas. En lugar de enterrar los temas, queríamos debatirlos a tumba abierta. Nos interesaba un nuevo sistema de gestión para crear y evaluar las cinco decisiones estratégicas.

Quien fuera durante largo tiempo director financiero de la empresa, Clayt Daley, también estaba harto de todas aquellas evaluaciones en que se tenía que vender y defender una idea. Coincidía en que tenía que haber una forma mejor: «Como la cultura [de P&G] es tan fuerte, durante muchos años se formó a los equipos de management para que vendieran sus propuestas. Queríamos hablar sobre las opciones y alternativas estratégicas y sobre qué podíamos meter o sacar de la estrategia». Este enfoque distinto no emanaba de un deseo de controlar la estrategia desde arriba, sino de la comprensión de las diferentes perspectivas que el equipo de dirección y los directores de negocios podían aportar. Creíamos que el equipo de altos directivos podía sacar provecho de su notable saber en los diversos negocios, funciones y territorios —así como de una perspectiva única que abarcaba toda la empresa— para mejorar y contextualizar una estrategia inteligente desarrollada por líderes que conocían a fondo los negocios específicos. Esta combinación de amplitud y profundidad podía ser increíblemente potente.

Por desgracia, durante décadas se había enseñado a los equipos de management que las evaluaciones estratégicas servían para cualquier cosa menos para compartir ideas. Tradicionalmente, había sido su función dibujar un plan impecable y defenderlo hasta la muerte. Era importante reformular la tarea o, como lo expresa Daley, «crear un marco de referencia para saber qué es y qué no es el debate estratégico. Un debate estratégico no es la evaluación de una idea. No es un presupuesto ni una evaluación de las previsiones. Un debate estratégico gira en torno a cómo cumpliremos nuestros objetivos de crecimiento en los próximos tres-cinco años. Queríamos realmente abrir un debate».

O sea que ideamos un nuevo proceso, iniciado en otoño de 2001, que supuso un cambio radical para todas las partes. Antes, un director llegaba a una reunión de evaluación con una interminable presentación de PowerPoint, repleta de todo el material que quería compartir, e iba revelando en vivo los hechos al público congregado, diapositiva a diapositiva, metódicamente. Cambiamos por completo el concepto de reunión. Pasó de ser una presentación formal (del negocio al management) a ser un diálogo sobre unas pocas cuestiones estratégicas clave pactadas previamente.

Los asuntos estratégicos que quisiera comentar el director, fueran cuales fueran, se anunciaban por escrito antes de la reunión de evaluación estratégica. El equipo directivo examinaba la propuesta, seleccionaba los temas que deseaba discutir (o proponía temas de debate alternativos) y le devolvía una nota de un párrafo (nunca superior a una página) subrayando los temas elegidos. En algunas reuniones se abordaba una sola cuestión estratégica y casi nunca se intentaba lidiar con más de tres temas por encuentro. El método tendría tres pilares. Primero, no habría presentaciones, solo un debate de las cuestiones estratégicas acordadas de antemano. Segundo, limitábamos el número de personas en la sala: de veinticinco, se pasó a solo cuatro o cinco de producción más el director general y los líderes que pudieran aportar experiencia o conocimientos específicos sobre la materia estratégica que se discutiría. Tercero, los participantes no podían traer a la reunión más de tres páginas nuevas de material para compartir; no queríamos que los participantes elaboraran otra presentación PowerPoint deprisa y corriendo para responder a las dudas expresadas en la carta. Sinceramente, queríamos conversar sobre las cuestiones estratégicas clave en el negocio.

Las preguntas solían girar en torno a unos pocos puntos fundamentales: ¿P&G estaba ganando en esta categoría? ¿El equipo de producción estaba seguro? ¿Cómo lo sabía realmente? ¿Qué oportunidades generaban las necesidades insatisfechas de los consumidores? ¿Cuáles eran las innovaciones y tecnologías más prometedoras? ¿Qué amenazas acechaban al atractivo estructural de la categoría, del país o del canal? ¿Qué capacidades esenciales le faltaban al negocio? ¿Cuál era el competidor más inquietante o amenazante? Estas evaluaciones hacían hincapié en preguntas muy básicas y elementales para intentar ayudar al equipo a tomar mejores decisiones estratégicas. El grupo invertía tres o cuatro horas en rumiar los diversos temas clave.

Teníamos tres razones para consumar el cambio que estaba en proceso. Primero, queríamos cambiar la cultura de la organización para que despuntara más el diálogo. Segundo, queríamos crear una estructura en la que los equipos de producción se pudieran beneficiar de verdad de la experiencia y la perspectiva transversal de los líderes de management. Y, por último, queríamos entrenar las capacidades de deliberación estratégica de los ejecutivos de P&G, pidiéndoles que practicaran con otras personas reflexionando sobre las cuestiones estratégicas en tiempo real. Los ejecutivos de P&G son grandes gestores empresariales y funcionales. La compañía necesitaba que sus líderes fueran mejores estrategas, puesto que las estrategias mejoradas y resueltas permitirían optimizar aún más las operaciones. P&G necesitaba líderes multidimensionales que pudieran tomar decisiones estratégicas difíciles y liderar equipos operativos eficientes. En un mundo cada vez más complejo, global y competitivo, la compañía necesitaría más líderes de este tipo para vencer. Así pues, se rediseñaron las evaluaciones estratégicas para ejercitar los músculos estratégicos individuales y colectivos.

Al principio, el cambio generó mucha ansiedad. Sin embargo, con paso lento pero firme, la reunión de evaluación se convirtió en lo que esperábamos que fuera: una comisión sobre la competitividad, la eficiencia y la solidez de una estrategia. Con el tiempo, los directores comprendieron que no se les juzgaría por si tenían bien atados todos los aspectos de su estrategia, sino por si podían sostener una conversación productiva sobre los problemas estratégicos reales de su negocio. En consecuencia, los líderes de P&G comenzaron a reflexionar más sobre la estrategia, a debatir más sobre ella —no solo en las evaluaciones, sino en el día a día—, hasta que la calidad del discurso estratégico mejoró. Y lo más importante fue que la compañía vio cómo mejoraba la toma de decisiones, cómo aumentaba la predisposición a tomar decisiones difíciles y, en definitiva, cómo mejoraban los resultados empresariales.

El nuevo sistema contrastaba visiblemente con la pantomima a la que estaba acostumbrado David Taylor: «El rol de Lafley fue elevar mi reflexión y la de mi equipo para que saliéramos con una estrategia mejor que con la que habíamos entrado». Una vez liberado de la obligación de vender un plan perfecto o de intentar impresionar al jefe, Taylor empezó a disfrutar de esas reuniones. Según dice: «[Tuve ocasión de] conversar con gente muy inteligente. Dejé de tener miedo a entablar una conversación sin conocer todas las respuestas, porque Lafley no te atacaba. Si no estaba de acuerdo, lo expresaba de un modo que te hacía pensar. [...] El tono de las reuniones era muy dialogante y participativo. Nos sentábamos, hablábamos e intercambiábamos cosas [por encima de la mesa]». Viéndolo con retrospectiva, dice, la dinámica enlazaba con las preguntas innatas a la estrategia: «El clima que permeaba las reuniones... no debatíamos sobre cómo íbamos a cumplir las previsiones de un año o las del siguiente. No versaban sobre los beneficios, las personas u otras cuestiones a corto plazo. Trataban sobre dónde vas a jugar y cómo vas a ganar».

Melanie Healey, ahora presidenta del grupo en Norteamérica, también se mostró entusiasmada con el nuevo proceso:

> Lo que hacíamos era pactar de antemano con Lafley los problemas estratégicos clave que quería que abordáramos en esas reuniones; además de los temas estratégicos que quisiéramos

comentar, por supuesto. [...] Lo cierto es que [las reuniones] funcionaban muy bien, porque nunca daban pie a grandiosos debates sorpresa para los que no estuviéramos preparados. Como acordábamos los puntos antes, nos asegurábamos de que, con el texto previo que enviábamos, todo el mundo conocía lo suficiente el contexto para enfrascarnos en un diálogo productivo, para añadir valor y para contribuir significativamente a los elementos estratégicos cruciales con los que necesitábamos ayuda. En esas reuniones, siempre había líderes muy experimentados de la compañía que te obsequiaban con ideas fantásticas para tus decisiones estratégicas[2].

Obviamente, no hay procesos infalibles ni remedios que puedan satisfacer a todos los usuarios. Uno de los directores, un líder y extraordinario estratega, no quedó tan impresionado con el nuevo formato, dado que veía difícil aplicarlo en su añejo negocio. Le parecía una nota discordante en la cultura de éxito de P&G y una posible fuente de incomodidad para los participantes, incluido él mismo:

> Aunque Lafley intentaba que las reuniones fueran auténticas sesiones de trabajo —en las que barajáramos opciones, analizáramos el panorama empresarial y las decisiones que podíamos tomar, planteándonos por qué tal alternativa era mejor que tal otra, etc.—, raras veces suscitaban una conversación profunda sobre estrategia. No fue porque Lafley no lo intentara; para ser sinceros, fue porque la cultura de P&G se entrometió. Si soy director del negocio y estoy sentado frente a Lafley y sus tenientes, no voy a mostrarme vulnerable diciendo: "Mira, estas son las cuatro cosas que hemos analizado. Esto es lo que creemos que deberíamos hacer, pero ¿qué pensáis vosotros?". Lafley se involucraba mucho en la elaboración de la estrategia, pero cuando más aprendí de él fue en entornos privados, cuando estábamos solos, más que en esos foros formales y anuales con un gran público y mucha gente[3].

Estas reservas reflejan lo difícil que puede ser hacer un cambio radical. Sin embargo, a pesar de las dudas, un par de ciclos después se hizo evidente un cambio en la calidad y utilidad de las reuniones de evaluación estratégica. En 2005, la mayoría de la gente era tan partidaria de este método nuevo —y le atribuía un nivel tan superior con respecto al sistema anterior— que habría sido inconcebible retroceder.

El diálogo estratégico empapaba todos los niveles de la organización, retomando una y otra vez las decisiones de dónde jugar y cómo ganar, las capacidades esenciales competitivas y los sistemas de gestión. Cada mes, los directores tenían que mandar personalmente una carta al director general y celebraban con él una reunión mensual o (como mínimo) trimestral, en persona o por teléfono. El debate constante ayudó a mantener encauzada la estrategia y permitió que el director general descubriera las capacidades estratégicas de sus líderes. En las reuniones privadas periódicas, la primera parte del orden del día correspondía al directivo. Los más astutos aprovechaban ese tiempo para abordar problemas reales y colaborar en las respuestas, en vez de dedicarse a divagar sin rumbo.

### NUEVAS NORMAS PARA EL DIÁLOGO

En cualquier conversación, organizativa o de otro tipo, la gente suele exprimir un recurso retórico por encima de todos los demás. El modo de comunicación por defecto de la gente tiende a ser la autopromoción: la argumentación a favor de las conclusiones y teorías propias, declaraciones que aseveran el punto de vista de uno mismo. Para crear el tipo de diálogo estratégico que queríamos para P&G, la gente tenía que cambiar ese método por uno muy diferente.

La clase de diálogo que queríamos fomentar se llamaba «indagación asertiva». Este método, basado en la obra del teórico de aprendizaje organizativo Chris Argyris en la Harvard Business School, aúna la expresión explícita de tu propio pensamiento (autopromoción) con una exploración sincera del pensamiento ajeno (indagación). En otras palabras, consiste en expresar claramente tus propias ideas y compartir los datos y el razonamiento que las sustentan, pero sin dejar de ahondar sinceramente en los pensamientos y el razonamiento de tus iguales.

Para hacerlo bien, las personas tienen que adoptar una postura específica a la hora de debatir. La postura que tratamos de inculcar en P&G era bastante sencilla, pero habitualmente poco usada: «Mi opinión es digna de ser escuchada, pero igual me falta algo». Parece simple, pero si toda la sala comparte esta actitud, incide poderosamente sobre la conducta del grupo. Los individuos intentan explicar lo que piensan porque sí tienen una opinión que vale la pena escuchar. Así pues, defienden con toda la claridad posible su propia perspectiva. Pero, como siguen abiertos a la posibilidad de que tengan alguna laguna, pasan dos cosas muy importantes. Una, defienden su criterio como una posibilidad, no como la única verdad absoluta. Dos, escuchan con atención y hacen preguntas sobre otras opiniones. ¿Por qué? Porque, si tal vez les falta algo, la mejor manera de explorar esa posibilidad no es entender lo que ven los demás, sino lo que no ven.

Compara esto con los managers que entran en la sala con el objetivo de convencer a los demás de que tienen razón. Defenderán su postura con toda la vehemencia posible para tratar de persuadir a los otros y ganar la discusión. Serán menos receptivos, o escucharán con la intención de encontrar errores en los argumentos ajenos. Esta actitud está llamada a generar discordia y bloqueo.

Queríamos abrir un diálogo y canalizar la comunicación equilibrando la autopromoción y la indagación. Este enfoque ofrece tres herramientas clave: (1) defender tu propia postura y abrirte a las respuestas (por ejemplo, «Así es como yo lo veo y por qué; ¿lo veis muy distinto?»); (2) parafrasear lo que crees que opina la otra persona y preguntar si lo has entendido bien (por ejemplo, «Tengo la impresión de que tu argumento es este; ¿lo he expresado con exactitud?»); y (3) explicar qué cosas no has entendido de la opinión de la otra persona y pedirle más información (por ejemplo, «Tengo la sensación de que no ves esta adquisición con buenos ojos. No estoy seguro de que comprenda por qué lo ves así. ¿Me lo podrías explicar con más detalle?»). Este tipo de frases, que mezclan la autopromoción con la indagación, pueden producir un efecto decisivo en la dinámica del grupo. Aunque defender la postura propia puede parecer más convincente, lo cierto es que es más débil que equilibrar la autopromoción con la indagación. La indagación hace que la otra persona reflexione y escuche de verdad tu argumento, en vez de ignorarlo y presentar el suyo como respuesta.

En P&G fomentamos activamente esta actitud respecto a la comunicación, incitando a dialogar en las sesiones de evaluación estratégica, en las reuniones privadas y hasta en el salón de ejecutivos. El objetivo era crear una cultura de preguntas que hiciera aflorar las tensiones productivas para poder tomar decisiones más inteligentes. El objetivo explícito era crear estrategas a todos los niveles de la organización. A lo largo de su carrera, los líderes de P&G van cogiendo práctica al diseñar la estrategia para marcas y líneas de productos, categorías, canales, relaciones con clientes, países y territorios, funciones y tecnologías. La idea es ir ejercitando los músculos estratégicos en diferentes contextos, de modo que los managers que vayan surgiendo en la organización estén bien preparados para la siguiente tarea estratégica. A medida que prosperan, se les da un desafío estratégico más grande, difícil y complejo. Esta filosofía aplicada al aprendizaje estratégico —practicar para lograr la perfección— explica por qué tantos exempleados de P&G han llegado al cargo de director general.

A pesar de que P&G posee una cultura fuerte de logro individual, los líderes también reconocen la importancia de los equipos para el desarrollo de la estrategia. Nadie —y menos aún el director general— intentaría diseñar y llevar a cabo una estrategia solo. Para crear una estrategia realmente sólida, hay que contar con las capacidades, el conocimiento y la experiencia de un equipo variado, un grupo muy unido de personas dotadas y motivadas, conscientes de cómo contribuye su propio esfuerzo al éxito grupal y decididas a ganar como colectivo.

Coger un grupo de triunfadores y pedirles que cooperen para urdir una estrategia no es cosa fácil. Como esta es una decisión en la que nadie puede demostrar de antemano que una estrategia concreta es correcta o es la mejor, acordar organizativamente el rumbo estratégico es un desafío enorme. Cada persona selecciona e interpreta los datos sobre el mundo y llega a una conclusión única sobre la mejor hoja de ruta. Cada individuo suele adherirse a una única elección estratégica como respuesta adecuada. Naturalmente, esto te hace más propenso a atacar la lógica justificativa de acarar opciones, alimentando el atrincheramiento y el extremismo, en vez de fomentar que se colabore y se valoren a fondo las ideas. Para revertir esta tendencia, P&G necesitaba crear una cultura de indagación y unas normas de comunicación que permitieran a personas y equipos ser más productivos, no menos.

### UNA ESTRUCTURA MARCO

En cualquier organización, pero sobre todo en una tan inmensa como P&G, hace falta un marco de referencia que organice el debate estratégico. P&G podía usar un sistema de gestión preexistente para describir la estrategia: el OGSM (objetivos, propósitos e indicadores, por sus siglas en inglés: *objectives*, *goals, strategies and measures*), un documento de una página que condensa los objetivos, los propósitos, la estrategia y los indicadores de una marca, categoría o compañía. Era útil porque se podía adaptar fácilmente a la cascada de decisiones estratégicas y era un marco de referencia conocido en la empresa. Sin embargo, lo malo es que el documento OGSM estándar es como una lista inacabable de iniciativas, no un reflejo de las decisiones esenciales del negocio en lo tocante a dónde jugar y cómo ganar. Así pues, instauramos una práctica según la cual la sección de estrategia tenía que expresar de manera clara y explícita dónde jugar y cómo ganar, decisiones que enlazaran perfectamente con las aspiraciones del negocio y los indicadores de éxito incluidos en el apartado final del OGSM. El fin era convertir el OGSM en una estampa simple y clara de una estrategia, un documento palpable que toda la empresa conociera y entendiera. Un nuevo OGSM podría parecerse al que figura en la tabla 6-1, que es una adaptación del OGSM real de cuidado familiar de varios años atrás.

La declaración de OGSM se convertía en el punto de partida estratégico para otros debates importantes a lo largo del año. En las sesiones de evaluación del programa de innovación, la pregunta formulada era: ¿cómo va a encajar la cartera de innovación de productos con dónde vas a jugar? ¿Te acerca al cómo ganar? En cuanto al presupuesto y el plan de explotación anual, la pregunta que se hacía era: ¿estás asignando los recursos económicos y humanos a las prioridades estratégicas? El OGSM llegó a ser la base de toda suerte de discusiones, dado que relacionaba bien las estrategias de asignación de capital, *branding*, financiación e innovación con el dónde jugar y el cómo ganar.

## Tabla 6.1
### Una declaración de OGSM de muestra

| Objetivos | Estrategia | Indicadores |
|---|---|---|
| Mejorar la vida de las familias proporcionando los productos de papel para cocina y baño preferidos por los consumidores. Liderar la rentabilidad total del accionista (RTA) operativa en el mercado norteamericano de papel/toallitas y ser el máximo creador de valor de P&G | **Dónde jugar:**<br>• Ganar en Norteamérica<br>• Ampliar el margen de Bounty y de Charmin como líderes<br>• Ganar en los canales de supermercados y de grandes tiendas de ofertas<br>• Construir los segmentos que buscan prestaciones, sensaciones y valor | • Progreso de la RTA operativa<br>• Crecimiento en la cuota y las ventas<br>• Crecimiento de los beneficios<br><br>**Indicadores de productividad:**<br>• Productividad del capital<br>• Rotación del inventario |
| **Propósitos**<br>RTA operativa interanual > x %<br>Crecimiento anual del x % en cuota y ventas<br>Mejora del x % anual en margen de beneficios brutos y margen de explotación<br>Rentabilidad del x % en inversiones de capital en maquinaria e inventario | **Cómo ganar:**<br>1. Recortar gastos<br>• Situar el gasto en maquinaria y equipamiento en el x % de las ventas<br>• Reducir el inventario un x %<br><br>2. Ser la elección de los consumidores<br>• Productos básicos superiores, precios adecuados<br>• Formatos y diseños de producto predilectos<br>• Gestión del crecimiento de la categoría<br><br>3. Ser la elección de los minoristas<br>• Mejorar la disponibilidad y el servicio en la exposición<br>• Desarrollar soluciones de compra diferenciadas<br>• Ganar con los ganadores | **Indicadores de preferencia del consumidor:**<br>• Intención de compra ponderada<br>• Prueba, compra y fidelidad<br><br>**Indicadores del *feedback* de los minoristas:**<br>• Motores económicos clave (distribución, cuota de exposición en tienda, cuota de merchandising, etc.)<br>• Proveedor preferido |

El OGSM, la nueva estructura de las reuniones de evaluación estratégica y la cultura de indagación fueron los cimientos del nuevo sistema de P&G para crear, valorar y comunicar la estrategia. El OGSM permitió a los equipos y miembros compartir un punto de referencia estratégico y condensar los ejes estratégicos más importantes en un solo documento. La nueva estructura de las reuniones, enmarcada en un hábito anual de sesiones e interacciones sobre estrategia, creó una nueva norma para la comunicación entre los líderes y sus equipos a lo largo y ancho de la organización. La cultura de la indagación hizo aflorar tensiones productivas y generó conversaciones profundas que espolearon la reflexión estratégica. Pero la compañía también necesitaba mecanismos para transmitir la esencia de la estrategia de P&G a la organización global. En lugar de optar por que el director general fuera filtrando la información a los directores, que a su vez estos se las comunicaran a los general managers, etc., reflexionamos mucho sobre cómo elaborar mensajes para toda la organización.

**LA COMUNICACIÓN DE LA ESTRATEGIA**

La estrategia se urde a todos los niveles de la organización y, para que surta efecto, también tiene que comunicarse con claridad a todos los niveles. Los negocios deben comunicar sus estrategias al management (en el caso de P&G, a través de evaluaciones y del OGSM), pero el management también tiene que comunicar las decisiones corporativas a toda la organización. La complicación radica en encontrar maneras simples, claras y convincentes de hacerlo. Las carpetas tocho o las presentaciones inacabables de PowerPoint no unen a una organización. Por tanto, es importante pensar de forma explícita sobre la esencia de una estrategia y sobre la mejor manera de comunicarla amplia y claramente. Pregúntate cuáles son las decisiones estratégicas elementales que toda la organización debería conocer y entender.

En P&G, esto se reducía a tres temas que permitirían a la compañía ganar donde y como había escogido, más allá de las ligeras diferencias concretas entre los negocios:

1. Convertir al consumidor en el mandamás.
2. Ganar la ecuación de valor para el consumidor.
3. Ganar los dos momentos de la verdad.

Estas ideas dimanaban directamente de la cascada de decisiones estratégicas a nivel corporativo. La primera máxima, que el consumidor es el mandamás, era una variante de la aspiración de la compañía: mejorar la vida de los consumidores. Queríamos que todo el mundo pensara en el consumidor final en cada faceta del negocio: en la innovación, el *branding*, las estrategias *go-to-market*, las decisiones de inversión, etc. Queríamos ser diáfanos con quién es —y siempre debería ser— la parte más importante. No son los accionistas, ni los empleados, ni los clientes minoristas. Es el usuario final: la gente que compra y usa los productos de P&G.

La segunda clave estaba en ganar la ecuación de valor para el consumidor. Así se definió enseguida y sin ambages cómo iba a ganar P&G: ensanchando aún más la distancia con los competidores en cuanto al margen entre el valor ofrecido y el coste de conseguirlo. Esto implicaba proporcionar un valor único a los consumidores (mediante la diferenciación de la marca y los productos innovadores). También significaba mantener una posición de costes que permitiera a P&G ofrecer ese valor al consumidor a un precio atractivo y, aun así, obtener un beneficio jugoso. Este precepto hizo que todo el mundo reparara en aquellas decisiones de dónde jugar y cómo ganar que crean una ventaja competitiva sostenible mediante la diferenciación.

El tercer y último mensaje era la vital importancia de ganar en los dos momentos de la verdad[4]. Esta noción presupone que el rendimiento de una compañía es la suma de todas sus interacciones con los consumidores, esos momentos en que se cumple o se incumple la promesa de la marca en la mente de los consumidores. Se da cuando uno goza por primera vez de la fragancia de Gain, cuando Tide con lejía blanquea realmente la ropa y cuando el rímel Cover Girl LashBlast alarga increíblemente el aspecto de las pestañas. Sucede cuando la experiencia con el producto refuerza la promesa de la marca, ayudando a que el usuario novel emprenda el camino hacia la recompra, el uso habitual y, en último término, la fidelidad a la marca.

Para P&G, la revelación de que hay dos grandes momentos de la verdad —cuando el consumidor encuentra el producto en la tienda y cuando lo usa en su casa por primera vez— fue fundamental. Antes, el conjunto de la compañía se había centrado principalmente en ese segundo momento: cuando se usaba el producto en casa. Queríamos resaltar la importancia del primer momento de la verdad, demostrando lo relevante que es esa experiencia en la tienda para ganar. ¿Hay existencias del producto? ¿Está expuesto en un lugar destacado del estante? ¿El empaquetado ayuda al consumidor a entender la promesa de resultados y la proposición de valor? ¿Su comercialización refuerza la promesa de la marca y se basa en ella? ¿El merchandising y el marketing en la tienda tienen algo que incite al consumidor a elegir ese producto, en vez del que hay justo al lado o en otra zona del mismo pasillo? Para la compañía, asumir que necesitaba ganar los dos primeros momentos de la verdad supuso un cambio relevante. Con este mensaje, se ensanchaba el número de capacidades que componían la esencia de una estrategia ganadora: para ofrecer una buena ecuación de valor al consumidor e impulsar las compras, no bastaba solo con la construcción de marcas y la innovación de productos, sino que también eran necesarias las capacidades en innovación minorista, informática y logística, las capacidades *go-to-market* y el uso de la escala y la comprensión del consumidor. Aunque los mensajes en sí fueron vitales para incrustar el propósito estratégico en la organización, también lo fue el lenguaje que se usó para transmitirlos: simple, sugerente y memorable. En cualquier organización, las decisiones tomadas en la cima se deben manifestar con precisión y sugerencia para que sean fáciles de entender. Solo nos podemos atener a las decisiones cuando estas son claras y simples; solo entonces pueden modelar aquellas que se toman en el resto de la organización. Estos mensajes estratégicos simples pueden reflejar la auténtica esencia del propósito organizativo; y, para ser efectivos, deberían repetirse hasta la saciedad a diferentes grupos, en diferentes contextos, creando un mantra para la organización.

Los mensajes directos transmitidos a la organización son otra herramienta del sistema, que se añade a las normas de comunicación y a los sistemas estratégicos formales como el OGSM y las reuniones de evaluación. Juntos, estos sistemas y estructuras pueden crear una cultura de toma de decisiones estratégica. Este es un aspecto importante de los sistemas de gestión. Pero, más allá de sistemas que respalden la creación, la evaluación y la comunicación de la estrategia, las compañías también necesitan sistemas que impulsen sus capacidades esenciales.

**SISTEMAS PARA RESPALDAR LAS CAPACIDADES ESENCIALES**

Cada compañía necesita sistemas que respalden la creación y el mantenimiento de sus capacidades clave reflejadas en la cuarta celda de la cascada de decisiones. Estas capacidades son tan importantes para la ventaja competitiva que una compañía necesita instaurar sistemas para garantizar su adecuada manutención. El reto es determinar qué tipos de sistemas se necesitan y cuál es la mejor forma para crearlos. P&G creó sistemas de apoyo para todas sus fortalezas esenciales, invirtiendo recursos y esfuerzos para construir estructuras sostenibles:

- Para comprender a los consumidores, P&G invirtió abundantemente en nuevas metodologías de investigación, tratando de liderar el sector con una capacidad interna real de investigación del consumidor y del mercado.
- P&G invirtió significativamente en innovación: en entender el proceso, en explorar la innovación disruptiva con Clay Christensen e Innosight y en crear Connect + Develop (la versión de innovación abierta de P&G), con lo que, en 2008, más de la mitad de las nuevas marcas y productos de la compañía tenían uno o más socios externos.
- P&G formalizó su marco para la construcción de marcas y trató de crear nuevas marcas que mejoraran la vida de los consumidores. Durante la primera década del siglo XXI, P&G introdujo más marcas que ninguna otra compañía de su sector. Algunas no alcanzaron o no supieron conservar el éxito comercial (como Fit, Physique y Torengos), pero la mayoría acabaron siendo negocios estables y exitosos. De hecho, algunos crearon nuevas categorías o segmentos de relevancia (por ejemplo, Actonel, Align, Febreze, Prilosec y Swiffer).
- En el frente *go-to-market*, P&G invirtió mucho en asociaciones estratégicas con minoristas. Creó nuevas formas empresariales con clientes minoristas, proveedores e incluso competidores (en categorías no competitivas), abanderando la transformación del modelo tradicional de negocios, según el cual todas las

actividades importantes se llevan a cabo dentro de la empresa.
- P&G invirtió grandes recursos en alcance y escala, articulando los modos en que las ventajas que otorgan tienen más que ver con las curvas de aprendizaje y la reutilización que con el tamaño.

Los cambios en la escala, supervisados por Clayt Daley y el actual director financiero Jon Moeller, reflejan el método de P&G de construir sistemas en torno a capacidades esenciales. Como explica Moeller, había una cuestión importante sobre la escala: «¿Estás reflejando ese valor, tanto en términos de tus sistemas de actividad como de tu economía? Históricamente, no lo habíamos reflejado. Si nos retrotraemos mucho en el tiempo, lo cierto es que funcionábamos como países sueltos. Entonces hicimos un gesto decidido de avanzar hacia las categorías globales»[5]. El gesto se consumó en tres fases que se prolongaron durante una década. Primero, con John Smale, P&G trasladó la mayor parte del negocio norteamericano a una estructura de gestión de categorías. Con Ed Artzt, P&G creó coordinadores de categorías globales para que se encargaran de las tecnologías y las marcas a un nivel más global. Luego, con John Pepper y Durk Jager, la compañía pasó a tener GBU de verdad: negocios globales y centros de beneficios con plenos recursos. Según Moeller, estos movimientos les hicieron avanzar un buen trecho en su afán por explotar los auténticos beneficios de la escala.

«El siguiente paso —sigue diciendo— fue preguntarnos cuáles son las actividades que ayudan a la empresa y que realmente no se deberían recrear para cada unidad de negocio global. ¿Cuáles son las actividades que pueden beneficiarse de la comunidad y la centralización? Y empiezas por lo más básico, como los fondos para adquisiciones y gastos. Nunca lo habíamos hecho así. Incluso con la publicidad, cada división tenía contratada su propia agencia. Era un desgobierno». Consolidando las adquisiciones a nivel global —fuera en concepto de publicidad, de agentes químicos o de empaquetado—, se incrementó drásticamente la ventaja de P&G en términos de escala y se redujeron considerablemente los costes.

Moeller y Daley también analizaron cuidadosamente esa plaga que asola a tantas empresas: los gastos generales. Moeller lo recuerda así: «Siempre nos habíamos comparado con la competencia para saber si, a su lado, nuestros gastos generales eran austeros o excesivos. Siempre había sido una operación matemática sencilla, hasta que Clayt dijo: "Vamos a ver. Si estamos aumentando bien nuestra escala, los gastos generales —como porcentaje de nuestras ventas— deberían ser inferiores"». Dicho de otra forma, si había una ventaja de escala, los gastos generales de P&G deberían ser significativamente menores que los de la competencia.

Daley buscó un método mejor para cuantificar los beneficios de la escala al optimizar los gastos. Moeller añade: «Durante un año o dos nos estuvimos quebrando la cabeza, tratando de diseñar un modelo para saber qué beneficio deberíamos notar con la escala de categoría, compañía o país, de modo que nos pudiéramos evaluar conforme a un criterio de eficiencia que reflejara realmente nuestra escala». Como era una competencia esencial crucial, había que construir sistemas de apoyo y medirla con precisión y destreza. No bastaba solo con decir que la escala era importante.

P&G ha creado ventajas medibles de costes en varios de sus negocios (incluyendo la lavandería, la alta perfumería, el cuidado femenino y los GBS). No obstante, no ha acabado de cumplir el deseo de Daley de que sus gastos generales, calculados como un porcentaje de las ventas, sean inferiores a la media en todos los negocios, funciones y territorios. «Ese es un camino que aún estamos recorriendo —explica Moeller—. Hemos hecho una buena labor con la conceptualización y el modelado. Pero, con ese trabajo, creo que hicimos una labor decente convenciéndonos de crear la escala». La compañía aplicó cambios en áreas tan diversas como la fabricación y la cobertura del riesgo de cambio, todo con el fin de contribuir mejor a la escala corporativa y trasladar los beneficios de esta a las unidades de negocio.

Moeller comenta: «No es suficiente con crear escala para una marca o categoría. Tienes que integrarla en la compañía. Los procesos que instaures tienen que estar bien calibrados. No sucederá por arte de magia. Lo que sucede [naturalmente] es la entropía. Tienes que aprovechar la escala sin desincentivar el espíritu emprendedor, la propiedad empresarial. Es integral. No está centralizada. La centralización es otra cosa. El trabajo de escala consiste en conseguir que los líderes de los negocios cooperen para elaborar un plan que no solo optimice la compañía, sino que, en el mejor de los casos, optimice también su categoría. Por ejemplo, al abordar un mercado con múltiples categorías, la posibilidad de éxito para cada una de ellas aumenta». Por poner un ejemplo, entrar en un nuevo mercado emergente con varias categorías complementarias, en vez de solo una, puede permitir repartir costes e incrementar la influencia local. De este modo, se multiplican las posibilidades de éxito en la región.

La construcción de marcas era otra capacidad que P&G tenía que reforzar creando sistemas. Aunque había formado parte intrínseca del negocio desde hacía más de un siglo, en el 2000, sin ir más lejos, la compañía aún era torpe a la hora de reflejar, catalogar y aprender sistemáticamente de los éxitos y fracasos con las marcas y el marketing. La mayor parte del conocimiento institucional sobre construcción de marcas y marketing o bien se concentraba en circulares breves de una página de legendarios directores de marketing (como Ed Lotspeich o Bob Goldstein), o bien se transmitía informal y oralmente a través de los maestros de marketing y los líderes de la compañía que habían vivido la experiencia. El mensaje implícito era que, si los brand managers jóvenes y sus ayudantes pasaban suficiente tiempo al lado de constructores de marcas curtidos, esos managers menos experimentados acabarían por dominar el *branding* y el marketing.

Así pues, la compañía inició un proyecto para codificar por primera vez el método de P&G para construir sus marcas. Deb Henretta, entonces general manager de lavandería, era la proponente ejecutiva y el equipo estaba formado por tres fantásticos expertos en marketing: Lisa Hillenbrand, Leonora Polonsky y Rad Ewing. Su labor dio como fruto el marco para la construcción de marcas BBF 1.0, por las siglas en inglés, que resumió por primera vez en un único documento el modo en que P&G afrontaba esa tarea. En 2003, el equipo actualizó el marco de referencia y propagó por la organización el BBF 2.0, sucedido por el BBF 3.0 en 2006 y por el BBF 4.0 en 2012. Cada versión supuso un avance respecto a la anterior en términos de exhaustividad, claridad y viabilidad. Ahora, con los marcos BBF aprobados, los nuevos vendedores pueden aprender su oficio más deprisa y los altos directivos disponen de un recurso organizado y en papel para coordinar sus iniciativas. El BBF y sus subsiguientes versiones pulidas actúan como un sistema de gestión que nutre y mejora la capacidad primordial de construcción de marcas de P&G.

Alentamos el diseño de sistemas para respaldar las capacidades corporativas de P&G, que se utilizaron en todos los niveles de la organización. Pero también animamos a categorías y marcas a construir sistemas de soporte para las capacidades ganadoras exclusivas de su sector. En algunos casos, estos sistemas demostraron ser decisivos. Cojamos SK-II, la línea de altísima gama de productos para el cuidado de la piel. A pesar de que, a simple vista, parecía encajar muy poco con las decisiones corporativas de dónde jugar y cómo ganar, actúa como una avanzadilla importante del sector belleza. Lo que extrae

P&G de competir en este segmento de gran lujo es tan valioso para el resto de la categoría que la compañía está dispuesta a crear capacidades y sistemas de apoyo distintivos. Como la marca genera márgenes brutos sumamente elevados, P&G se puede permitir invertir en esas capacidades exclusivas. SK-II ofrece un surtido de productos para el cuidado de la piel en la zona más exclusiva del mercado y vende en mostradores especializados de grandes almacenes. Para ganar, P&G necesita capacidades en comprensión del consumidor, en innovación de productos y empaquetado y en construcción de marcas (igual que lo necesitan todas sus marcas). Pero, con SK-II, P&G también necesita capacidades en el diseño de mostradores, en las relaciones minoristas con grandes almacenes, en la asesoría dermatológica a consumidores y en la atención en tienda. Así pues, la compañía erigió sistemas de apoyo, incluyendo asociaciones con los mejores diseñadores minoristas del mundo, buscando sistemas para asesores de belleza e impartiendo programas de formación a los dependientes. Todos estos sistemas son exclusivos de SK-II, pero son esenciales para ganar en ese negocio. Contribuyen a afianzar capacidades específicas de las marcas y se tienen que crear en combinación con sistemas genéricos de toda la compañía.

**MEDICIÓN DE LOS RESULTADOS DESEADOS**

Hay un viejo dicho en inglés que dice que aquello que se mide, se hace. Y no le falta razón. Si se quieren lograr las aspiraciones, desarrollar capacidades y crear sistemas de gestión, se debe medir el progreso. La medición aporta orientación y *feedback*. La orientación se obtiene de saber que se analizarán los resultados y se tomará nota del éxito o del fracaso, con lo que se crea el incentivo personal de hacer las cosas bien. El *feedback* nace del hecho de que la medición permite comparar los resultados esperados con los reales y te permite ajustar las decisiones estratégicas en consecuencia.

Para que los indicadores sean efectivos, es crucial señalar de antemano cuáles son los resultados esperados. Hay que ser explícitos: «La aspiración, el dónde jugar, el cómo ganar, las capacidades y los sistemas de gestión siguientes deberían generar estos resultados concretos». Convendría anotar los resultados esperados por escrito y por anticipado. Es primordial ser específicos. En lugar de decir «aumento de la cuota de mercado» o «liderazgo del mercado», cuantifica qué cota sería un buen resultado (y, por tanto, qué sería un fracaso). Sin definir estos indicadores, puedes caer presa de la tendencia humana de razonar cualquier resultado como aquel que más o menos esperabas. Dentro de una organización, cada unidad de negocio o función debería disponer de indicadores específicos sobre el contexto organizativo y las decisiones propias. Para impedir que el equipo se concentre en un solo parámetro de éxito, estos indicadores deberían abarcar aspectos financieros, internos y relativos a consumidores.

En cuanto a los indicadores corporativos, habíamos identificado objetivos económicos claros: era una prioridad calcular los ingresos y la rentabilidad. Queríamos recompensar el rendimiento económico simple, claro y fuerte. No obstante, considerábamos que había que cambiar la metodología para crear valor y comparar P&G con los competidores. El sistema de compensaciones había condicionado las primas para altos ejecutivos a la RTA del mercado, al aumento del precio por acción más los dividendos (como si se reinvirtieran en capital social) durante un periodo de tres años. Con ese sistema, la RTA se equiparaba a un grupo de empresas afines; si P&G se encontraba en el tercio superior del grupo, los ejecutivos recibían primas.

El sistema no nos convencía. No nos gustaba que el precio por acción fuera el único indicador de los resultados financieros; era un instrumento demasiado rudimentario para reflejar el rendimiento real de la compañía. El precio por acción es una manifestación de las expectativas del inversor, algo que elude bastante al control de P&G. Si se tiene un buen año, las expectativas tienden a dispararse hasta niveles irreales, que no se pueden superar ni siquiera obteniendo unos resultados fantásticos similares. Así, las acciones se resentirán aunque la compañía mejore los resultados del año anterior. Por esta razón, un gran año en términos de RTA va seguido de uno malo, incluso si los resultados corporativos mejoran en términos reales. Por tanto, usar este indicador como base de la compensación no tenía mucho sentido.

Lo que hizo P&G fue cambiar la RTA bursátil por una RTA operativa. La RTA operativa es un factor que amalgama tres indicadores reales del rendimiento operativo: el crecimiento de las ventas, la mejora en el margen de beneficios y el aumento en la eficiencia de capital. Este indicador refleja con más precisión los auténticos resultados de P&G en los parámetros operativos elementales y, además, mide cosas en las que los directores de unidades de negocio y general managers pueden dejar su impronta, a diferencia de lo que pasa con el guarismo de la RTA bursátil. El parámetro de la RTA operativa abarca el crecimiento de los ingresos, el aumento de los márgenes y la productividad económica, independientemente del tipo de activos que se gestionen; tanto si tienes bienes tangibles —por ejemplo, maquinaria para convertir toallitas y papel— como inventario —por ejemplo, cosméticos y productos de perfumería—. En otras palabras, el indicador se podía aplicar de manera uniforme y práctica a todos los negocios de P&G. Y no está completamente desligada del desempeño de las acciones, antes bien hay una gran correlación entre la RTA operativa y la bursátil a medio y largo plazo. Pero, a diferencia del precio por acción, los parámetros de la RTA operativa sí reciben la influencia real de los managers de P&G a corto y medio plazo.

El uso de la RTA operativa también permitió a P&G cotejarse con los competidores de forma fehaciente; de hecho, se podía calcular la RTA operativa de las empresas de la competencia usando información pública. Cuando el rendimiento de P&G empeoraba, se volvía un incentivo para mejorar el rendimiento de una o varias variables de la RTA operativa. La RTA operativa también inhibió algunos de los tejemanejes de otros sistemas que permiten a las empresas elegir sus propios parámetros de rendimiento. Al tener un solo indicador para medir la creación de valor a nivel de toda la compañía y de cada unidad de negocio (y al usar ese mismo indicador en todos los negocios a lo largo del tiempo), se obtenían resultados más equilibrados, uniformes y fiables.

Podemos —y deberíamos— desarrollar indicadores en todos los ámbitos de la organización. Nosotros pedimos a los líderes de P&G que pensaran en tipos de indicadores que pudieran impulsar de verdad el pensamiento estratégico en sus negocios. Algunos eran sumamente específicos de ciertos sectores y solo se implementaban en unos pocos negocios, pero otros fueron creados o aplicados en un negocio determinado y se extendieron por la organización. Algunas de las mejores ideas respecto a indicadores transversales consistieron en entender las preferencias de los consumidores, como el trabajo de Henretta con el cuidado para bebés.

Como muchos negocios de P&G, el de los pañales había perdido un poco de perspectiva y solo se fijaba en las prestaciones técnicas del producto. Henretta recuerda: «Básicamente, hacíamos test para saber cuánto líquido podía absorber un pañal. Era el test que demostraba la superioridad del producto y, con el tiempo, lo equiparamos a la superioridad de la marca. El mejor pañal era el producto más absorbente. Poco a poco, todos nuestros parámetros evolucionaron para medir la absorción. Así es como definíamos el éxito o el fracaso. Si teníamos un pañal mejor, un pañal más absorbente y técnicamente superior, tendríamos, por extensión, el mejor producto para los consumidores»[6].

Pero, ¿los consumidores veían del mismo modo los pañales? Henretta albergaba ciertas dudas: «A medida que los pañales se hicieron más sofisticados, las mamás empezaron a ampliar sus expectativas. Ya no bastaba con destacar técnicamente» en una de las facetas principales del producto. De hecho, la mayoría de los pañales del mercado ofrecían prestaciones similares en términos de absorción. Y aunque los test solían demostrar que sus productos tenían una mayor capacidad de absorción, Pampers no estaba ganando peso en el mercado.

Henretta quería explorar los otros indicadores que pudieran influir en la preferencia de los consumidores, en la compra y, con el tiempo, en la fidelidad. «Creamos un indicador que analizara holísticamente todos los componentes que conformaban la preferencia de un producto o una marca. Nuestro indicador de la intención de compra ponderada (WPI, por las siglas en inglés) examinaba una serie de facetas del producto, incluyendo conceptos como el atractivo estético, el diseño, el tacto del pañal, su aspecto y, además, las prestaciones técnicas; también valoraba la proposición de marca que se ofrecía al consumidor y el precio del producto». El objetivo de la WPI era elaborar un retrato completo, la proposición entera tal como se presentaba a los consumidores. Pretendía entender todos los componentes de la ecuación de valor para el consumidor: lo que generaba la preferencia del consumidor y las percepciones generales del valor del producto y de la marca.

Respecto al parámetro de la WPI, Henretta dice esto: «Empezó a mostrarnos dónde teníamos carencias. Aunque ofrecíamos mejores prestaciones técnicas, descubrimos que teníamos una desventaja en la WPI. Teniendo en cuenta todo lo que valoraba una mamá en una marca de cuidado para bebés, lisa y llanamente no estábamos ofreciendo suficiente en los demás aspectos, como el tacto del pañal, su aspecto o su diseño». Los datos dieron a Henretta el arsenal que necesitaba para impulsar un cambio en el negocio: «Fue un factor importante para el cambio, porque pudimos demostrar a la organización —e incluso a mi equipo de liderazgo— que no estábamos trabajando tan bien como creíamos con los pañales. Tenían la sensación de que poseíamos el que era, de lejos, el mejor pañal. No estaban teniendo en consideración todos los demás factores que la consumidora valoraba cuando decidía qué marca comprar. La consumidora llegaba a una ecuación de valor muy diferente de la que demostraban nuestros test técnicos internos». Según la WPI, había factores, como el aspecto del bebé con los pañales y la facilidad para ponérselos, que eran mucho más importantes de lo que los técnicos creían. Henretta señala que: «Demostramos mercado a mercado que, con este parámetro de la WPI, lográbamos explicar la dinámica del mercado. La marca que ganaba en WPI era la que crecía más deprisa y, a menudo, la líder».

Los análisis en WPI gestaron la transformación del negocio de cuidado para bebés y el indicador se expandió enseguida por todo P&G. La WPI fue solo uno de los numerosos parámetros que ayudaron a la compañía a ganar. P&G cogió los mejores indicadores que existían, los adoptó y los adaptó para perfeccionarlos, como hizo al usar un NPS (Net Promoter Score) modificado para medir el sentimiento y la fidelidad de los consumidores[7]. La compañía también desarrolló metodologías de test únicas y de dominio exclusivo. Unidos, estos indicadores fueron factores trascendentales para el éxito estratégico de P&G.

## CAMBIO DE VELOCIDADES

Siempre necesitamos sistemas para formular, pulir y comunicar claramente a toda la compañía los ejes de la cascada de decisiones estratégicas. Hacen falta sistemas para respaldar las capacidades esenciales e invertir en ellas. Se necesitan sistemas para medir la consecución de objetivos. Estos sistemas de gestión son una pieza clave del puzle estratégico. Las decisiones de dónde jugar y cómo ganar representan el núcleo de la estrategia; no obstante, no aportarán una ventaja sostenible sin las capacidades esenciales asociadas que generan ventaja competitiva y sin los sistemas de gestión que concuerdan con esas decisiones.

Crear sistemas de gestión exige tiempo, dinero y atención. No hay ningún conjunto de sistemas universal; hay que amoldarlos al contexto y las capacidades individuales. Hasta que no se ha instaurado un conjunto de sistemas e indicadores, la cascada de decisiones estratégicas estará incompleta y tu labor estratégica no habrá concluido (¡como si acabara jamás!).

Las cinco decisiones de la cascada condensan y definen la estrategia de una organización (o de una categoría o una marca). Ahora que nos hemos adentrado en cada decisión para explicar de qué está compuesta y os hemos dado ejemplos para ilustrarlo, daremos un paso atrás para fijarnos en un aspecto más amplio: cómo tomar las decisiones estratégicas clave sobre el terreno. ¿Qué necesitas valorar para tomar decisiones con conocimiento de causa? ¿En qué deberías pensar y cuándo? ¿Cómo ponderas opciones rivales y opuestas para llegar a una única decisión inteligente? ¿Y cómo se toman estas decisiones en un grupo? Estas son cuestiones vitales que valorar cuando introduces esta perspectiva estratégica en tu organización. Lo debatiremos en los dos próximos capítulos.

## SISTEMAS DE GESTIÓN E INDICADORES: QUÉ HACER Y QUÉ NO

- ✓ No te detengas en las capacidades; pregúntate qué sistemas de gestión son necesarios para fomentarlas.
- ✓ Prolonga los debates estratégicos durante el año, forjando un ritmo interno que mantenga los ojos puestos en las decisiones relevantes.
- ✓ Cuando comuniques decisiones estratégicas clave a la organización, sé claro y simple. Para llegar a la esencia, no compliques las cosas en exceso.
- ✓ Construye sistemas e indicadores para respaldar tanto las capacidades de la compañía general como las capacidades de los negocios específicos.
- ✓ Define indicadores que te indiquen a corto y a largo plazo qué resultados estás obteniendo en relación con tus decisiones estratégicas.

## LA COMUNICACIÓN CON LA ORGANIZACIÓN
### A. G. LAFLEY

Una de las mayores lecciones que aprendí durante mis años en P&G fue el poder de la simplicidad y la claridad. Descubrí que las estrategias más claras y simples tienen más opciones de ganar porque la organización las puede entender e internalizar mejor. Las estrategias que se pueden explicar en unas pocas palabras tienen más fuerza y capacidad motivadora; hacen que tomar decisiones *a posteriori* y actuar sea más fácil. Fue una lección que aprendí en Asia, donde trabajé ocho años: tres durante los setenta y cinco durante los noventa. Entonces, el inglés solía ser la segunda lengua de los empleados asiáticos. Por tanto, cuanto más simple y claro fuera mi lenguaje, más fácil sería hacerme entender. Cuanto mejor se entendían las decisiones, más probable era que se tradujeran en hechos.

Como director general, apliqué esas lecciones a la dirección estratégica general de P&G. Intentaba comunicar mis decisiones y mi intención en los términos más simples y convincentes que podía. Para empezar, reafirmé el propósito, los valores y los principios de la compañía: prestar servicios a los consumidores del mundo y mejorar su día a día con las marcas y los productos de P&G. Hablaba sin tapujos y a menudo sobre la integridad y la confianza, catalogándolas como la base de la relación comercial con consumidores, clientes, socios, proveedores y entre unos con otros. Exponía que todos los miembros de la compañía eran propietarios de la misma y líderes de sus respectivos negocios. Y hablaba del espíritu de P&G, de su pasión por ganar con los que más importan —los consumidores— y contra nuestros mayores competidores.

Colocaba explícitamente al consumidor en el centro neurálgico de todo, anteponiéndolo a todas las demás partes: clientes, accionistas y empleados. Empecé con él porque el propósito de un negocio es crear consumidores y satisfacerlos mejor que nadie. Si no hay consumidores, no hay actividad. Decía que P&G tenía que ganar la ecuación de valor para el consumidor y los dos primeros momentos de la verdad.

Hablaba de los clientes minoristas y de los proveedores como socios para atender mejor a los consumidores. Hablaba de los empleados como los activos principales de la compañía. Afirmaba que, si P&G prestaba mejores servicios a los consumidores, si innovaba con sus marcas y productos, sus modelos de negocio y sistemas de trabajo, y si colaborábamos de forma más productiva, la compañía crecería, prosperaría y seguiría siendo un lugar ideal para trabajar. Por último, definía nuestro precio por acción como un reflejo de nuestra habilidad para atender a los consumidores de manera más rentable y efectiva.

Realmente me esforcé mucho por simplificar las cosas y por que se entendieran las decisiones. No me cabe ninguna duda de que la claridad es un elemento crucial. Las decisiones claras, simples y traducibles fueron elementales para que 135.000 empleados de noventa países trabajaran en pos de la excelencia cada día.

# 7

## Piensa estratégicamente

Hasta ahora, hemos articulado las cinco preguntas en la cascada de decisiones estratégicas (cuál es tu aspiración a ganar, dónde jugarás, cómo ganarás, qué capacidades usarás y qué sistemas de gestión utilizarás) y hemos expuesto que se tienen que responder, coordinar e integrar las cinco para confeccionar una estrategia potente y una ventaja competitiva duradera. ¿Pero cómo y por dónde empezamos? ¿Y cómo generas y eliges las posibilidades en cada fase? Cada compañía tiene muchas opciones estratégicas donde elegir, una cantidad de datos casi infinita por procesar y un amplio abanico de herramientas estratégicas que se podrían emplear para resolver el problema. Puede ser abrumador, incluso paralizante. Lo malo es que no hay ningún algoritmo simple para elegir. Lo bueno es que hay un marco de referencia que te señala por dónde empezar.

Para esbozar tu cascada de decisiones estratégicas, el lugar obvio por el que empezar es el tejado. Hemos argumentado que es esencial definir una aspiración ganadora de antemano y es lógico empezar a pensar en la estrategia definiendo el propósito de tu empresa; sin haber definido inicialmente lo que significa ganar, es difícil calcular el valor de cualquier decisión subsiguiente. Necesitas una aspiración ganadora con la que puedas comparar las diferentes opciones. Pero recuerda que la estrategia es un proceso repetitivo y que más adelante tendrás que volver a pulir tu aspiración ganadora, a medida que tomes decisiones. Por tanto, en lugar de demorarte en lograr la definición perfecta de qué es ganar, esboza un prototipo teniendo en cuenta que tendrás que retocarlo más tarde, con el resto de la cascada en mente. Luego piensa que la auténtica labor de la estrategia empieza por el dónde jugar y el cómo ganar: el núcleo vital de la estrategia. Estas son las decisiones que pueden definir de verdad qué harás para generar ventaja competitiva, y dónde.

Para definir dónde jugar y cómo ganar, deberás entender y tener en cuenta tu contexto. Para ello, tienes montones de recursos a tu disposición: desde análisis simples como el DAFO (debilidades, amenazas, fortalezas y oportunidades) hasta herramientas especializadas como la matriz de crecimiento del Boston Consulting Group y la matriz de las nueve celdas de General Electric-McKinsey, pasando por los minuciosos marcos basados en teorías estratégicas concretas (el modelo VRIO, que calcula en qué medida posee la organización capacidades valiosas, raras, inimitables y organizadas, y que surgió de la inclinación de la empresa a pensar en los recursos). Cada uno de estos mecanismos, marcos de referencia y filosofías tiene sus utilidades concretas, pero ninguno abarca todo el panorama estratégico. Por sí solo, ninguno te ayudará a decidir dónde jugar y cómo ganar. Juntos, conforman un amasijo potencialmente abrumador y descentrado de datos y análisis. En vez de escoger entre estas herramientas, las compañías tienen que desarrollar un método mejor enfocado que se pueda aplicar para tomar decisiones de dónde jugar y cómo ganar en distintos contextos.

En suma, hay cuatro factores que debes sopesar al elegir dónde jugar y cómo ganar:

1. *El sector.* ¿Cuál es la estructura de tu sector y el atractivo de sus segmentos?
2. *Los clientes.* ¿Qué valoran tus clientes puente y tus clientes finales?
3. *La posición relativa.* ¿Cómo le va a tu compañía y cómo le podría ir en relación con la competencia?
4. *La competencia.* ¿Qué hará tu competencia como respuesta a tu plan de acción?

Estos cuatro aspectos se pueden entender mediante un marco de referencia que llamamos «flujo lógico de la estrategia», que formula siete preguntas en los cuatro campos (cuadro 7.1). El flujo lógico de la estrategia te insta a analizar a fondo la realidad actual de tu compañía, el contexto, los desafíos y las oportunidades. Además, genera múltiples opciones respecto a dónde jugar y cómo ganar.

Cuadro 7.1
**El flujo lógico de la estrategia**

El flujo va de izquierda a derecha y funciona como un mecanismo marco y un orden aproximado de las operaciones; aunque, como con casi todo lo que guarda relación con la estrategia, hay que retroceder y avanzar mucho entre las opciones. La lógica discurre del sector a los clientes, a la posición relativa y a la reacción de la competencia. Es al considerar todas estas variantes juntas que emergen las opciones estratégicas, pero las diferentes facetas revestirán más o menos importancia en función del contexto.

## ANÁLISIS DEL SECTOR

El primer componente del flujo lógico de la estrategia es el análisis sectorial. Para determinar dónde jugar, tienes que evaluar la situación del sector. Debes preguntarte cuáles podrían ser los segmentos distintivos del mismo (por territorio, por preferencia de los consumidores, por canal de distribución, etc.). ¿Qué esquema de segmentación tiene más sentido para ese sector en la actualidad y cuál podría tenerlo en el futuro? ¿Y cuál es el atractivo relativo de esos segmentos ahora y cuál será en el futuro?

### Segmentación

Los segmentos son subcategorías distintivas de un sector general. Se configuran alrededor del territorio, del producto o tipo de servicio, del canal, de las necesidades del cliente o del consumidor, etc. Clasificar los segmentos de un sector casi nunca es fácil; exige esfuerzo, reflexión y, a menudo, estar dispuesto a explorar más allá de los segmentos actuales u obvios hasta encontrar otros que ahora no existen. En muchos casos, los mapas sectoriales aceptados y tradicionales son imperfectos. A semejanza de los antiguos mapas, que reflejaban un mundo plano del que podías precipitarte si rebasabas uno de los bordes, los mapas sectoriales tienen limitaciones; solo explorando sus límites puedes ver las cosas de otra manera.

A modo ilustrativo, durante muchos años el equipo de higiene bucal de P&G concibió el sector en términos de productos (cepillos, dentífricos y enjuagues) y de beneficios para el consumidor (un segmento enorme dedicado a prevenir la caries y segmentos pequeños dedicados al aspecto y a la sensibilidad de los dientes). Crest encajaba de pleno en el enorme y atractivo segmento de la prevención de la caries y estaba arrasando en Estados Unidos; fue la marca número uno del sector durante más de treinta años gracias a su conceptualización de la estructura sectorial. Sin embargo, en los noventa empezó a cambiar la estructura. La prevención de las caries se convirtió en un beneficio genérico patrimonio de todas las marcas de dentífricos. Así pues, los otros beneficios iban a ir cobrando cada vez más importancia. Dándose cuenta de ello, Colgate-Palmolive inventó un nuevo segmento —basado en una necesidad más amplia de los consumidores: tener una «boca sana»— lanzando Colgate Total (que combatía la caries, pero también atacaba el sarro, la placa, el mal aliento y la gingivitis). Colgate Total llegó al mercado en 1997 y, en un año, se apoderó de la cuota líder del mercado de dentífricos. Era una táctica que P&G había empleado muchas veces a lo largo de los años, inventando segmentos completamente nuevos con productos como los pañales desechables y el champú anticaspa. Aun así, Colgate Total cogió a Crest desprevenida.

Crest había seguido fiel a un mapa sectorial sumamente exitoso en su día, pero se vio superada por un rival insurrecto y se estaba yendo a pique. Por tanto, el equipo de higiene bucal, liderado por el manager norteamericano para la categoría Mike Kehoe, se replanteó por completo la estructura del sector. El equipo empezó a ampliar horizontes y a ver el sector como un régimen completo para la boca y la dentadura, en vez de como un conjunto de productos específicos para una labor concreta. P&G sacó Crest Whitestrips, SpinBrush Pro, enjuagues bucales e hilo dental, con lo que expandió el nombre de Crest de los dentífricos a la higiene bucal. P&G comenzó a abordar las necesidades de los consumidores de manera más integral para entrar en varios segmentos nuevos, fijándose como objetivo aquellas personas más preocupadas por la salud, pero también aquellas que buscaban el blanqueamiento e incluso diferentes sabores en los productos. La compañía introdujo Crest Pro-Health, Crest Vivid White y un conjunto de ofertas sensoriales Crest Expressions, con sabores como canela y vainilla. Tardó una década, pero Crest consiguió reconducir el negocio de los dentífricos a la higiene bucal. Logró entender las preferencias del consumidor y las necesidades insatisfechas, ampliando la línea de productos para responder a su comprensión mejorada de los segmentos sectoriales.

## Atractivo

Una vez hayas concretado los segmentos viejos y los nuevos, debes comprender el atractivo estructural de todos ellos. Si el resto de variables fueran iguales, una empresa preferiría jugar en segmentos con un mayor potencial de beneficios, dadas sus características estructurales.

Cuadro 7.2
**Las cinco fuerzas de Porter**

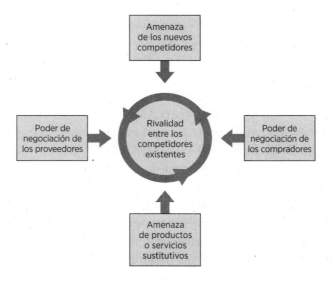

Fuente: Reproducido con permiso de *Ser competitivo*, de Michael E. Porter, Harvard Business School Press, 2008.

Para comprender el atractivo estructural, podemos recurrir al análisis fundamental de Mike Porter sobre las cinco fuerzas y preguntar sobre el poder de negociación de los proveedores, el poder de negociación de los compradores, el grado de rivalidad, la amenaza de nuevos competidores y la amenaza de los sustitutivos (cuadro 7.2). El marco de referencia de Porter resulta de gran ayuda a la hora de entender el potencial de beneficios que ofrecen mercados y segmentos.

Las cinco fuerzas se pueden dividir en dos ejes. El eje vertical —la amenaza de los nuevos competidores y de los productos sustitutivos— determina cuánto valor genera el sector (y, por tanto, cuánto valor se puede repartir entre los miembros del mismo). Si los nuevos jugadores lo tienen muy difícil para entrar y los compradores no pueden recurrir a sustitutos para el producto o los servicios, el sector generará un alto valor. Por eso el sector farmacéutico fue tan rentable durante los ochenta y los noventa; hacía falta un capital y una experiencia enormes para entrar en el negocio y los compradores tenían pocas alternativas aparte de pagar los productos, pues no había sustitutos. Comparémoslo con el sector de las aerolíneas, donde siempre que repuntaba la rentabilidad entraban un puñado de competidores nuevos, o con el del acero, donde todo puede ser un sustituto: desde el plástico al aluminio, pasando por la cerámica o el titanio.

El eje horizontal determina qué entidad capitalizará el valor del sector: los proveedores, los fabricantes o los compradores. Si los primeros son más grandes y poderosos que los fabricantes, se apoderarán de un mayor valor (piensa en Microsoft e Intel en el negocio de los PC). En cambio, si los compradores son grandes y poderosos, se llevarán una porción mayor del valor (piensa en Walmart frente a los numerosos fabricantes pequeños que llenan sus estantes de productos). La medida en que haya una rivalidad feroz también afecta a qué grupo se hace con el valor. Si hay una gran rivalidad entre los competidores, la dinámica favorecerá que los proveedores o compradores se apropien del valor. Si hay poca rivalidad, la rentabilidad de los productores queda protegida.

Cuando P&G elaboraba su estrategia, uno de los factores decisivos era el análisis del atractivo que ofrecía cada segmento. Para Bounty, la segmentación geográfica —unida a una comprensión de las preferencias del consumidor— demostró que el negocio del papel absorbente solo ofrecía un atractivo estructural en Norteamérica, debido al gigantesco exceso de capacidad y a la poca predisposición a pagar en el resto del mundo. El sector vivía una gran rivalidad, el comprador tenía un poder inmenso y había un montón de sustitutos. A la hora de evaluar el atractivo del segmento para Crest, P&G se dio cuenta de que el segmento de la salud no solo era el más grande, sino también el más atractivo desde un ángulo estructural. Las supuestas propiedades curativas se tienen que sustentar con ensayos clínicos y son pocas las compañías —de hecho, solo P&G y Colgate-Palmolive— que tienen los recursos y la experiencia para participar en ese juego periódicamente. Este tipo de análisis —procesar los datos del tamaño y el atractivo de los diferentes segmentos— es crucial para determinar el rango de decisiones de dónde jugar atractivas.

En general, P&G trató de ponderar el grueso de su cartera hacia negocios estructuralmente más atractivos, buscando aquellos en que los proveedores tenían poca fuerza para incrementar los costes de los factores de producción. En la belleza, por ejemplo, los factores de producción adquiridos tenían un valor relativamente reducido, con lo que el sector era más atractivo para P&G.

Los sectores con menos rivales y con competidores que tratan de ofrecer productos únicos en varias partes del mercado son más atractivos que aquellos en que un grupo de competidores rivaliza aguerridamente, buscando los mismos consumidores y del mismo modo. P&G favoreció la belleza y el cuidado personal (incluyendo el cuidado femenino) porque eran sectores con costes de capital bajos en los que rivales altamente fragmentados intentaban diferenciar sus productos de maneras singulares. En el cuidado familiar, en cambio, las máquinas que fabrican pañuelos y papel absorbente exigen cientos de millones en costes de capital y solo son rentables cuando operan prácticamente a pleno pulmón. Por tanto, para que sus máquinas sigan funcionando a plena capacidad, los integrantes del sector suelen recortar precios cuando la demanda flojea. Esto reduce el atractivo estructural.

Las cinco fuerzas de Porter ayudan a definir el atractivo fundamental de un sector concreto y de sus segmentos individuales. Descifrando el atractivo estructural, los managers pueden determinar cómo invertir en varios segmentos dentro de su negocio. Por ejemplo, el negocio de la alta perfumería pudo evitar al principio la competencia intensa que empapaba las fragancias femeninas porque entró con Hugo Boss en el segmento de perfumes para hombres, estructuralmente más atractivo. Era más atractivo porque, aunque representaba una porción más pequeña del mercado, los mayores competidores lo ignoraban, priorizando las colonias de lujo para mujeres. Una vez el negocio encontró cobijo en los perfumes para hombres, pudo aprovechar las fortalezas de P&G para embellecer el segmento de fragancias para mujeres.

El análisis sectorial también permite a una compañía mudar su cartera y pertrecharla de negocios estructuralmente más atractivos, alejándose de los que no lo son tanto. El análisis del segmento de limpiadores de superficies duras, por ejemplo, reflejó que estaba perdiendo atractivo y provocó que el equipo se deshiciera de Spic and Span y de Comet, asignando recursos a la creación de nuevos segmentos con Febreze (un eliminador de olores en tejidos) y Swiffer (un limpiador rápido de suelos). Ambos eran mucho más atractivos estructuralmente que el segmento tradicional de limpiadores de superficies duras y acercaban más el objetivo de crear una ventaja competitiva.

### ANÁLISIS DEL VALOR PARA EL CLIENTE

Con un mapa del campo de juego y un análisis del atractivo estructural de los segmentos específicos, el estratega puede avanzar a la segunda categoría principal de este marco de referencia: el análisis del valor para el cliente. Tanto si una firma quiere ser líder en costes como si quiere diferenciarse del resto, debe entender exactamente qué valoran los clientes (los suyos y los de la competencia). Esto implica entender necesidades subyacentes, como lo fue reconocer, con Gain, que un grupo considerable de consumidores apreciaba muchísimo la experiencia sensorial de hacer la colada y valoraba el aroma que desprendía el detergente en la caja, en la ropa y en el armario o cajón. No fue hasta que se entendió esta necesidad que se pudo posicionar y diferenciar Gain en este aspecto.

El diagrama de flujo lógico separa los clientes en dos niveles, lo cual puede ser el caso o no en una empresa determinada. En muchos negocios, como con P&G, hay un canal de distribución entre el consumidor final y la compañía. Las personas no compran Gain directamente a P&G; los minoristas lo compran a la empresa y luego se lo venden a los consumidores finales. Entonces, como P&G necesita que los minoristas tengan existencias de Gain, tiene que ofrecerles una proposición de valor convincente o el consumidor final no verá nunca el producto. Siempre que hay un canal intermediario entre la empresa y el consumidor final, se debe comprender a este cliente puente y lo que valora. Cuando no hay ningún cliente o canal intermediario (como la banca minorista, por ejemplo, que ofrece servicios directamente a sus consumidores), una empresa D2C (directa al consumidor) o exclusivamente B2B (negocio a negocio) puede eliminar del diagrama la celda del canal.

En el análisis del valor para el cliente, la compañía calcula qué quieren y necesitan realmente sus clientes puente y consumidores finales, qué valor extraen de los productos y servicios de la empresa en comparación con los costes en que incurren por adquirirlos y usarlos. Para P&G, esto significa considerar tanto sus clientes minoristas (como Walmart, Kroger y Walgreens) como los consumidores que terminan comprando y usando los productos. Estos dos grupos tienen beneficios y costes diferentes y, en ocasiones, opuestos. Es esencial entender los dos tipos de clientes para razonar y modelar toda la ecuación de valor. Una vez comprendida la ecuación de valor, las opciones de dónde jugar y cómo ganar empezarán a salir de forma natural.

## Clientes puente

Para los clientes puente, el margen de beneficios, la habilidad para generar tráfico, las condiciones comerciales y la uniformidad en las entregas suelen ser elementos constitutivos de la ecuación de valor, junto con otras muchas variables que dependen de la naturaleza del negocio. Cuando entiendes la ecuación de valor para el cliente puente, puedes dilucidar en qué negocios deberías participar y cómo puedes ganar en ellos.

Entender la ecuación de valor para el cliente puente fue especialmente útil para el reposicionamiento de P&G en la higiene bucal. Hubo un tiempo en que, exceptuando los dentífricos, los productos de higiene bucal de P&G no atraían mucho a los minoristas. Los cepillos eran económicos y los enjuagues e hilos dentales eran del montón; además, se vendían menos que las pastas de dientes y con un margen menor. Por tanto, los minoristas eran bastante ambivalentes respecto a ellos. Los artículos de más alta gama, como los cepillos eléctricos, gozaban de márgenes atractivos, pero su volumen era simbólico e iban cogiendo polvo en las estanterías durante largo tiempo sin que los minoristas materializaran ese elevado margen. Los minoristas querían productos que engordaran el volumen total de cada cesta con artículos de higiene bucal; en otras palabras, un equilibrio entre beneficios y volumen gracias a una mayor acogida de la categoría en general. La respuesta se encontró en la innovación: se diferenció el hilo dental mediante la tecnología del teflón (que permitía deslizar el hilo cómodamente entre los dientes sin que se desgarrara), cosa que disparó los márgenes; y se introdujeron productos que expandían la categoría, como el Crest SpinBrush (un cepillo eléctrico asequible que recaudaba más que los cepillos manuales) y Crest Whitestrips (una proposición totalmente nueva para blanquear los dientes en casa), que añadieron un gasto totalmente nuevo.

La dinámica del valor para el cliente puente también fue esencial en la decisión de Olay de permanecer en la venta de masas, en vez de ascender a los grandes almacenes. En los grandes almacenes y las tiendas especializadas, el fabricante embute su propia minitienda de belleza dentro de una tienda más grande. Esta estructura aumenta considerablemente el grado de complejidad y dispara los costes, puesto que los numerosos competidores en cosmética y cuidado de la piel elevan la majestuosidad de su espacio y el nivel de su plantilla. El equipo decidió que era mejor sacar provecho de sus relaciones con los minoristas, colaborando con ellos para crear un nuevo valor posicionando Olay en el sector *masstige* con sobreprecio. En consecuencia, los clientes de masas aumentaron su gasto y se atrajo a clientes de lujo de los grandes almacenes y las tiendas especializadas. Esta estrategia ensanchó el volumen, las ganancias y los márgenes de los minoristas de masas.

Hay que esmerarse mucho por entender el valor para el cliente. Ya no es suficiente con el método tradicional de consultar a los vendedores de vez en cuando para ver lo que están pensando y haciendo los minoristas. Se necesita un grado mucho más elevado de sofisticación y de compromiso real. Hace casi veinte años, P&G empezó a incorporar personal de marketing, de producción, de logística, de finanzas, de informática y de recursos humanos a los equipos de clientes en CBD (el departamento de ventas de P&G). Estos equipos se acercaron a los clientes más grandes de P&G, como Walmart, Target y Tesco. El hincapié que se hizo en los clientes esenciales —los que representaban una cuota aplastante de las ventas y ganancias de P&G— ayudó a redefinir el papel de estos equipos multifuncionales de clientes. Su misión era entenderlos tan bien que se pudiera colaborar para desarrollar objetivos empresariales mutuos, estrategias de creación conjunta de valor y planes de acción compartida para ganar. El equipo formado por el cliente y P&G siempre ponía el punto de mira en el cómo: tanto si estaba investigando cómo eliminar costes de la cadena de suministro como si estaba investigando cómo prestar mejores servicios a los compradores de un cliente para impulsar el tráfico y las ventas. Este enfoque compartido ha resultado en la creación conjunta de valor y ha dado pie a beneficios estratégicos tanto para el cliente como para P&G.

## Consumidores finales

Entender a los consumidores finales tiene su miga, porque no puedes limitarte a preguntar qué quieren, qué necesitan y qué valoran. Recuerda el famoso chiste de Henry Ford: si en los albores de la industria automovilística Ford hubiera preguntado a los consumidores qué querían, le habrían pedido un caballo más rápido. Para comprender la ecuación de valor para los consumidores, debes ponerte en su piel, tratar con ellos más allá de las encuestas cuantitativas y buscar formas de investigación más profundas y personales; verles comprar, escuchar sus anécdotas, visitarles en su casa para observar cómo usan y valoran tus productos. Solo descifrando así al usuario puedes aspirar a sacar impresiones acerca de dónde jugar y cómo ganar.

También fue este el caso de los pañales para bebés. Fijando toda su atención en la tecnología (para que el pañal fuera cada vez más absorbente), la categoría había perdido el contacto con las mamás. Cuando volvió a conectar con ellas, el equipo de pañales descubrió que, aunque la absorción era importante, también lo eran otras cosas: que el tacto fuera suave y recordara a la tela, que las lengüetas fueran fáciles de usar, que el talle fuera ceñido pero cómodo y que el diseño fuera gracioso. Al parecer, las madres valoraban los diseños con personajes conocidos, como la pandilla de Barrio Sésamo, más que los ositos animados que P&G había estado usando sin arte ni gracia. Cuando entendió mejor a las madres, el negocio también pudo cambiar el «calibrado» de los pañales: pasó de clasificarlos según el peso (por ejemplo, para bebés de siete a nueve quilos) a hacerlo según la fase de crecimiento (como Swaddlers y Cruisers), que era el modo cómo pensaba la madre en su bebé.

Para comprender mejor al consumidor final, P&G dedicó buena parte de la década de los dos mil a reorganizar el Departamento de Investigación del Mercado, que históricamente había favorecido una investigación del consumidor muy cuantitativa (para elegir entre opciones de productos, empaquetados y marketing y para prever el volumen para los lanzamientos e iniciativas de productos), para crear el Conocimiento del Consumidor y del Mercado (CMK, por las siglas en inglés). El CMK era un grupo capaz de usar métodos de investigación tanto cuantitativos como cualitativos, además de tecnologías punteras en modelo de decisiones —como el modelo basado en agente—, para crear un retrato sólido de los mercados, segmentos y consumidores. Parte del progreso del CMK en comprensión del consumidor vino de las aportaciones del mundo del diseño. En ese campo, el estudio etnográfico de lo que los consumidores hacen realmente —en vez de lo que dicen que hacen— es un paso importante para llegar a un entendimiento profundo y holístico de los usuarios. En parte gracias a la iniciativa de diseño de la primera subdirectora de P&G en estrategia de diseño e innovación, Claudia Kotchka, la investigación etnográfica se convirtió en una parte esencial de la caja de herramientas para entender al consumidor.

Muchas veces, durante la fase de análisis del cliente hay que volver a reflexionar sobre el sector. A medida que se conoce más al cliente, el mapa sectorial puede cambiar. Sin duda, esto fue lo que sucedió cuando la higiene bucal actualizó la manera en que veía el mapa dentífrico y vio que el segmento de prevención de caries, antaño gigantesco, ya no lo era tanto. Se tenía que recalibrar (el segmento de personas preocupadas exclusivamente en prevenir la caries era diminuto) y refundir (para reflejar el segmento integral de salud bucal).

## ANÁLISIS DE LA POSICIÓN RELATIVA

Una vez entendidos el sector y los clientes, el siguiente paso es estudiar tu posición relativa a dos niveles: las capacidades y los costes.

## Capacidades

En cuanto a tus capacidades comparadas con las de los competidores, la cuestión es si dan la talla —y cómo la darían— a la hora de satisfacer las necesidades identificadas de los clientes (tanto del cliente puente como del consumidor final). En concreto, ¿podrías configurar tus capacidades de modo que la compañía pudiera satisfacer las necesidades de los clientes de una forma especialmente efectiva, concordando con una posible estrategia de diferenciación? O, al menos, ¿podrías configurar tus capacidades de modo que la compañía pudiera satisfacer las necesidades de los clientes igual que la competencia, concordando con una posible estrategia de liderazgo en costes? En otras palabras, ¿cómo podrían disponerse tus capacidades para traducirse en una ventaja competitiva medible y sostenible?

Como pasó con el resto de elementos del flujo lógico, la evaluación de las capacidades relativas demostró ser decisiva para una serie de decisiones estratégicas de P&G. Por ejemplo, empujó a la empresa a abandonar varios negocios rentables, como el farmacéutico, que requerían un conjunto de capacidades que no encajaban mucho dentro de la estructura de P&G. Los fármacos tienen que superar un proceso largo y complejo de ensayos clínicos y aprobación de la FDA (organismo de control farmacológico de Estados Unidos); en gran medida se venden directamente a médicos y farmacias, con poca o nula capacidad para influir en el consumidor final; muchos de los productos no podían prolongar su uso a largo plazo, de modo que P&G lo tenía complicado para usar las capacidades de construcción de marcas para crear un vínculo sostenible con los consumidores; y, además, las tecnologías esenciales de P&G tenían poco que ver con las necesarias para innovar en fármacos. Por tanto, la compañía abandonó el sector después de mucho debatir y examinar su conciencia.

## Costes

La otra mitad de un análisis de la posición relativa atañe al coste y a la medida en que la organización puede lograr una paridad de costes aproximada con la competencia, o costes sensiblemente inferiores. Estas son las preguntas clave que considerar en este aspecto: ¿la organización tiene una ventaja en escala, en *branding* o en desarrollo de productos para poder hacer una oferta de valor superior al mismo coste que los competidores? ¿O tiene una ventaja de escala, una ventaja en la curva de aprendizaje, un proceso único o una tecnología que le permita gozar de una posición superior en costes? Las respuestas a estas preguntas empiezan a confinar la infinidad de opciones de cómo ganar.

En P&G, los costes han sido una fuente de preocupación especialmente destacada para sectores y categorías muy sensibles a los precios, como el cuidado de la ropa, el cuidado familiar y, por descontado, los mercados emergentes, donde las rentas son mucho más bajas. Como ya hemos detallado en este libro, P&G necesitaba encontrar nuevas formas para comercializar un pañal, una cuchilla o un champú asequibles, con arreglo a las condiciones del mercado y a la capacidad adquisitiva de los consumidores. Pero el coste relativo también era un problema para Olay. Permaneciendo en el canal de masas, P&G podía tener una estructura de costes radicalmente inferior a la de sus competidores de lujo, que tenían que invertir a mansalva para adaptar las tiendas y contratar a dependientes. El ahorro en costes por mantener a Olay en el mercado de masas se pudo canalizar hacia la innovación y el marketing, a fin de crear una ventaja competitiva. Finalmente, en los GBS, los costes han sido un factor clave en la estrategia de P&G, que ha consistido en consolidar y externalizar cometidos donde fuera posible para poder reinvertir el ahorro en costes al fomento de las capacidades esenciales de toda la organización.

**ANÁLISIS COMPETITIVO**

Al reflexionar sobre las primeras seis celdas del cuadro 7.1, deberíamos generar una serie de alternativas de dónde jugar y cómo ganar. Antes siquiera de plantearte decidir entre estas posibilidades, tienes que evaluar la robustez de estos potenciales sitios para jugar y maneras para ganar, teniendo en cuenta tus estrategias competitivas actuales y la reacción prevista de los competidores. Este es el cuarto y último elemento del flujo lógico. La pregunta que hay que formularse es esta: ¿hay alguna respuesta de la competencia que pueda descalabrar o aventajar tus decisiones respecto a dónde jugar y cómo ganar?

Inevitablemente, hay que hacer ciertas cábalas; no puedes saber a ciencia cierta qué hará y qué no hará un competidor ante tus actos. Pero es importante forjarse una hipótesis concienzuda. Antes de avanzar, es mucho mejor preguntarte lo que probablemente harán tus competidores que limitarte a esperar y ver qué pasa. Solo vale la pena invertir en aquellas estrategias que aportan una ventaja sostenible (o que te ponen bastante en cabeza para crear ventajas futuras). No te interesa diseñar y construir una estrategia que un competidor pueda copiar en un abrir y cerrar de ojos, ni una que pueda resultar ineficaz ante una simple maniobra defensiva por parte de la competencia. Una estrategia que solo funciona si los competidores siguen haciendo exactamente lo mismo es una estrategia peligrosa donde las haya.

El análisis del panorama competitivo y de la posible reacción de la competencia fue particularmente decisivo con las tecnologías Impress y ForceFlex, aquellos avances en bolsas y envoltorios que acabaron siendo la base de la alianza de P&G con Glad. El equipo de cuidado familiar apenas albergaba dudas: la entrada de P&G en un espacio ya competitivo provocaría una guerra sin cuartel en la que la compañía no tenía garantizada la victoria, por más que tuviera una tecnología superior. Así pues, el equipo sabía que necesitaba encontrar otra forma para ganar. El análisis de la respuesta prevista de la competencia fue el incentivo para crear una estrategia nueva y mejor para comercializar las tecnologías.

La reacción competitiva también fue un factor crucial en la decisión de P&G de sacar un nuevo lavavajillas en Japón durante los noventa. Por aquel entonces, el mercado estaba dominado por dos colosos: Kao y Lion. Ambos vendían lavavajillas en botellas bastante grandes, porque el jabón se diluía con mucha agua. Había poca diferenciación entre los productos, aparte del nombre y el olor. Bob McDonald, director de lavandería y productos de limpieza en Asia (y poco después, director de operaciones en Japón), y su equipo vieron una oportunidad de sacar Joy al mercado usando la tecnología propia antigrasa de la exitosa marca que P&G comercializaba en Estados Unidos: Dawn. El producto se vendería con una fórmula sumamente concentrada, en una botella con un cuarto de la capacidad de la competencia.

Joy parecía encajar bien con los valores del consumidor (la tecnología antigrasa mejorada respondía a una necesidad genuina) y el equipo creía que los minoristas estarían entusiasmados por poder vender más botellas ocupando menos espacio de la estantería y percibiendo un suculento sobreprecio. ¿Pero cómo reaccionarían los atrincherados y potentes competidores? El equipo pronosticó las posibles reacciones y concluyó que si continuaban con su actual formato diluido, Joy podía ganar con holgura. Si los competidores decidían sacar una versión concentrada, pero también mantenían el producto diluido, Joy ganaría igualmente, dado que la competencia incurriría en costes considerablemente más elevados y sufriría por la duplicidad de frentes. El único peligro real era que los competidores abandonaran sus versiones diluidas y apostaran el todo por el todo a los nuevos detergentes concentrados. Si lo hacían, Joy tendría pocas posibilidades blandiendo un producto similar contra competidores locales consolidados.

El equipo tenía que imaginar la hoja de ruta más probable de los competidores. Kao y Lion eran empresas enormes y tradicionales que habían invertido mucho en su método de hacer las cosas, sobre todo porque la gran mayoría de los beneficios de su categoría provenían de esas fórmulas diluidas. El equipo creía que, en el peor de los casos, los competidores empezarían a producir tanto la versión diluida como la concentrada. Así, Joy tendría tiempo de arraigar. En efecto, los competidores decidieron defender sus líneas de productos diluidos y, a la vez, sacar una versión concentrada, cosa que dio a Joy la oportunidad de crear un nuevo segmento considerable y adueñarse de buena parte de él. En 1997, Joy se había apoderado del 30 % de todo el mercado de lavavajillas y era la marca número uno del país en esa categoría.

## UN MARCO DE REFERENCIA PARA LA ESTRATEGIA

Para tomar buenas decisiones, debes empaparte de la complejidad de tu entorno. El flujo lógico de la estrategia te puede indicar las áreas clave que analizar para generar una ventaja competitiva sostenible. Primero, trata de entender el sector en el que juegas (o jugarás), sus segmentos distintivos y su atractivo relativo. Sin este paso, es muy común asumir que tu mapa del mundo es el único posible, que el mundo no cambia y que no existen mejores posibilidades. Luego, pasa a los clientes. ¿Qué es lo que realmente quieren, necesitan y valoran los clientes puente y los consumidores finales? ¿Y cómo encajan esas necesidades con tus productos actuales o potenciales? Para contestar a esta pregunta tendrás que arremangarte, llegar a acuerdos con socios puente para crear valor conjuntamente y buscar una nueva comprensión de los consumidores finales. Después de los clientes, es el turno de la introspección: ¿cuáles son tus capacidades y costes en comparación con la competencia? ¿Puedes ser una empresa diferenciadora o una líder en costes? Si no, deberás replantearte tus elecciones. Por último, analiza la competencia; ¿qué harán tus competidores para responder a lo que hagas? A lo largo de todo el proceso, no cierres la puerta a rescatar análisis previos a la luz de lo que aprendas en una celda posterior. La dirección natural del proceso va de izquierda a derecha, pero también existen interdependencias que obligan a seguir una trayectoria más flexible.

El marco de referencia exige paciencia e imaginación. Y también trabajo en equipo. Cualquier estrategia nueva se crea en un contexto social; no la diseña una persona sola en su despacho, divisando la ruta de escape de una situación compleja. De hecho, la estrategia necesita un equipo plural y que los diversos miembros aporten su punto de vista particular para resolver el problema. Es crucial trabajar juntos para determinar la estrategia, porque todas las compañías son entidades sociales formadas por una red variada de individuos con prioridades e ideas diferentes. Esas personas necesitan pensar, comunicar, decidir y actuar juntas para conseguir algo significativo. El flujo lógico, como ya hemos visto, es una herramienta que simplifica la reflexión estratégica exponiendo sus componentes analíticos básicos y explicando de forma coherente cómo unir las piezas. Pero el marco por sí solo no basta para cerciorarte de que la compañía toma decisiones estratégicas sensatas. También necesitas un proceso para tomar decisiones conjuntas. Este es el tema del siguiente capítulo.

## FLUJO LÓGICO DE LA ESTRATEGIA: QUÉ HACER Y QUÉ NO

- ✓ Estudia las cuatro variables elementales de toda decisión estratégica: sector, clientes, posición relativa y competencia.
- ✓ Mira más allá de tu actual visión del sector e intenta crear nuevas maneras de segmentar el mercado.
- ✓ No aceptes la idea de que los sectores enteros son o deben ser poco atractivos; explora los ejes impulsores de diferentes dinámicas en diversos segmentos y pregúntate cómo se podrían cambiar las normas del juego.
- ✓ Ten en cuenta las ecuaciones de valor para clientes puente y consumidores finales; si solo contentas a una de estas partes, tu estrategia será frágil. Una estrategia ganadora favorece a las tres; crea valor para los consumidores, para los clientes y para la compañía.
- ✓ No esperes que los clientes puente ni los consumidores finales te digan qué conforma el valor; tu misión consiste en descifrarlo.
- ✓ No pases por alto las capacidades o los costes relativos; compáralos con los de tus mejores rivales e intenta entender cuál es la mejor forma para derrotarlos.
- ✓ Sopesa un abanico de posibles reacciones de los competidores a tus decisiones y pregúntate en qué condiciones podrían impedirte ganar.

## EL LARGO CAMINO HACIA EL FLUJO LÓGICO
### ROGER L. MARTIN

Ahora que lo veo con retrospectiva, me doy cuenta de que el camino hacia el flujo lógico de la estrategia fue largo y sinucso. Nadie lo habría dicho, después de que Michael Porter aportara el capital intelectual fundamental con su superventas de 1980, *Estrategia competitiva*, y con su segunda parte de 1985, *Ventaja competitiva*. Coges el libro y venga, ia hacer estrategia! Por desgracia, para mí ro fue tan sencillo.

Al entrar en Monitor, me sorprendió el gran número de clientes que llegaban pidiendo análisis concretos que habían descubierto en el libro de Porter: «Haznos un análisis de las cinco fuerzas; haznos un análisis de los competidores». Sus deseos eran órdenes. Era bastante más difícil cuando el cliente nos pedía que le diseñáramos una estrategia mejor para su compañía. Pero mis colegas en Monitor y yo éramos brillantes, diligentes y conocíamos al dedillo las herramientas de Porter, así que siempre podíamos volver a la oficina, rompernos los cascos y sacar algo bueno de la típica caja negra. Ahora bien, el auténtico reto surgía cuando los clientes nos pedían que les enseñáramos a urdir la estrategia, que les enseñáramos a cambiar por sí mismos una estrategia insatisfactoria por otra fantástica. Eso era algo mucho, mucho más difícil.

En 1987, Eaton Corporation nos contrató para hacer exactamente eso: trabajar con sus diversas divisiones para enseñarles a urdir grandes estrategias. Me mandaron a Battle Creek, Michigan, para trabajar con su departamento de ejes para camiones. Durante la primera sesión formativa, reparé tristemente en que estaba enseñando a los managers de Eaton una serie de recursos analíticos relacionados con la estrategia, más que un proceso holístico para crearla. Acabé preguntándome qué relación guardaba exactamente el análisis del cliente con el análisis del competidor, con el análisis de costes relativos o con el análisis de las cinco fuerzas. Como los clientes estaban recibiendo una dosis concentrada de contenido nuevo, parecían estar pasando por alto las lagunas del material. Pero recuerdo que una noche regresé a mi habitación de hotel e intenté encajar las piezas. ¿Por dónde empiezas? ¿Cómo lleva un análisis al siguiente?

Poco después de ese primer intento por acoplar las herramientas analíticas y formar un solo marco sólido, me pidieron que trabajara en el programa de management estratégico aplicado (ASM, por sus siglas en inglés) de P&G, ya que el director general John Smale había pedido a Monitor que creara un programa para enseñar a los equipos de management de las categorías de P&G las herramientas estratégicas que usábamos. Mis colegas Mark Fuller, Bob Lurie y yo fuimos responsables de crear un programa de tres días y de enseñarlo a los equipos de las categorías en las cuatro regiones del globo. Al principio, me centré en impulsar la tecnología punta estructurando la enseñanza de las diversas herramientas. Eaton Corporation me había enseñado que era complicado tener una conversación útil o inteligente sobre el análisis de capacidades antes de entender lo que realmente quieren los clientes, así que enseñamos el análisis de clientes antes que el de capacidades. Pero, como no todos los clientes son iguales, teníamos que enseñar análisis sectorial y segmentación antes que análisis de clientes... Madre mía, era peliagudo porque, por lo general, siempre enseñábamos la segmentación como parte del análisis de los clientes. El análisis de los competidores también era enrevesado. Lo coloqué al final porque pensé que la reacción de la competencia era de vital importancia. Pero, obviamente, había ciertas cosas sobre los competidores que se tenían que entender antes (para analizar las capacidades relativas, por ejemplo).

Aún no era un proceso impecable para afrontar la estrategia, pero el ASM representaba un avance significativo respecto a mi labor en Eaton Corporation. A modo ilustrativo, las herramientas analíticas se enseñaban de un modo bastante más organizado. Además, el ASM aportó dos cosas muy buenas. La primera fue que, como P&G tiene managers tan válidos, hubo unos cuantos que se las ingeniaron para unir las piezas y formar un auténtico proceso estratégico. Casi una década más tarde, un ejecutivo de P&G sacaba de su cajón superior una única hoja plastificada en la que concentraba el ASM en un proceso que usaba regularmente para urdir su estrategia. ¡Qué preciosidad! Otros dentro de P&G también usaron principios del ASM para desarrollar sus estrategias y sentaron los cimientos de una auténtica práctica estratégica dentro de la compañía. La segunda fue que, al enseñar ASM una y otra vez (había unas veinte categorías en cada una de las cuatro regiones), pude entender mejor las preguntas sobre estrategia que realmente afrontaban esos managers y cómo les ayudaban las herramientas, o no, a la hora de abordar esos desafíos. Al final comprendí que unir una serie de aspectos en una única herramienta analítica —por ejemplo, agrupando dentro del análisis de los competidores la reacción prevista de la competencia, el análisis de su estructura de costes y el análisis de sus capacidades— impedía a los managers aplicar el análisis fructíferamente.

Nuestra labor con el ASM y, por ende, con los principios del programa de management estratégico de P&G, se alargó a 1989 y plantó la semilla para mi trabajo en Weston Foods en 1990. Weston Foods, una filial de George Weston Limited valorada en miles de millones de dólares, tenía un nuevo director general, David Beatty, y un nuevo director ejecutivo, Jim Fisher, ambos exasesores de McKinsey y dueños de una magnífica destreza y experiencia. Se trataba de un negocio profundamente diversificado, gestionado sobre todo por directores muy tradicionales de unidades de negocio del sector alimenticio; apenas habían trazado jamás una estrategia. La planificación era sobre todo un proceso presupuestario y económico. Para mejorar los resultados mediocres de Weston Foods, Beatty y Fisher querían instalar procesos de planificación estratégica modernos y me contrataron para que les echara una mano. El cuerpo del trabajo iba a consistir en una reunión fuera de la empresa para enseñar a los directores de unidad y a los directivos financieros. Allí, se les dotaría con un marco estratégico y empezarían a clasificar sus propios desafíos de planificación estratégica.

Debo admitir que me costó un triunfo poner sobre el papel las cosas que había aprendido de Eaton, P&G, etc. antes de la reunión. Cuando faltaban un par de días, acabé dando con un formato para caracterizar el proceso mental de la estrategia: un marco de referencia que se convirtió en el flujo lógico. Simplifiqué el problema mediante las preguntas clave que había que responder para tomar una decisión respecto a dónde jugar y cómo ganar. Había siete preguntas, divididas en cuatro grandes bloques analíticos y organizados en un flujo que iba del sector al cliente, a la posición relativa y al competidor. En la práctica, no era completamente lineal ni unidireccional —hay todo tipo de bucles de *feedback* y subrutinas—, pero esta nueva estructura permitió estructurar con sencillez el flujo lógico para acometer las decisiones estratégicas.

Y lo más importante fue que funcionó. Los equipos de Weston Foods, que no tenían ninguna experiencia en ese campo, pudieron seguir un proceso y mejorar radicalmente la calidad del diálogo estratégico. Me fui satisfecho e inspirado. El flujo lógico, un método para abordar la estrategia, se acabó convirtiendo en la base de mi práctica como consultor estratégico durante la siguiente década. Y lo sigue siendo...

# 8

## Aumenta las probabilidades

En la estrategia no hay respuestas ni certezas absolutas, nada dura para siempre. Tener una definición clara de lo que significa ganar, un marco analítico sólido como el flujo lógico y un proceso de evaluación concienzudo pueden ayudar a estructurar tu mente y mejorar el análisis, pero el éxito final sigue sin estar asegurado. En definitiva, una estrategia no consiste en lograr la perfección; se trata de aumentar las probabilidades de éxito.

### TE VENDO MI IDEA: EL MÉTODO TRADICIONAL

En un proceso estratégico típico, los participantes intentan encontrar la única respuesta correcta, se dotan de argumentos incontestables a su favor y la venden al resto de la organización (cuadro 8.1). Al principio, un consultor externo o un equipo interno a cargo de un proyecto —o ambos— se ponen a analizar a fondo todo lo que pueden para revelar cosas sobre el mundo: lo que quieren los consumidores, la dinámica competitiva del sector, etc. O tal vez el equipo ya tiene una idea preconcebida de cuál será la respuesta correcta, así que realizan análisis orientados a rubricar la hipótesis. Sea como sea, el punto de salida implica sumergirse en los datos.

En algún momento, de entre la bruma de datos surge un puñado de opciones estratégicas plausibles. Como hay una presión intensa por el pragmatismo, se desalienta tácitamente la creatividad a lo largo del proceso de generación de alternativas. El equipo entiende que es su objetivo asegurarse de que, al final, todas las opciones sean viables. De eso se infiere que las opciones estratégicas inesperadas (e incluso alocadas) y las ideas creativas ralentizan el proceso y no añaden ningún valor. Hasta pueden acabar siendo peligrosas si cogen impulso. Por tanto, somos propensos a las opciones esperadas y sencillas que nos son conocidas. Luego, normalmente se valoran las opciones usando un solo parámetro: el test de la credibilidad financiera. Si el valor actual neto o la tasa de rentabilidad interna son elevados, cobra fuerza la afirmación de que una elección concreta es la mejor.

En esta fase suelen producirse debates sobre cuál es realmente la mejor opción. Cada parte se adentra en la inmensidad de los análisis buscando pruebas, o altera los supuestos del parámetro financiero. Para crear un consenso, el equipo hace una serie de transigencias para atraer a su lado a managers clave. Entonces la opción pactada se presenta a los altos directivos (o al consejo de administración), donde se vende febrilmente como la respuesta correcta. Tal vez transigiendo un poco más con los altos directivos para sumarles al proyecto, se da el visto bueno definitivo a la decisión y la estrategia se difunde a la organización.

Este método tradicional tiene muchos defectos. Primero, analizarlo todo de antemano es caro y lleva tiempo. El análisis en sí suele ser indiscriminado y superficial porque hay mucho material que cubrir. Además, como hay que hacer tantos análisis diferentes, a menudo se hacen independientemente el uno del otro, de modo que es difícil ver el retrato completo en un momento dado. Cuando las personas abogan por una u otra opción, se sienten marginadas si la suya no resulta la elegida, momento en que suelen aparecer las rencillas.

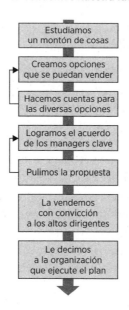

Cuadro 8.1
**Cómo vendemos nuestra idea**

Como el objetivo es que todo el mundo se suba al carro, llegamos a pactos frívolos en vez de tomar decisiones inequívocas y difíciles. Se desincentiva la creatividad; la presión por convenir en una respuesta a raíz de los datos existentes elimina las posibilidades alejadas del sendero principal marcado. El proceso para convencer es largo y tedioso, aunque a menudo solo da como resultado la ilusión de acuerdo. Encima, los que nunca quedaron convencidos acaban mostrando sus reticencias. Además, la alta dirección solo participa en la fase final del proceso, una vez concluida la estrategia. Por tanto, la experiencia, los puntos de vista y las ideas de estos líderes apenas son tenidos en cuenta (si es que se tienen en cuenta). En general, es un proceso arduo e improductivo que genera pocas decisiones resueltas. No es extraño que los managers sean poco amigos del proceso estratégico.

**LA PREGUNTA CORRECTA**

Con formular una sola pregunta lo podemos cambiar todo: ¿qué tendría que ser cierto? Esta pregunta ayuda a focalizar el análisis en las cosas que importan. Da pie a que se indague en las ideas y no a que se defiendan posturas. Incita a considerar con mentalidad abierta más opciones, sobre todo las imprevisibles. Permite estudiar ideas antes de que el equipo acuerde la respuesta final. Reduce drásticamente la tensión y los conflictos dentro del equipo durante la toma de decisiones; y *a posteriori*. Transforma el conflicto estéril en tensión sana encaminada a encontrar el mejor método estratégico y, al final, desemboca en decisiones estratégicas claras.

Al fin y al cabo, todos queremos encontrar la estrategia que mejor se adecúe a nuestro negocio. Este método no consiste en pedir a las personas que encuentren solas esa respuesta y en rebatirla, sino que permite al equipo descubrir conjuntamente la opción más pertinente. Un proceso estándar gira en torno a los argumentos sobre lo que es verdad. Así pues, cuando exploran qué tendría que ser verdad, los equipos dejan de pelear entre sí y pasan a colaborar en busca de ideas. En vez de intentar enterrar desacuerdos reales, este método hace aflorar diferencias y las resuelve, con lo que genera estrategias más robustas y un mayor compromiso con ellas.

El proceso para saber qué tendría que ser cierto consta de siete pasos específicos, como refleja el cuadro 8.2. Se empieza verbalizando el dilema fundamental, expresando al menos dos caminos diferentes para la organización (o para la categoría, la función, la marca, el producto, etc.), según la aspiración ganadora. Entonces, el equipo trabaja para poner en común un abanico mayor de posibles decisiones estratégicas, diferentes combinaciones de decisiones de dónde jugar y cómo ganar que puedan recabar una victoria. A continuación, se valora cada una de estas posibilidades estratégicas una por una, planteando qué condiciones tendrían que darse para que fuera una elección potencialmente ganadora. (O, dándole la vuelta a la moneda, preguntando en qué condiciones podríamos ganar con esta posibilidad).

Cuadro 8.2
Ingeniería inversa aplicada a las opciones estratégicas

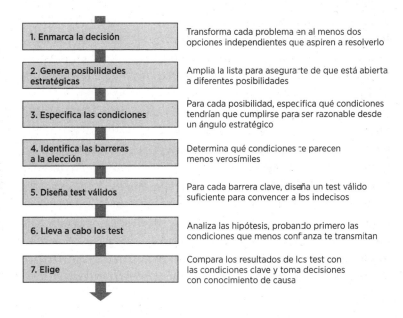

Las respuestas —las cosas que tendrían que ser ciertas— son las condiciones en las que el grupo decidiría seguir adelante con una posibilidad concreta. A estas alturas, no se debate si las condiciones tienen probabilidades de darse, solo se asume que, si se cumplieran, esa posibilidad sería fantástica. Luego, el grupo reflexiona sobre el conjunto de condiciones y se pregunta cuáles parecen menos plausibles. Estas condiciones menos probables son las barreras para escoger una opción determinada; hasta que el grupo no tenga cierta certeza de que estas condiciones serán ciertas, es imposible avanzar con una posibilidad. Por tanto, el equipo tiene que diseñar y hacer pruebas de esas barreras. A medida que se evalúa así cada posibilidad, va fraguándose una imagen nítida de qué condiciones son ciertas y cuál es la elección más poderosa. Poco a poco se hace evidente la mejor decisión estratégica.

Este es el proceso en abstracto. Ahora sumerjámonos con más detalle en cada fase recuperando como modelo nuestro primer ejemplo, Olay.

## 1. Enmarca la decisión

Por norma general, un problema —por ejemplo, una caída de las ventas o un cambio tecnológico en el sector— no se puede resolver hasta que se presenta como una elección. Hasta que no se expresa un dilema real (por ejemplo, ¿la compañía debería seguir este rumbo o este otro?), los miembros del equipo no pueden comprender o digerir emocionalmente las consecuencias de seguir las distintas vías para resolver la cuestión. Un equipo podría hablar sin parar sobre la caída de las ventas sin acercarse ni un pelo a resolver el problema. Pero cristalizar la cuestión, citando claramente las alternativas para resolverla, la convierte inmediatamente en algo terrenal y trascendental. Por ejemplo, un equipo podría preguntarse si invertir para consolidar la línea de productos, si ahorrar recortando el personal o si abandonar por completo el negocio. Al exponer las distintas opciones, ponemos a prueba nuestro ánimo. El equipo puede preguntarse cómo ve estas disyuntivas y, lo que es más importante, qué necesitaría saber para escoger la mejor opción. Para enmarcar la decisión, pregunta explícitamente cuáles son las diferentes maneras de resolver este prcblema. Procura generar varias opciones contradictorias (es decir, que no puedas aplicar cómodamente varios remedios al mismo tiempo). Hasta que no hayas identificado como mínimo dos opciones mutuamente excluyentes para solucionar el problema, no habrás expuesto de veras el dilema. Esta fase, el exponer la decisión, es el punto de no retorno; se ponen todas las cartas boca arriba, las consecuencias se vuelven manifiestas y el equipo se motiva para avanzar y encontrar la mejor respuesta posible.

Con Olay, exponer la decisión fue crucial. Obligó enseguida a tomar partido. En lugar de reñir hasta la saciedad sobre qué hacer con una marca decadente, el equipo expuso el dilema e instó a actuar. Abrió dos posibilidades: podía intentar transformar Aceite de Olay en un competidor digno de marcas como Lancôme y La Prairie, o podía gastar miles de millones de dólares para comprar una marca de cuidado de la piel consolidada que luchara en su lugar.

## 2. Genera posibilidades estratégicas

Enmarcar la cuestión como una disyuntiva identifica un conjunto de opciones preliminares para resolver el problema; la siguiente labor es ampliar la lista de posibilidades. El objetivo en este paso es ser inclusivo, no restrictivo, respecto al número y la diversidad de posibilidades encima de la mesa. Esta es la oportunidad para fomentar estrategias creativas y más inesperadas. En este contexto, cada posibilidad habría de expresarse como un relato o un guion, un cuento feliz que describa un resultado positivo. Es por esto que nos gusta llamarles posibilidades y no opciones. Vestir las posibilidades como historias nos ayuda a garantizar que no se vean negativamente como opiniones infundadas. Nadie está defendiendo aún una posibilidad; tú y tus colegas solo estáis concibiendo un mundo en el que esa historia tiene sentido.

En este punto habría que recibir las posibilidades con los brazos abiertos y no analizarlas a fondo para decidir si incluirlas. No hay que trivializar ni desechar jamás las posibilidades sugeridas para no desalentar la inclusión de ideas más revolucionarias al buzón de propuestas. En el grupo tiene que reinar un compromiso fundamental con la mentalidad abierta, de modo que, si cualquier miembro cree que vale la pena estudiar una posibilidad, esta se incluya automáticamente en la lista. Si se sentencia una posibilidad a la que una persona concreta se ha adherido en cuerpo y alma, es muy factible que ese individuo se borre, tal vez durante el resto del proceso. Por tanto, la regla en esta fase es la inclusión, no la exclusión.

Inevitablemente, a medida que se acumulan las posibilidades creativas, los miembros del grupo empiezan a sentirse incómodos. El mero acto de valorar varias opciones puede parecer sedicioso de por sí. Pero ten por seguro que este es solo el comienzo de un proceso más largo. La lógica de cada decisión se expondrá exactamente igual y se someterá a los criterios de evaluación más rigurosos. En las siguientes fases del proceso se irán descartando las posibilidades que corresponda, así que no hace falta hacerlo a estas alturas. Además, es inútil.

Las posibilidades generadas pueden estar relacionadas con las opciones que ya se han identificado, como ampliaciones o como matices. Con Aceite de Olay, las posibilidades dimanantes de las opciones iniciales incluían expandir la marca en su franja de precios o encarecerla, adquiriendo Nivea o Clinique. Las posibilidades también pueden rebasar las dos opciones originales. Para el negocio de belleza de P&G, las ideas incluían expandir su brillante marca de cosmética y tinte, Cover Girl, al cuidado de la piel y construir una marca global a partir de esa plataforma.

Al final, el equipo de belleza de P&G se centró en cinco posibilidades de dónde jugar y cómo ganar para el cuidado de la piel. Una consistía en renunciar en gran medida a Aceite de Olay y adquirir una marca internacional de renombre en el sector. Una segunda solución era mantener Aceite de Olay posicionada como una marca barata del mercado de masas, reforzando su encanto para las consumidoras existentes y aprovechando las capacidades en I+D para mejorar las prestaciones antiarrugas. Una tercera vía era elevar de gama Aceite de Olay, colocándola en el canal de distribución de lujo como una marca exclusiva. Una cuarta posibilidad era reinventar por completo Olay: como una marca de semilujo más dirigida a mujeres jóvenes (de treinta y cinco a cincuenta años), pero vendida en los canales de masas tradicionales con socios minoristas dispuestos a crear una experiencia *masstige*, exponiendo los productos en una sección especial de la tienda. La quinta era ensanchar la marca Cover Girl de la cosmética al cuidado de la piel.

## 3. Especifica las condiciones

Una vez establecida una gama variada de posibilidades, el equipo tiene que someter a ingeniería inversa la lógica de cada una de ellas. Es decir, debe especificar qué características ha de reunir la posibilidad para ser una decisión sublime. Obsérvese que este paso no consiste para nada en debatir sobre qué es cierto, sino en exponer la lógica de lo que debería ser cierto para que el grupo se adhiriera colectivamente a esa elección.

La diferencia entre los dos métodos no puede ser mayor. En un debate estratégico ordinario, los escépticos atacan ideas con todo el vigor posible para tumbar las opciones y los defensores despejan los argumentos para proteger sus alternativas favoritas. Se encienden los ánimos, se extreman los discursos y las relaciones se agravan. Y entre tanto se extrae poca información nueva o útil. Por otra parte, si el diálogo versa sobre lo que tendría que ser cierto, el escéptico puede decir: «Para sentirme cómodo con esta posibilidad, tendríamos que saber que los consumidores responderán de esta forma». Este tipo de declaración difiere mucho de decir: «¡Esa opción no funcionará ni de broma! Los consumidores no soportan esas formas». En lugar de denunciar a bulto una posibilidad, durante el proceso de ingeniería inversa los escépticos deben especificar el origen exacto de su escepticismo. Esta estructura permite a los partidarios de una posibilidad entender las reservas y crea una carga de prueba para abordarlas.

Este proceso es una forma de ingeniería inversa porque el punto de partida es el supuesto (provisional) de que la conclusión es válida; entiéndase que esta es una posibilidad estupenda. Entonces el equipo se esfuerza por entender en qué condiciones es correcto ese supuesto. Va retrocediendo para verbalizar las diversas condiciones que habrían de darse para que fuera una posibilidad estupenda. El cuadro 8.3 muestra el flujo lógico de este ejercicio de ingeniería inversa. En cada una de las siete celdas, puedes citar «qué tendría que ser cierto» en esa faceta para que dicha opción sea válida.

En esta fase de ingeniería inversa, no nos interesan en absoluto las opiniones respecto a si las condiciones de una posibilidad determinada son ciertas. De hecho, expresar esas opiniones es contraproducente. Lo único que nos interesa es desvelar qué tendría que pasar para que cada miembro del grupo se sintiera mental y emocionalmente unido a la posibilidad que se está escrutando.

## Cuadro 8.3
### Delimitación de las condiciones
Para suscribir esta posibilidad, ¿qué tendría que ser cierto?

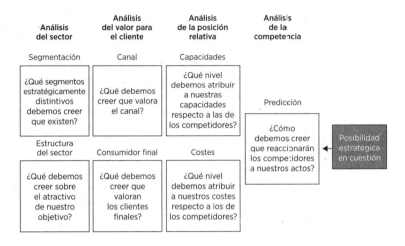

Las reservas son importantes y deben tenerse en cuenta, pero solo si se expresan como condiciones que deberían cumplirse (y en ningún caso como una crítica explícita a la validez de la posibilidad).

Es importante tomar en la misma consideración las condiciones de cada persona; así nos aseguramos de que nadie deja de participar por miedo o vergüenza. Pero es igual de importante que sea el grupo, y no la persona que sugirió la posibilidad en primer término, el que someta las opciones a ingeniería inversa. Si no queremos que el proceso descarrile, las personas no pueden adueñarse de las posibilidades. Para ayudar a desenganchar a las personas de las ideas, puedes recurrir a un mediador externo que dirija al equipo durante el proceso, que extraiga contribuciones de gente más tímida y que intente capturar todas las posibilidades. Meter en la sala a una persona comprometida con el proceso pero sin una opinión vehemente respecto al resultado puede ser de gran ayuda. La tabla de ingeniería inversa para Olay se parecería mucho a la del cuadro 8.4, en el que las condiciones impregnan las siete celdas.

En el análisis sectorial, antes de impulsar la creación de un segmento *masstige* para Olay, tendría que haber un segmento enorme de mujeres preocupadas por los múltiples signos de la edad. Además, estas mujeres tendrían que adherirse a una marca cautivadora y una oferta de producto en este campo. Estructuralmente, el nuevo segmento *masstige* tendría que ser al menos igual de atractivo que el segmento de masas que ya tenía Aceite de Olay en términos de poder de los compradores, poder de los proveedores, amenaza de nuevos competidores, sustitutos y rivalidad competitiva.

En materia de análisis del valor para el cliente, el canal de masas tendría que adscribirse al concepto *masstige* y abrirse a colaborar con P&G para crear una experiencia en tienda que concordara con el nuevo segmento y reforzara la marca Olay. En lo concerniente al consumidor, P&G tendría que ser capaz de encontrar un precio ganador que atrajera tanto a consumidoras de masas como a consumidoras de artículos de lujo. Para surtir efecto, la oferta *masstige* tendría que aupar a las consumidoras de masas hasta productos más caros e impulsar a las compradoras de artículos de lujo a comprar en un canal nuevo.

En cuanto al análisis de la posición relativa, tenían que darse una serie de condiciones en las capacidades de desarrollo de productos, asociaciones con minoristas y construcción de marcas. En la celda de costes, P&G debía ser capaz de crear un producto de semilujo superior a un coste que permitiera una estructura de precios justo por debajo de las marcas más exclusivas.

Finalmente, ¿cómo debería reaccionar la competencia? Los competidores de lujo, maniatados a sus canales predilectos e ilustres, no tendrían que pasarse al canal de masas. Además, los competidores de masas deberían ser incapaces de crear —con garantías— productos competitivos desde un punto de

## Cuadro 8.4
## La opción *masttige* de Olay

La opción estudiada era cambiar el posicionamiento de Olay para atraer a un subgrupo demográfico más joven bajo el lema «Combate los siete signos de la edad». Habría que asociarse con minoristas para crear un segmento *masstige*: consumidoras dispuestas a comprar un producto de semilujo en canales de venta de masas. P&G determinó que, para que la opción fraguara, tendrían que existir o crearse estas condiciones:

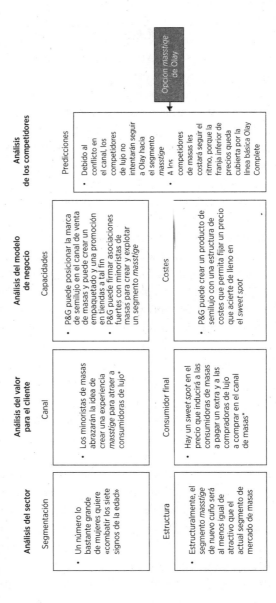

| Análisis del sector | Análisis del valor para el cliente | Análisis del modelo de negocio | Análisis de los competidores |
|---|---|---|---|
| Segmentación | Canal | Capacidades | Predicciones |
| • Un número lo bastante grande de mujeres quiere «combatir los siete signos de la edad» | • Los minoristas de masas abrazarán la idea de crear una experiencia *masstige* para atraer a consumidoras de lujo* | • P&G puede posicionar la marca de semilujo en el canal de venta de masas y puede crear un empaquetado y una promoción en tiendas a tal fin<br>• P&G puede firmar asociaciones fuertes con minoristas de masas para crear y explotar un segmento *masstige* | • Debido al conflicto en el canal, los competidores de lujo no intentarán seguir a Olay hacia el segmento *masstige*<br>• A los competidores de masas les costará seguir el ritmo, porque la franja inferior de precios queda cubierta por la línea básica Olay Complete |
| Estructura | Consumidor final | Costes | |
| • Estructuralmente, el segmento *masstige* de nuevo cuño será al menos igual de atractivo que el actual segmento de mercado de masas | • Hay un *sweet spot* en el precio que inducirá a las consumidoras de masas a pagar un extra y a las compradoras de lujo a comprar en el canal de masas* | • P&G puede crear un producto de semilujo con una estructura de costes que permita fijar un precio que acierte de lleno en el *sweet spot* | |

\* Condiciones barrera: aquellas que P&G consideraba menos probables.

vista tecnológico y de *branding*, debido a la importancia de los bajos precios para su posicionamiento y los límites de sus capacidades en comparación con las de P&G.

Una vez articuladas todas las condiciones, el grupo puede podar la lista. Para ello, analiza cada condición: si se dieran todas las demás condiciones excepto esta, ¿caería esta posibilidad? Esto ayuda a distinguir entre las condiciones que está bien tener y aquellas que hay que tener. Normalmente, cuando se generan las condiciones, hay algunas de la primera clase que se mezclan con las de la segunda. Una condición podría ser, por ejemplo, que los minoristas pudieran percibir márgenes más elevados con este producto que con los actuales. No cabe duda de que esto estaría bien. Pero si los minoristas pudieran obtener valor por otras vías (por ejemplo, vendiendo más mediante promociones), los márgenes podrían ser los mismos y todos seguirían ganando. Hay que eliminar las condiciones edulcorantes para que todas sean importantes. El proceso de ingeniería inversa no termina hasta que cada miembro del grupo entiende la lógica de la posibilidad y puede decir: «Sí, si todas esas condiciones fueran ciertas, esta sería una gran posibilidad. Y si una condición concreta no fuera cierta, esta no sería una buena posibilidad».

## 4. Identifica las barreras a la elección

El cuarto paso del proceso constituye un giro de ciento ochenta grados. En el paso previo, nos manteníamos prudentemente alejados de opinar sobre si algo era cierto. Así creamos un entorno que permite a cada miembro del equipo estudiar la lógica que sustenta la posibilidad, codificarla y organizarla. Ahora, nunca antes, ya puedes analizar con ojo crítico las condiciones que ha identificado tu equipo. La tarea consiste en sopesar qué condiciones son las menos susceptibles de darse según tu equipo. En otras palabras, una vez especificado qué tendría que ser cierto para que esta posibilidad fuera una gran idea, ¿qué condiciones preocupan más al equipo y parecen más improbables? Estas constituyen las barreras que te impiden a ti y al equipo elegir esa posibilidad. Hasta que no sepas si son verdaderas o no, no puedes avanzar.

En este paso, es vital escuchar atentamente al miembro del grupo más escéptico respecto al cumplimiento de una condición; un escéptico puede inocularte una vacuna de incalculable valor contra las malas decisiones. Así que conviene animar a los miembros escépticos del grupo a que expresen —no a que repriman— sus dudas en esta fase del proceso. Incluso si solo hay una persona que recele de una condición determinada, debería permanecer en la lista de barreras clave. De lo contrario, el escéptico tendría pleno derecho a rechazar el análisis final. Si se expresan y se toman en serio las principales dudas de los miembros del equipo, todos pueden confiar en el proceso y los resultados.

Cuando los miembros del equipo de belleza de P&G revisaron las condiciones para la posibilidad *masstige* de Olay, estuvieron seguros de que seis se cumplirían: el segmento potencial de consumidoras era lo bastante grande para que valiera la pena explotarlo; probablemente sería lo suficientemente atractivo en términos estructurales; P&G podría formar alianzas con minoristas (si a estos les agradaba la idea); P&G podría lograr la estructura de costes necesaria para que el producto fuera rentable; los competidores de lujo no copiarían la estrategia; y los competidores de masas no podrían copiarla. Sin embargo, tres condiciones generaban dudas, ordenadas de la que más a la que menos: que las consumidoras del canal de masas aceptaran un precio inicial nuevo y considerablemente mayor; que los minoristas del canal de masas se avinieran a aliarse para crear este nuevo segmento *masstige*; y que P&G pudiera reunir en un canal minorista de masas un posicionamiento de marca, un producto, un empaquetado y elementos de promoción en tienda de semilujo.

## 5. Diseña test válidos

En cuanto hayas identificado las principales condiciones barrera, hay que ponerlas a prueba con métodos que todo el grupo considere convincentes. Un test puede ser entrevistar a mil consumidores o hablar con un solo proveedor. Puede conllevar procesar miles de datos o hacer una evaluación puramente cualitativa. En el caso de Olay, la condición del precio fue una barrera significativa. Así pues, P&G realizó una serie de test de mercado con diferentes precios (12,99, 15,99 y 18,99 dólares, como explicamos en el primer capítulo). Pero no todas las compañías se pueden permitir test de mercado completos; ni hay proyectos piloto para cada circunstancia. En algunos casos, tienes que afrontar con creatividad los test, tal vez estudiando sectores análogos en que el reposicionamiento creó (o no) clientes fieles. P&G hizo esto mismo con la reacción de la competencia: sin acabar de incitar la temida respuesta del mercado, el equipo pronosticó los posibles efectos a partir de las reacciones pasadas para determinar qué podía hacer cada competidor.

Llegados a este punto, el quid está en si el comité decisorio considera válido el test. En este sentido, el miembro más escéptico del equipo es el más valioso. Por lo común, esta persona será la más estricta a la hora de valorar las pruebas de cualquier test, de forma que su compromiso con la decisión será el más difícil de conseguir. Sin embargo, sin su compromiso, todo consenso será inevitablemente ficticio. Por tanto, el método más efectivo para superar barreras es pedir al mayor escéptico que diseñe el test para cada condición barrera. Si esa persona queda satisfecha con la rigurosidad de un test y considera superada la carga de prueba, el resto de personas —que, por lógica, serán menos escépticas— también se contentarán con la legitimidad y la rigurosidad del test.

El riesgo de este método, por supuesto, es que el escéptico suba el listón hasta una cota inalcanzable para tumbar la posibilidad. En teoría, esto podría suceder. En la práctica, sin embargo, no pasa por dos razones. Primero, la gente suele extremar su escepticismo porque no se siente escuchada. En un proceso típico de persuasión, las reservas son vallas que hay que apartar del camino lo más deprisa y meticulosamente posible. El proceso de ingeniería inversa, en cambio, se asegura de que las personas con reservas se sientan y sean escuchadas. Segundo, existe el fantasma de la destrucción mutua garantizada. Aunque albergue serias dudas acerca de la posibilidad A, me gusta bastante la B. Tú, por lo contrario, tienes pocas dudas sobre la posibilidad A, pero ves barreras insorteables para elegir la B. Yo voy a encargarme de los test para las condiciones barrera de la primera posibilidad, pero lo haré sabiendo que tú te encargarás de los test para la segunda. Si pongo el listón a un nivel poco realista para los test de la posibilidad A, seguro que tú harás lo mismo con la B. La ecuanimidad es la filosofía más inteligente para certificar el mejor resultado para la organización, algo que todos los participantes desean.

El objetivo último es diseñar test que permitan a cada miembro del grupo sincerarse y comprometerse con la toma de una decisión y su ratificación posterior, en caso de que la posibilidad supere la prueba. Los miembros del equipo pueden tener y ver como válidos test bastante diferentes e incompatibles, por lo que puede que haya que aplicar múltiples test a una condición concreta. Pero, en la práctica, normalmente los grupos acaban apiñándose en torno a una sola prueba del algodón, sobre todo si se hace caso del miembro más escéptico del equipo.

6. Lleva a cabo los test

El proceso para diseñar los test culmina en la fase real de pruebas y el análisis de resultados. Aquí recomendamos adoptar lo que a veces llamamos «la postura del vago» en cuanto a la estrategia. Dicho llanamente, prueba primero las cosas de las que más dudes. Coge la condición que el equipo vea menos probable y pruébala en primer lugar. Si el equipo tenía razón en sospechar, se puede eliminar esa posibilidad sin tener que probar ninguna de las demás condiciones. La posibilidad ya ha suspendido un test esencial, así que no hacen falta más. En cambio, si la posibilidad supera el primer test, pasa a la condición con el segundo menor grado de posibilidades, luego a la tercera, etc. Ya que los test son la parte más costosa y larga del proceso de decisión, este método puede ahorrarte un sinfín de recursos, puesto que reduce la cantidad de test que se hacen en total porque las posibilidades se desmoronan tras solo una o dos pruebas.

Este es un aspecto relevante en el que el proceso de ingeniería inversa difiere profundamente del proceso usado en la mayoría de estrategias. El proceso habitual, tanto si es interno como si subcontrata a consultores, está formado por un puñado de análisis relativamente unificado. En vez de enmarcar la decisión, comprender las condiciones, ordenar las barreras y analizar solo las auténticas restricciones —como hace el equipo en la ingeniería inversa—, el método tradicional lo analiza todo al mismo tiempo. En la práctica, esto se traduce en un rimero de análisis, buena parte de los cuales no son esenciales para tomar la decisión. Además, a causa de la vastedad del análisis, el proceso estándar tiende a sacrificar sin querer la profundidad en aras de la amplitud (es decir, los análisis tienen una amplitud de un quilómetro y una profundidad de un centímetro, porque el tiempo y los costes económicos para un análisis meticuloso y generalizado serían prohibitivos). Para generar compromiso y allanar la elección, las compañías necesitan análisis con una amplitud de un centímetro y una profundidad de un quilómetro, enfocados precisamente hacia las reservas que impiden al equipo elegir y profundizar lo suficiente en esa área particular para despejar todas las dudas. Esto es lo que permite la ingeniería inversa: indagar con precisión y profundidad en las barreras a la elección.

Con Olay, por ejemplo, el primer test fue el de los precios. Cuando los test demostraron que Olay podía venderse a un precio en la franja de los veinte dólares, el equipo examinó la condición de los minoristas: ¿se asociarían con P&G en esta iniciativa? A juzgar por las dilatadas conversaciones con un grupo formado por los minoristas más importantes de P&G, parecía que sí. Luego, P&G tuvo que convencerse de que iba a poder crear esa experiencia *masstige* de la mano de sus socios minoristas clave. Lo hizo diseñando esa experiencia, convirtiéndola en un prototipo y testándola.

## 7. Elige

En un proceso estándar, elegir es algo difícil, enconado y largo. En una reunión externa al lugar habitual de trabajo, se entregan a los participantes carpetas llenas de análisis y se les pide que formulen y tomen decisiones de un plumazo basándose en esos datos. Con tanto en juego y con una lógica tan mal articulada, estas reuniones y las elecciones subsiguientes casi nunca dan en el clavo. En este proceso de ingeniería inversa, en cambio, el paso de toma de decisiones se convierte en un trámite, en algo incluso monótono. El equipo solo tiene que evaluar los resultados de los test y tomar la decisión dictada por la estampa saliente. En esencia, la decisión se toma sola; en esta fase tan avanzada no hay que debatir gravemente. Así fue con Olay; la opción *masstige* se convirtió en la elección evidente.

Este, en suma, es el proceso para elegir entre posibilidades de dónde jugar y cómo ganar. Primero, enmarca una elección. Segundo, rebusca para ampliar el conjunto de posibilidades mutuamente excluyentes. Tercero, para cada posibilidad, pregúntate qué tendría que ser cierto para que fuera una gran idea, usando el marco del flujo lógico como molde mental. Cuarto, determina qué condiciones son las menos plausibles. Quinto, diseña test para esas barreras cruciales a la elección. Sexto, realiza los test. Y finalmente, en función de los resultados y de su carga de prueba, selecciona la mejor posibilidad estratégica. Este proceso amplía las posibilidades de antemano y acota sistemáticamente el campo de visión, dado que se sirve de diferentes perspectivas para enriquecer el debate, en vez de empantanarlo.

## INGENIERÍA INVERSA: QUÉ HACER Y QUÉ NO

- ✓ No dediques mucho tiempo a analizar de antemano todo lo que puedas; en vez de eso, utiliza la ingeniería inversa para precisar lo que de verdad necesitas saber.
- ✓ Enmarca una elección clara e importante por adelantado; que sea auténtica y trascendental.
- ✓ Valora una amplia gama de posibilidades respecto a dónde jugar y cómo ganar, en vez de acortar la lista desde el comienzo a aquellas que parecen realistas; las posibilidades inesperadas suelen reunir elementos interesantes y útiles que, de lo contrario, podrías rechazar. Aprende de ellas.
- ✓ Sigue centrado en la cuestión más importante (¿qué tendría que ser cierto para que esta fuera una posibilidad ganadora?), citando las condiciones en que esta posibilidad sería sensacional.
- ✓ No te olvides de retroceder y eliminar cualquier condición bonita pero banal; todas deberían ser realmente indispensables. Si no se cumpliera, no albergarías la posibilidad.
- ✓ Anima a los escépticos a expresar sus dudas durante la fase en que se especifican las barreras; ínstales a articular la naturaleza precisa de sus reservas acerca de condiciones específicas.
- ✓ Procura que los partidarios de una posibilidad determinada no sean los que elaboren y lleven a cabo los test; que lo hagan los escépticos. Si estos acaban satisfechos, el resto también lo estará.
- ✓ Testea primero la barrera más grande. Empieza con la condición que el grupo vea menos probable. Si no es cierta, significa que no se dan las condiciones necesarias y que puedes dejar de hacer test.
- ✓ Que un mediador se encargue del proceso de ingeniería inversa; es útil que alguien contribuya al proceso y a la dinámica del grupo mientras discurres por las tareas de reflexión.

## LA CUESTIÓN CLAVE DE LA ESTRATEGIA
ROGER L. MARTIN

Las mayores lecciones pueden extraerse de los mayores errores. En el campo de la estrategia, no cabe duda de que en mi caso fue así. La experiencia más desmoralizante de mi carrera como consultor fue mi lección más valiosa.

En 1990, estaba colaborando con el director general recién designado de una compañía regional de productos de consumo. La empresa (que no voy a nombrar, por razones obvias) contaba con una cuota dominante de un mercado relativamente pequeño. Durante mi participación, un banco inversor ofreció al director general la oportunidad de pujar por el competidor líder de una región contigua. La compañía objetivo había sido adquirida varios años antes en una compra apalancada (*leveraged buy-out*) por un precio de ciento ochenta millones de dólares. Ahora se vendía por ciento veinte. Intrigado, el director general me pidió que analizara la oportunidad.

Mi equipo realizó un análisis minucioso y llegó a la conclusión de que la adquisición era una mala idea. La dinámica del otro mercado regional dibujaba un futuro poco esperanzador para la empresa ofrecida. Si bien tenía la cuota líder, había un competidor nuevo de bajo coste que estaba erosionando a toda prisa su posición y que había convertido un feliz duopolio en una feroz batalla a tres. En ese sector, solo los dos principales jugadores solían cosechar una rentabilidad decente, debido a las economías de escala de la distribución, y la empresa en cuestión era tal vez la más vulnerable de las tres. No era de extrañar que la compañía que la había adquirido intentara deshacerse de ella aun perdiendo bastante dinero. Mi cliente estaba tentado por el descuento, pero incluso por ciento veinte millones de dólares no había duda de que era una mala idea. Y así se lo expusimos en nuestra presentación.

El director general se dejó guiar por nuestro análisis y comunicó a los representantes del banco de inversión que dejaría pasar el tren. Hasta aquí, todo bien. Sin embargo, cerca de un año más tarde el director general me llamó para informarme de que podía adquirir esa misma empresa por una miseria: solo veinte millones de dólares. Le rogué que no lo hiciera hasta que actualizara los análisis y convino en darme el fin de semana. Volví a hincar los codos. La información financiera y la cuota de mercado de ese año entero me constataron que la empresa objetivo estaba en una espiral viciosa. Aunque en 1990 había obtenido ganancias, mi pronóstico era que en 1992 entraría en números rojos. No veía cómo se podía detener —o incluso prolongar— el fin.

Regresé con una presentación de unas cien diapositivas. El epígrafe era breve y directo: «Tu respuesta debería ser no, a cualquier precio. Si la compras, destruirás la compañía y tu carrera. Por favor, no lo hagas. Simplemente di que no».

Dijo que sí. Adquirió la compañía por veinte millones de dólares. Según el director general, por ese precio, un líder en cuota de mercado con una posición de marca fuerte era una ganga, una oportunidad que no podía dejar pasar. Y punto.

Tendría que haberla dejado pasar. La compañía adquirida entró casi de inmediato en números rojos y las pérdidas se dispararon. Como el cierre acarreaba unos costes prohibitivos, el negocio fue imposible de vender a ningún precio. La compañía matriz entró en un bache económico y tuvo que empezar a vender divisiones boyantes para financiar las pérdidas de la empresa adquirida. En 1994, el director general fue despedido. En 1999, la empresa matriz, antaño fuerte e independiente, fue absorbida por una compañía mucho más grande. Al final, la división maldita se vendió a otro integrante del sector.

Al principio, culpé al director general por su error de juicio. El caso era cristalino y había ignorado un buen consejo. Cambié de clientes y seguí trabajando como siempre lo había hecho, pero me empezó a atormentar una pregunta molesta. ¿Por qué aquel director general, tan inteligente y triunfador hasta la fecha, había actuado como lo había hecho? ¿Qué le llevó a ignorar el consejo por el que me pagaba? No encontraba ninguna respuesta satisfactoria y seguía dando vueltas a la cuestión.

Luego, en 1994, asesorando a una compañía minera que tenía que decidir entre invertir en una mina anticuada o cerrarla, celebramos una reunión con un grupo de unos diez ejecutivos: cinco de la mina y cinco de la sede central. Había una infinidad de opciones encima de la mesa y muchas opiniones acerca de cada una de ellas. De repente, recordé la experiencia de la adquisición; en aquel momento me di cuenta de que, aunque tenía una opinión vehemente respecto a cuál era la mejor opción, no importaba ni un ápice lo que yo pensara. Al fin entendí que lo importante era qué pensaban el resto de individuos sentados a la mesa; ellos eran los que iban a tener que actuar de un modo u otro, no yo. Por desgracia, estaban en las antípodas. Los managers de la mina y los de la sede central estaban en posiciones opuestas; la sede central prefería el cierre y el management de la mina apoyaba una serie de opciones de inversión.

Estábamos en un punto muerto y se me ocurrió una idea. En vez de hacerles hablar sobre lo que creían que era cierto de las diversas opciones, les pedí que especificaran qué tendría que ser cierto para que la opción encima de la mesa fuera una elección fantástica. El resultado fue magnífico. Las opiniones antagónicas se tornaron en colaboración para entender bien la lógica de las opciones. En lugar de intentar convencer a los demás de los méritos de tal o cual opción, eran las propias opciones las que convencían (o no). En aquel momento, vi claramente cuál era el papel idóneo del consultor: no intentes convencer a los clientes de cuál es la mejor decisión; dirige un proceso que les lleve a convencerse a sí mismos.

Por aquel entonces, yo también estaba asesorando en estrategia a una compañía de productos industriales muy enfocada en el I+D. Como parte de mis funciones, los líderes de la empresa me pidieron ayuda con su cartera de investigación avanzada. La cartera estaba dando muy pocos frutos y, por desgracia, los proyectos incurrían en muchos gastos antes de morir sin ser comercializados, cuando saltaba a la vista que el estudio de viabilidad (*business case*) no tenía sentido. Me pidieron ayuda para mejorar el proceso.

Entusiasmado con mi hallazgo, hice gala de mi flamante pregunta favorita: ¿qué tendría que ser cierto? Cada vez que naciera un proyecto de investigación, nos preguntaríamos qué tendría que ser cierto en cada celda del organigrama lógico para que ese proyecto fuera un éxito comercial. Fue la primera vez que usé el flujo lógico de esta forma. El efecto positivo fue inmediato. Se cancelaron algunos proyectos porque, una vez estipuladas las condiciones, el equipo de investigación vio claramente que no tenían ninguna esperanza de llegar al estadio de comercialización: era impensable que todas aquellas condiciones fueran ciertas. En otros proyectos, el orden de actividades cambió drásticamente. La pregunta «¿Qué tendría que ser cierto?» puso de manifiesto que había que abordar ciertas cuestiones *ipso facto*, no después de incurrir en multitud de gastos adicionales en cuestiones más intrascendentes.

En lo sucesivo, usé la pregunta más importante de la estrategia —¿Qué tendría que ser cierto?— para erigir una metodología totalmente nueva para ponderar elecciones. Se convirtió en la base de mi práctica como consultor y es el único proceso estratégico que he usado hasta hoy.

## EL PODER DE UN SOCIO ESTRATÉGICO EXTERNO
### A. G. LAFLEY

Cuando se hace bien, la labor del director general es extraordinariamente solitaria. El director general es un cargo «externo»: principalmente es responsable de traducir lo positivo que hay fuera en estrategias ganadoras para el negocio y la organización. Esto implica elegir en qué negocio o negocios entrar y de cuáles salir, qué negocios cerrar o cuáles dejar pasar. Significa hacer equilibrios entre una rentabilidad aceptable de los negocios actuales y la inversión en negocios que garantizarán un crecimiento constante y una rentabilidad sólida en el futuro. Significa establecer los criterios de actuación para una organización y poner el listón del rendimiento alto. En oposición al director general, la mayoría de los empleados de la compañía hacen más hincapié en lo interno. La esencia de su trabajo y la naturaleza de sus relaciones laborales redundan siempre en el interior de la compañía. El director general también puede sentir la tentación de dirigir su atención hacia dentro, pero elegir a propósito un puñado de asesores y consultores externos puede ayudarle a mantener ese crucial enfoque externo.

El consejo de administración es un recurso importante en este aspecto. El orden del día del consejo de P&G incluía pormenorizadas evaluaciones anuales de la estrategia general de la compañía. Se dedicaba una sesión entera a la estrategia para intentar aprovechar las amplias y variadas experiencias de los directivos externos y para servirse de su criterio y de su sabiduría, tanto individual como colectiva. El consejo aportaba experiencia y perspectiva del exterior del sector de bienes de consumo envasados. Contribuía con una mezcla de especialización y experiencia, además de un grado de objetividad y escepticismo realmente valioso.

P&G contrataba a consultores estratégicos externos selectivamente. En general, los análisis estratégicos y las estrategias creadas para los negocios conocidos y entendidos por la compañía se hacían internamente. No obstante, a veces se recurría a consultores estratégicos externos para ayudar con una oportunidad específica. Antes de que P&G adquiriera Gillette, McKinsey desempeñó una labor estratégica importante con la compañía durante el proceso de valoración. Necesitaba proteger escrupulosamente la confidencialidad y quería un socio que pudiera confirmar o desmentir las hipótesis elementales de la compañía, así como valorar objetivamente las suposiciones estratégicas. Los consultores estratégicos ayudaban a P&G a examinar sectores en los que estaba planteándose entrar. Por ejemplo, P&G encargó una evaluación amplia y profunda del sector de cuidado de la salud para ayudar a dilucidar dónde iba a poder jugar con ventaja competitiva. Encargó estudios de ciertos sectores de servicios y de modelos de negocio con franquicias, así como estudios de capacidades específicas —por ejemplo, en servicios comerciales globales, adquisiciones o administración estratégica de rentas— para confirmar cómo eran las capacidades de P&G en comparación con los competidores más potentes del mundo. En la mayoría de los casos, eran los negocios o las funciones los que encargaban estos estudios estratégicos; solo en contadas ocasiones lo hacía la compañía.

Con todo, una de las decisiones más importantes que tomé fue pedir a Roger Martin que fuera mi *alter ego* y socio estratégico. Quería a alguien externo con quien poder hablar sobre estrategia periódicamente, en cualquier momento y lugar. Quería a alguien de fuera que entendiera P&G y que dominara magistralmente la red interna informal de la compañía para ayudarme con los asuntos estratégicos más trascendentales. Sobre todo, quería a alguien sin intereses (al menos, sin intereses políticos dentro de P&G). Necesitaba a alguien en quien pudiera confiar sin reservas y que pudiera confiar en mí; alguien con quien pudiera trabajar de manera informal y con total libertad, alguien con integridad intelectual y moral, inteligencia emocional y coeficiente intelectual, alguien con el valor para decirle al emperador que no llevaba nada puesto.

Cuando me convertí en director general, de vez en cuando Roger y yo nos guardábamos un día, un día en que pudiéramos alejarnos de calendarios, correos electrónicos y BlackBerry y consagrarnos a cuestiones estratégicas de su elección o de la mía. Teníamos una lista actualizada de decisiones estratégicas por tomar y trabajábamos en ellas hasta llegar a una solución. Algunas, las resolvíamos en una sola reunión. Otras, teníamos que acometerlas varias veces antes de que sucumbieran. Y algunas otras se quedaban sin resolver (unas cuantas siguen estándolo).

Roger y yo estábamos decididos a instaurar un proceso estratégico sólido en todo P&G: el proceso que Roger había cincelado en Monitor y que había simplificado y personalizado para amoldarlo a P&G. Invité a Roger a la primera evaluación estratégica del consejo de administración, en la que fue impartiendo tranquilamente a los directivos externos la metodología estratégica que habíamos confeccionado los dos. Queríamos que los directivos comprendieran que nuestro método, con el conjunto integrado de decisiones, se centraba en dónde jugar y cómo ganar. A partir de ese día, cada vez que los líderes de P&G hablaban o escribían acerca de las estrategias de la compañía o de una unidad de negocio, las describían en términos de aspiraciones ganadoras, decisiones de dónde jugar y cómo ganar, capacidades esenciales y sistemas de gestión.

Roger estaba invitado siempre a las evaluaciones estratégicas y acudía a varias cada año. Podía contactar conmigo (y yo con él) a cualquier hora. Y lo más importante es que creó vínculos fuertes con la mayoría de los líderes empresariales y funcionales. Yo animaba a los líderes de P&G a tratar cuestiones y dudas estratégicas directamente con Roger o conmigo cuando quisieran. Roger fue hábil tejiendo estas redes informales para ayudar a que los líderes empresariales y sus negocios avanzaran estratégicamente. A veces donaba, por decirlo así, una o dos horas de mi tiempo con Roger a una de las funciones o los negocios. En las reuniones privadas entre los directores y Roger, o entre los directores y un servidor, el balón estratégico avanzaba un buen trecho. Al principio me reunía con cada director mensualmente (al cabo de diez años, nos reuníamos trimestralmente) para trabajar en la estrategia, el liderazgo y los problemas personales. Los directores y yo abordábamos un programa conjunto de manera colaborativa.

Para los directores, una de las ventajas de tratar las cuestiones estratégicas directamente con Roger y no conmigo era que muchos le veían como menos crítico y, al conversar con él, todo les parecía un poquito menos serio. Al fin y al cabo, él no redactaba ni firmaba su evaluación del rendimiento, no decidía si se les iba a ascender ni determinaba su compensación. Pero me estaba ayudando a erigir la capacidad estratégica de la organización enseñando la metodología de P&G en sesiones formativas internas; abanderando y enseñando a equipos de liderazgo que le «contrataban» para evaluar y revisar su estrategia empresarial; y evaluando las habilidades de reflexión y buen liderazgo estratégico de los directores y líderes funcionales de la compañía. Juntos, Roger y yo evaluábamos continuamente a las personas y las entrenábamos y motivábamos para mejorar sus capacidades estratégicas. Ambos considerábamos que la estrategia se podía enseñar y aprender, pero también creíamos que requería la habilidad de pensar de un modo integral y disciplinado, así como la valentía para afrontar los dilemas y, luego, tomar decisiones difíciles.

En el transcurso de casi diez años, Roger fue mi principal asesor estratégico externo. Clay Christensen y Mark Johnson desempeñaron el papel de asesores externos en materia de innovación; Tim Brown, en diseño; y Kevin Roberts, en liderazgo y *branding*. Stuart Scheingarten, psicólogo y *coach*, me ayudó a asimilar qué aspectos de mi estilo de liderazgo y mi eficiencia eran buenos y cuáles no. Stuart estaba empezando a hacer progresos significativos y cuantificables con su alumno cuando murió de repente y, por desgracia, demasiado joven. Clayt Daley, director financiero, y Gil Cloyd, director de tecnología, fueron mis mayores socios estratégicos internos. Clayt, Gil y yo pasamos mucho más tiempo juntos que el que pasé con ningún asesor externo. Consideré seriamente su consejo en cada decisión o acción estratégica. Clayt y yo decidimos juntos cada fusión y adquisición: todas las adquisiciones, las desinversiones y los errores salvados (aquellos acuerdos que no hicimos). En Connect + Develop y en la estrategia general de innovación de P&G, Gil fue mi socio en cada paso del camino.

Pero, en realidad, solo compartía mis reflexiones estratégicas más insólitas con Roger, algo que fue posible gracias a nuestra fantástica relación personal y profesional. Cualquier director general tendría suerte de encontrar, fuera de su mundillo, a una persona que lo entienda tan bien y que esté dispuesta a trabajar sin descanso para ayudarle a perfeccionar su nivel de juego.

## Conclusión
# El afán insaciable por ganar

Cada vez es más complicado ganar en el mundo real. Para coger una frase del Ejército norteamericano, la nueva norma es el entorno VUCA: siglas en inglés de las palabras *volátil*, *incierto*, *complejo* y *ambiguo*. El crecimiento se ralentiza y el ritmo de los cambios se acelera. A medida que el mundo se va globalizando, las compañías ven aumentar como nunca la competencia por los clientes y consumidores. Los consumidores cada vez son más exigentes e insisten en una mejora del rendimiento, de la calidad y del servicio. Y todo ello a un precio más bajo.

Incluso en un mundo VUCA, la estrategia te puede ayudar a ganar. No es ninguna garantía, pero puede aumentar considerablemente tus posibilidades. Carecer de estrategia genera un resultado más obvio: te mata. Quizás no lo haga en el acto, pero las compañías sin estrategias ganadoras acaban muriendo. Una invención o una idea magníficas para un producto pueden crear una compañía, insuflar valor y ganar en el mercado durante un tiempo. Pero, para durar, la compañía detrás de esa idea debe responder a las cinco preguntas estratégicas para componer y sostener una ventaja competitiva duradera.

En tu propia compañía, pregúntate (y responde con sinceridad):

1. ¿Has definido lo que es ganar y tienes claro como el agua cuál es tu aspiración ganadora?
2. ¿Has decidido dónde puedes jugar para ganar (y dónde no jugarás, lo cual es igual de decisivo)?

3. ¿Has determinado específicamente cómo ganarás allí donde decidas jugar?
4. ¿Has precisado y erigido tus capacidades esenciales de modo que permitan cumplir tus decisiones de dónde jugar y cómo ganar?
5. ¿Tus sistemas de gestión y tus indicadores clave se adaptan a tus otras cuatro decisiones estratégicas?

Los recursos y marcos de referencia de este libro están pensados para ayudarte a responder a estas cinco preguntas y valorar las posibilidades para tu organización. Pensando en tu organización, pregúntate de nuevo si has usado los recursos como sostén para reflexionar sobre tus potenciales decisiones.

- A la hora de usar el flujo lógico de la estrategia para entender los valores del sector, del canal y del cliente, tu posición en términos de capacidad y costes relativos y las reacciones de la competencia, ¿lo has hecho de un modo que comulgue con decisiones sostenibles respecto a dónde jugar y cómo ganar?
- ¿Has sometido a ingeniería inversa las posibilidades estratégicas y te has planteado qué tendría que ser cierto para convencerte de que una posibilidad determinada es la que te acerca más a ganar?

La cascada de decisiones estratégicas, el flujo lógico de la estrategia y el proceso de ingeniería inversa conforman un manual estratégico para tu organización. Más que una vía simple de una sola dirección, las jugadas pueden ser complejas y sinuosas; tendrás que dar media vuelta, retroceder y revisar. Pero, en conjunto (véase el cuadro C-1), el manual puede guiar tu pensamiento estratégico y ayudarte a crear una ventaja competitiva auténtica y duradera.

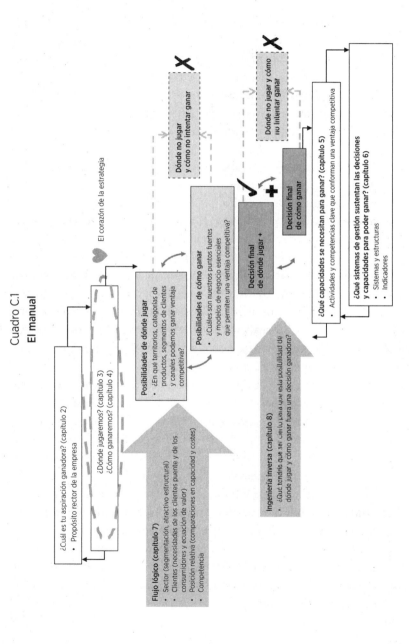

## SEIS TRAMPAS ESTRATÉGICAS

No hay ninguna estrategia perfecta, ningún algoritmo que pueda garantizar una ventaja competitiva sostenible en ningún sector o negocio. Pero sí hay indicios de que una compañía está siguiendo una estrategia especialmente inquietante. Estas son seis de las trampas estratégicas más habituales:

1. *La estrategia abarca-todo*: no tomar decisiones y convertirlo todo en una prioridad. Recuerda, la estrategia implica elegir.
2. *La estrategia Don Quijote*: atacar las «ciudades amuralladas» de la competencia o desafiar al competidor más fuerte en primer lugar, de cabeza. Recuerda, dónde jugar es tu elección. Escoge un lugar donde tengas una opción de ganar.
3. *La estrategia Waterloo*: entrar en guerra en múltiples frentes con varios competidores a la vez. Ninguna compañía lo puede hacer todo bien. Si lo intentas, te saldrá todo mediocre.
4. *La estrategia algo-para-todos*: intentar abarcar al unísono todos los segmentos de consumidores, canales, territorios o categorías. Recuerda que, para crear valor real, tienes que optar por prestar un servicio magnífico a unos cuantos interesados y olvidarte del resto.
5. *La estrategia de los sueños que nunca se hacen realidad*: fijarse aspiraciones y declaraciones de objetivos muy ambiciosas que nunca se traduzcan en elecciones concretas respecto a dónde jugar y cómo ganar, ni tampoco respecto a capacidades esenciales y sistemas de gestión. Recuerda que las aspiraciones no son estrategia. La estrategia es la respuesta a las cinco preguntas de la cascada de decisiones.

6. *La estrategia del programa mensual*: contentarse con estrategias genéricas del sector, en las que todos los competidores bregan de la misma manera por los mismos clientes, territorios y segmentos. La cascada de decisiones y el sistema de actividad que apoya estas decisiones deberían ser únicos. Cuanto más se parezcan tus decisiones a las de la competencia, menos posibilidades tendrás de acabar coronándote.

Estas son trampas que tener en cuenta mientras urdes una estrategia para tu organización. Pero también hay indicios de que has encontrado una estrategia ganadora y rocosa. A continuación, les echamos un vistazo.

## SEIS SIGNOS REVELADORES DE UNA ESTRATEGIA GANADORA

Como el mundo es tan complejo, es difícil determinar sin paliativos qué resultados se deben a la estrategia, cuáles a factores macro y cuáles a la suerte. Pero hay algunos indicios habituales de que se está aplicando una estrategia ganadora. Búscalos en tu propio negocio y entre tus competidores.

1. Un sistema de actividad que parezca diferente al de cualquier competidor. Significa que estás tratando de sumar valor de una manera distinta.
2. Personas que son clientes y te adoran sin reservas; y otras personas que no son clientes ni entienden por qué nadie querría serlo. Esto significa que has sabido elegir.
3. Competidores que tienen beneficios sustanciosos haciendo lo que hacen. Significa que tu estrategia ha cedido algunas decisiones de dónde jugar y cómo ganar a la competencia, que no necesita atacar el núcleo de tu mercado para sobrevivir.

4. Tener periódicamente más recursos para gastar que los competidores. Esto quiere decir que estás ganando la ecuación de valor y que tienes el mayor margen entre precio y costes, así como la mejor capacidad para aumentar el gasto a fin de aprovechar una oportunidad o defender tu plaza.
5. Competidores que se atacan entre ellos y te dejan en paz. Significa que pareces el rival más duro del sector (en un sentido amplio).
6. Clientes que recurren primero a ti en busca de innovaciones, nuevos productos y calidad del servicio para mejorar sus vidas. Esto quiere decir que, para tus clientes, cuentas con una posición única para aportarles valor.

Ni siquiera las compañías que detecten estos signos reveladores deberían confiarse, porque ninguna estrategia dura para siempre. Todas las compañías tienen que hacer evolucionar sus estrategias: mejorarlas, perfeccionarlas y cambiarlas para que sigan siendo competitivas y, en última instancia, ganen año a año. Lo ideal sería que las compañías vieran la estrategia como un proceso, no como un resultado, y que adaptaran sus decisiones antes de que los resultados comerciales y financieros empezaran a declinar, pues siempre son indicadores rezagados.

Toda estrategia entraña un riesgo. Pero es mucho más peligroso andar sin una estrategia rectora por un mundo de crecimiento lento, cambios fulgurantes y competitividad intensa. Los líderes lideran, y un buen sitio para empezar a hacerlo es el desarrollo estratégico de tu negocio. Utiliza la cascada de decisiones estratégicas, el flujo lógico de la estrategia y la ingeniería inversa de las decisiones para trazar una estrategia ganadora y una ventaja competitiva sostenible para tu organización. Juega para ganar.

## Agradecimientos

Estamos en gran deuda con muchos buenos amigos, colegas y mentores por su trabajo, que fue capital para elaborar este libro. Entre todos destaca Jennifer Riel, que nos asistió en un sinfín de aspectos importantes. Además de ser nuestra editora, gestionó nuestra investigación y entrevistó a ejecutivos de P&G, muchas veces a solas. También coescribió y reescribió muchos fragmentos del libro. No lo podríamos haber confeccionado sin su brillantez, profesionalidad y lealtad.

Este libro no habría sido ni la mitad de original sin las aportaciones de numerosos ejecutivos de P&G, incluyendo el expresidente y director general, John Pepper y el actual presidente y director general Bob McDonald. Otros ejecutivos de P&G, del pasado y del presente, que contribuyeron de esta forma son Chip Bergh, Gil Cloyd, Clayt Daley, Gina Drosos, Melanie Healey, Deb Henretta, Michael Kuremsky, Joan Lewis, Joe Listro, Jorge Mesquita, Jon Moeller, Filippo Passerini, Charlie Pierce, David Taylor, Jeff Weedman y Craig Wynett. George Roeth y Larry Peiros, de Clorox, también tuvieron la generosidad de concedernos entrevistas en relación con la *joint venture* de Clorox y P&G con los productos Glad. Gracias a ellos y a los miles de empleados de P&G cuya labor inspiró las historias en este libro.

Fiona Houslip, Claudia Kotchka, Joe Rotman, Dave Samuel y Tomer Strolight leyeron el penúltimo borrador de la obra y todos hicieron comentarios inestimables que mejoraron el manuscrito final.

Darren Karn y Patrick Blair nos asistieron muchísimo con el proceso de investigación.

El equipo de Harvard Business Review Press ha estado fantástico, como siempre. Nuestros agradecimientos a Erin Brown, Julie Devoll, Adi Ignatius, Jeff Kehoe, Allison Peter y Erica Truxler. La superagente Tina Bennet (entonces en Janklow & Nesbit) hizo un trabajo sensacional, como siempre, y Mark Fortier, de Fortier Public Relations, nos ha prestado un apoyo de incalculable valor.

También tenemos una deuda impagable con tres intelectuales de primera línea que moldearon nuestra filosofía sobre el management y la estrategia. Primero, nuestro estimado amigo Peter Drucker, ya fallecido, que no solo esculpió la mentalidad del management durante más de tres cuartos de siglo, sino que nos ayudó personalmente a ambos y lo hizo de la manera más generosa y cariñosa posible. Segundo, nuestro amigo y colega Michael Porter. Muchos de los métodos en este libro se asientan sobre su crucial trabajo sobre la estrategia. A mediados de los ochenta, P&G optó por consultar a Michael sobre esta materia, lo cual fue una decisión crucial tanto para el desarrollo estratégico de P&G como para nuestro trayecto personal hacia la comprensión de la estrategia. El tercero es el gran experto en aprendizaje organizativo Chris Argyris, que nos enseñó la importancia de equilibrar la autopromoción y la indagación en la comunicación, un concepto que no solo perfiló nuestras prácticas, sino también la evolución del desarrollo estratégico en P&G.

Además de esto, a ambos nos gustaría dar las gracias a personas concretas de nuestro círculo personal.

## Roger

El tiempo que trabajé en Monitor fue vital para desarrollar muchas de las ideas que contribuyeron a este libro. A lo largo de los trece años que pasé allí, Mark Fuller fue mi director general y me dio vía libre, animándome a innovar. Sin su apoyo y su paciencia no me habría convertido en el estratega que soy ahora. Luego hay dos consultores que contraté cuando eran jóvenes y acabaron siendo colegas míos, enseñándome un montón. Sandra Pocharski colaboró conmigo en muchos proyectos y fue una aliada intelectual estupenda a la hora de desarrollar varias de las herramientas clave de este libro. Jonathan Goodman trabajó conmigo en incontables proyectos y me ayudó a pulir las herramientas de consultoría descritas en estas páginas. Me enorgullece que ambos se hayan acabado convirtiendo en dos de los consultores estratégicos más sabios del mundo. Siguen siendo amigos íntimos con quienes tengo la suerte de colaborar de vez en cuando.

En la Rotman School, cuento con la ayuda de un equipo trabajador que me permite dedicar parte de mi tiempo a escribir libros como este. Además de la mencionada Jennifer Riel, el equipo de base incluye a los vicerrectores Peter Pauly y Jim Fisher, la directora de operaciones Mary-Ellen Yeomans, la directora de personal Suzanne Spragge y la ayudante de dirección Kathryn Davis. Tengo una gran suerte de tenerlos como compañeros.

## A. G. Lafley

Los treinta y tres años en P&G fueron una gran oportunidad para aprender sobre estrategia empresarial y para poner en práctica principios de liderazgo empresarial y management. Allí, rindiendo cuentas claramente por la estrategia, las operaciones y los resultados, aprendí de mis errores, conviví con mis fracasos y aprecié a diario las contribuciones de mis colegas con cualquier éxito que conseguimos juntos.

Me empapé de la estrategia en la entonces llamada División de Jabones y Detergentes Envasados de P&G en Estados Unidos, uno de los negocios más grandes, antiguos y rentables de la compañía. Durante mis primeros once años en la empresa, en algún momento u otro fui trabajando en todas las categorías y marcas de la división. Como trabajé en un sector desarrollado, de crecimiento lento y altamente competitivo, aprendí a diferenciar y distinguir un negocio, a crear ventaja competitiva y a generar valor significativo; de no hacerlo, nos quedaríamos fuera del negocio. Steve Donovan, un miembro de P&G con y para el que trabajé durante quince años, dejó el listón alto para la estrategia, la ejecución y la creación de valor. Siempre estaba pensando en jugar para ganar.

A finales de los ochenta, tuve la suerte de participar en la primera formación en management estratégico aplicado de P&G, aprendiendo con Michael Porter y trabajando con Mark Fuller y Roger Martin.

Fue un privilegio trabajar con Peter Drucker desde el 2000 hasta su muerte en 2005 y colaborar con él en la incomparable labor del director general, que, por supuesto, empieza con la estrategia.

Cuando fui presidente y director general, P&G intentó trenzar una red de asociaciones estratégicas con clientes, proveedores, otros socios de la empresa e incluso competidores (en sectores no competitivos). A medida que P&G se expandió por diferentes territorios y sectores, intentamos fomentar un diálogo estratégico continuo en todos los negocios. A lo largo de la década, aprendí muchísimo de mis colegas, en especial de:

- Gil Cloyd, exdirector de innovación de P&G, que compartía mi creencia de que P&G podía y debía cambiar su estrategia para perseguir la innovación;

- Clayt Daley, ex director financiero de P&G, que me ayudó a clasificar los sectores y negocios según su atractivo estructural y estratégico, así como a clasificar los segundos según su ventaja competitiva; y
- Los directores empresariales y funcionales de P&G y los general managers de las diferentes categorías, países y segmentos de clientes (demasiado numerosos para citarlos uno por uno), que trataron conmigo sus decisiones respecto a dónde jugar y cómo ganar. Estoy convencido de que saqué de quicio a más de uno, impulsándoles a tomar decisiones más claras —y a menudo difíciles—, necesarias para ganar.

Ni *Jugar para ganar* ni mi anterior libro, *Cambio de juego*, habrían sido posibles sin la abnegada devoción y orientación de mi esposa, Diana. Es mi mejor *coach* y mi crítica más lúcida y constructiva. Me anima a convertir mis experiencias y aprendizajes personales en conceptos y puntos de vista simples que desembocan en actos prácticos que otros pueden seguir. Esto es lo que Roger y yo hemos tratado de hacer en este libro.

## Apéndice A
# Resultados de P&G

Las historias de este libro se extraen del periodo comprendido entre 2000 y 2009. Durante esos años, las ventas de P&G se doblaron y los beneficios se cuadruplicaron. Las ganancias por acción aumentaron un 12 % al año. En una década en la que el S&P 500 cayó en términos generales, el precio por acción de P&G subió más de un 80 %. La capitalización mercantil aumentó más del doble y catapultó a P&G hasta el olimpo de compañías más valiosas del mundo. A lo largo de esa década, la empresa fue capaz de aportar bastante más valor, crear ventaja competitiva y rendir a un nivel elevado de forma sostenida.

Aunque estos hechos reflejan en cierta medida los resultados de la compañía durante la década, no responden directamente a estas preguntas: ¿las decisiones estratégicas generaron resultados ganadores? En caso afirmativo, ¿qué decisiones concretas produjeron qué resultados empresariales y financieros? Estas respuestas se muestran en las tablas A-1 y A-2, que ilustran las contribuciones empresariales y financieras específicas de las decisiones que se tomaron durante el periodo respecto a dónde jugar y cómo ganar.

## Tabla A.1
**Resultados de las decisiones de P&G respecto a dónde jugar, 2000-2009**

| Decisión de dónde jugar | Parámetro | Resultados 2000 | Resultados 2009 |
|---|---|---|---|
| Crecimiento a partir de la esencia | Categorías esenciales, porcentaje de las ventas de P&G | 55 | 79 |
| | Categorías esenciales, porcentaje de las ganancias de P&G | 59 | 83 |
| | Número de marcas con mil millones de dólares (o más) de ventas anuales | 10 | 25 |
| | Marcas de mil de millones de dólares, porcentaje de ventas | 54 | 69 |
| | Categorías esenciales, tasa de crecimiento anual compuesto (TCAC) | 11% | |
| Expansión a belleza | Belleza, TCAC en ventas | 15% | |
| | Belleza, porcentaje de ventas de P&G | 16 | 33 |
| | Belleza, porcentaje de crecimiento en ventas de P&G | 44 | |
| | Belleza, porcentaje de crecimiento de las ganancias de P&G | 42 | |
| Expansión a mercados emergentes | Mercados emergentes, TCAC en ventas | 13% | |
| | Mercados emergentes, porcentaje de ventas de P&G | 20 | 32 |
| | Mercados emergentes, porcentaje de crecimiento en ventas de P&G | 42 | |
| | Mercados emergentes, porcentaje de crecimiento de las ganancias de P&G | 29 | |

## Tabla A.2
**Resultados de las decisiones de P&G respecto a cómo ganar, 2000-2009**

| Otros indicadores clave del rendimiento | 2000 | 2009 |
|---|---|---|
| Margen bruto | 46% | 52% |
| Flujo de caja libre | 3.500 millones de dólares | 15.000 millones de dólares |
| Gastos de capital (porcentaje de ventas) | 7,6 | 4,3 |
| Servicios comerciales globales (porcentaje de ventas) | 6,5 | 3,1 |
| I+D (porcentaje de ventas) | 4,8 | 2,5 |
| Marketing (porcentaje de ventas) | 14 | 15 |

Las estrategias desarrolladas entre 2000 y 2009 generaron un valor significativo para la compañía y para los accionistas. Aun así, no hay ninguna estrategia perfecta y, durante esa década, P&G tuvo su propia ración de decepciones y fracasos:

- *Café*. Aunque Folgers, de P&G, se alzó victorioso contra Maxwell House por el liderazgo del café empaquetado en supermercados e hipermercados, Starbucks, Nespresso y Keurig se llevaron el premio gordo, pues crearon estrategias que abarcaban un mayor consumo de café y una creación de valor sustancial. Folgers licitó y perdió tres veces por el contrato de café empaquetado de Starbucks. Probó fortuna —y fracasó— con una asociación para crear su propia cafetera de cápsulas. P&G perdió la gran guerra y, en 2008, la compañía vendió el rentable negocio de Folgers, valorado en mil setecientos millones de dólares, a Smuckers.
- *Pringles*. P&G no reparó en todo el potencial de su negocio de tentempiés y en 2011 vendió Pringles, de mil quinientos millones de dólares, a Kellogg.
- *Fármacos*. P&G no consiguió la aprobación para sacar Intrinsa, su parche de testosterona para mujeres. Tampoco consiguió firmar alianzas para su negocio de fármacos con receta —ni logró intercambiarlo— de modo que las marcas sin receta crearan más valor. En 2009, P&G vendió su negocio farmacológico, valorado en dos mil quinientos millones de dólares.
- *Fusiones y adquisiciones*. P&G dejó pasar bastantes oportunidades de fusiones y adquisiciones. Fue incapaz de firmar una *joint venture* con Coca-Cola en el negocio de bebidas y tentempiés, una alianza que habría creado un valor considerable. Tampoco pudo ratificar la adquisición de una gran marca internacional

de cuidado de la piel, aunque sí adquirió DDF (Doctor's Dermatological Formula), una pequeña marca nicho de Estados Unidos.
- *Nuevas marcas*. P&G no logró que cuajaran las nuevas marcas de Dryel, Fit, Olay Cosmetics, Physique, Tempo o Torengos.

Pese a las decepciones y los descalabros, P&G tomó decisiones estratégicas lo bastante buenas para lograr una ventaja competitiva sostenible y crear suficiente valor sólido para propulsar a la compañía y convertirla en una de las líderes de su sector, en el índice Dow Jones 30 y la lista *Fortune* 50. Por tanto, puede ser tentador asumir que las estrategias de P&G durante la primera década del siglo XXI son las idóneas para la compañía (o categoría o marca) en el futuro.

Pero ninguna estrategia es imperecedera; todas se tienen que mejorar y poner al día continuamente. Ha habido competidores que han copiado las estrategias de P&G —en innovación, *branding* y demás—, hasta el punto de que la estrategia de P&G ya no es tan especial ni decisiva. El sector de bienes de consumo envasados se está expandiendo hacia los mercados emergentes en una búsqueda compartida de crecimiento, con lo que es una estrategia más habitual en la industria y aporta menos ventaja a los participantes individuales. Los métodos que antaño fueron fuentes importantes de ventaja competitiva se tienen que revisitar y revisar a medida que cambian los contextos. Este es el reto al que se enfrenta la siguiente generación de líderes de P&G, como les pasó a los líderes en el 2000 y como les pasará a las sucesivas generaciones. Cada líder de P&G ha tenido que cambiar la estrategia que heredó a la vista del cambio de contexto y los líderes actuales y futuros de P&G tendrán que hacer lo mismo.

Históricamente, a lo largo de sus más de ciento setenta y cinco años P&G ha estado a la altura de los desafíos. Este legado de una toma de decisiones estratégica y cuidadosa debería serle bastante útil a P&G si el equipo de management sigue buscando decisiones únicas de dónde jugar y cómo ganar que distingan a la compañía. Ganar tomando decisiones distintivas es el abecé de todo estratega.

## Apéndice B
# Los cimientos microeconómicos de la estrategia y las dos formas de ganar

Tal vez cueste de creer que solo hay dos formas posibles de ganar: el bajo coste o la diferenciación. ¿Por qué solo esas dos, se suele preguntar la gente, y qué provoca esta dinámica?

Esto es fruto de los cimientos microeconómicos básicos de la estrategia. Una empresa solo puede toparse ante dos condiciones económicas fundamentales: una que genera estrategias de bajo coste y otra que genera estrategias de diferenciación. En la microeconomía, las dos estructuras troncales son la oferta y la demanda y su punto de encuentro determina el precio.

**ESTRUCTURA DE LA DEMANDA**

La demanda es un indicador de la predisposición del consumidor para adquirir un determinado producto o servicio. Cada comprador individual tiene su propia curva de la demanda: si el precio es elevado, la persona compra menos; si es bajo, compra más. La utilidad del producto para cada persona determinará cuánto se compra y a qué precio. Valga decir que no todos los consumidores tienen la misma utilidad para un producto o servicio concreto.

## Cuadro B.1
### Dibujo de la curva de la demanda sectorial

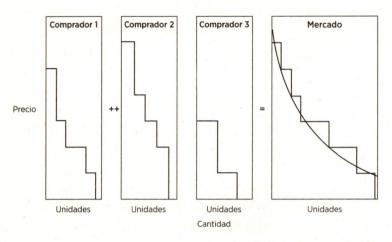

Una persona hambrienta tiene más necesidad (utilidad) de un bocadillo de pavo que una persona harta. Es decir, cada comprador tiene su propia curva de la demanda. Sin embargo, puedes calcular la demanda del sector juntando todas las curvas. La curva sectorial sigue los mismos principios básicos que las individuales: la curva desciende porque los precios más elevados reducen la demanda y los precios más bajos la aumentan (cuadro B-1).

## ESTRUCTURA DE LA OFERTA

Algo parecido ocurre con la oferta. Cada empresa está dispuesta a producir una cantidad específica de existencias, según el índice de precios generalizado. Esa oferta tiene costes asociados, y el tipo más determinante para nosotros es el coste variable de generar otra unidad de producción.

## Cuadro B.2
### Dibujo de la curva de la oferta sectorial

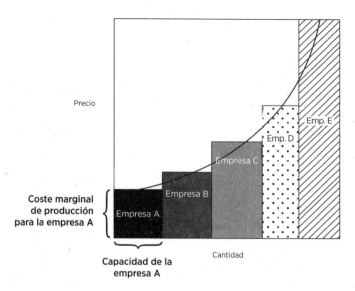

Hay costes que no varían por producir otra unidad, como el I+D o la publicidad, en tanto que otros aumentan al producir una unidad adicional, como las materias primas o la mano de obra. Estos últimos costes son vitales a la hora de fijar el precio.

Las empresas se pueden clasificar en la curva de la oferta sectorial en función de su coste de producción, usando el coste marginal para producir un artículo adicional, de menor a mayor (cuadro B-2). Debido a su propia naturaleza, las curvas de la oferta van al alza; cuanto menor es el precio en el mercado, menor será la cantidad producida.

Cuando la oferta se cruza con la curva descendiente de la demanda, el precio y la cantidad quedan determinados por la proverbial mano invisible (cuadro B-3). Este es el caso para toda suerte de productos y servicios. Con todo, en las *commodities*, la dinámica es diferente que con un producto distintivo o único.

Cuadro B.3
La intersección de la oferta y la demanda

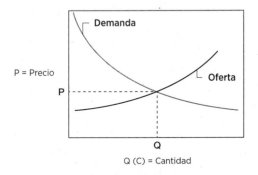

Q (C) = Cantidad

## COMPETENCIA EN PRODUCTOS Y SERVICIOS *COMMODITY*

En el sector clásico de las *commodities*, como el oro, hay múltiples productores. Los compradores no ven apenas diferencia entre la oferta de unos y de otros: una onza de oro es prácticamente igual que cualquier otra. En ese mercado, al productor no le queda más opción que aceptar el precio del mercado. Si pone un precio ligerísimamente superior al del mercado, los compradores se irán en tropel a la competencia y ese productor no venderá nada. Si el productor lo pone por debajo, simplemente estará tirando por la borda una parte de su posible margen de beneficios.

Así, mientras que la curva de la demanda sectorial va cuesta abajo —un precio superior del oro reducirá la demanda y un precio menor la aumentará—, los productores individuales del mercado de *commodities* tienen la sensación de encontrarse ante una curva de demanda plana. No existe la opción de subir o bajar el precio para reducir o aumentar la demanda. El precio es el precio. Claro que puede fluctuar, pero no a causa de lo que haga un productor concreto.

# APÉNDICE B. LOS CIMIENTOS MICROECONÓMICOS DE LA ESTRATEGIA

En un mercado así, la posición relativa en costes es el único factor determinante de la competitividad y la rentabilidad. El precio se establece en el punto en que la curva general de la demanda se cruza con la curva general de la oferta de dicho sector, la cual se crea con el coste variable del productor marginal. Una vez fijado ese precio, cada empresa obtiene un margen de beneficios por encima de sus costes variables, cuyo tamaño se determina mediante la posición relativa en costes (cuadro B-4).

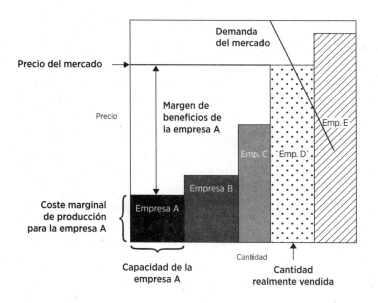

Cuadro B.4
La posición en costes determina la competitividad

En el sector del cuadro B-4, las empresas conseguirán sobrevivir mientras el precio de mercado supere su coste marginal de producción. Así pues, las empresas A, B, C y D siguen en el mercado, pero la E tiene que reducir su coste o abandonarlo. La empresa más eficiente, la A, obtiene ganancias jugosas pese a la intensa competencia. En todos los sectores de *commodities* se respira la misma dinámica de fijación de precios y rentabilidad. Los precios se bajan hasta que el jugador marginal cubre sus costes variables. Si los compradores trataran de bajar todavía más los precios, la empresa D entraría en quiebra y habría una escasez de oferta, con lo que los precios volverían a aumentar.

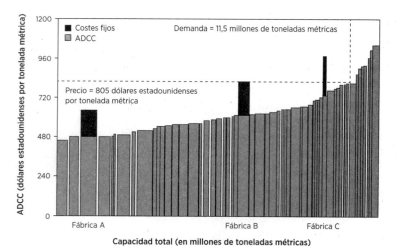

Cuadro B.5
**Pulpa de celulosa y papel**
Ejemplo de curva de costes: papel no estucado norteamericano
(papel estándar para fotocopias)

Las columnas representan las diversas compañías que fabrican hojas de papel.

Lo delicado es que las empresas tienen que extraer todos sus costes fijos y su ROI (rentabilidad de inversión) del margen entre los costes variables y el precio de mercado. El cuadro B-5 ilustra el efecto de los costes fijos sobre la rentabilidad neta del papel sin recubrimiento (el papel estándar para fotocopias). Los datos se han extraído de un análisis de mediados de los noventa, pero los principios siguen siendo los mismos.

En este sector, la fábrica A de bajo coste tiene unos costes variables de cerca de cuatrocientos ochenta dólares por tonelada métrica. El precio del mercado es de ochocientos cinco dólares, con lo que el margen es de trescientos veinticinco dólares por tonelada métrica. Aparte de eso, la fábrica tiene que cubrir unos costes fijos que ascienden a cerca de ciento cincuenta dólares por tonelada, según su volumen total. Esto le deja a la fábrica A un beneficio de ciento setenta y cinco dólares por tonelada.

La fábrica B también tiene unos costes variables que le procuran un margen sustancial entre costes y precio, pero, en su caso, los costes fijos (con una producción menor, como indica la anchura de la columna) se comen todo el margen; la fábrica B apenas cubre gastos a final de año. Sin embargo, aunque la fábrica dejara de producir, seguiría incurriendo en esos costes fijos al menos a medio plazo, de modo que le conviene seguir fabricando papel y percibiendo un margen que se invierte en compensar esos costes fijos. Los propietarios de la fábrica B claman contra la dinámica irracional del sector, aduciendo que los precios son demasiado bajos para que un productor perciba una rentabilidad decente por el capital invertido. Por desgracia para la fábrica, se pueden sacar grandes beneficios con la actividad, pero solo si ocupas la parte inferior de la curva de costes variables.

Aún peor lo tiene la pequeña fábrica C. Sus costes variables son altos, pero por debajo del nivel de precio. Lamentablemente, sus costes fijos por tonelada son tan altos que, al acabar el año, registra una pérdida sustancial. La fábrica C sigue operando, con la esperanza de que la demanda aumente y desplace la curva hasta que se cruce con la curva de la oferta en la zona correcta del gráfico, con lo que catapultaría a la fábrica C hasta los beneficios (y a la fábrica A hasta unos beneficios escandalosos).

Por desgracia, la demanda casi nunca aumenta como espera la fábrica C. Por lo general, los nuevos competidores observan a rivales como la fábrica A, ven el rédito que se puede sacar en el sector y hallan un modo de entrar con costes todavía inferiores a los de la fábrica A. Estos recién llegados analizan todo lo que hace la fábrica A y lo hacen un poquito mejor, invirtiendo grandes sumas de capital para producir a bajo coste. La entrada de una nueva empresa de bajo coste (la empresa Z del cuadro B-6) empuja toda la curva de la oferta hacia la derecha, de manera que la curva de la demanda se encuentra con ella en un precio menor y hace que el precio descienda para todos los interesados.

La empresa D, que antes cubría los costes variables, ahora no cubre ni siquiera sus costes fijos. La empresa C, por su parte, está cubriendo al menos sus costes variables. En el mercado de las aerolíneas de Estados Unidos, la empresa Z es Southwest Airlines, cuya entrada y alza ha puesto las cosas cada vez más difíciles para las aerolíneas tradicionales, que arguyen que el mercado es irracional. En realidad, el mercado es totalmente racional.

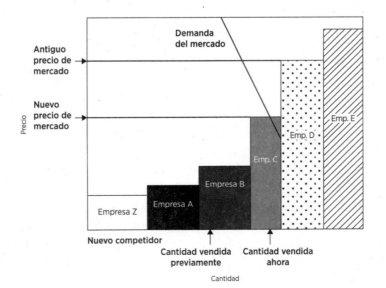

Cuadro B.6
Evolución de los mercados de *commodities*

Esto es lo que pasa con las *commodities* en todo el mundo. Los competidores nuevos de bajo coste hunden los precios, sea con una variedad de eucalipto del hemisferio sur en el sector de la pulpa y el papel (que crece más deprisa) o con las minas de níquel de Perú (más baratas). Aunque algunos expertos sostienen que los precios de las *commodities* están subiendo, lo cierto es que el precio de venta al público ha ido cayendo paulatinamente durante los últimos doscientos años. El cuadro B-7 muestra el precio real de una cesta de *commodities* (en función de las proporciones de consumo mundial) de 1801 a 1999. Aunque ha habido repuntes drásticos, la tendencia a largo plazo es indiscutiblemente descendiente.

Esto no significa que competir en un negocio de *commodities* sea malo. Solo significa que, si lo haces, ¡tienes que buscar el punto más bajo de la curva de costes variables o no te irá muy bien!

Cuadro B.7
**Caída en los precios de las *commodities***
Índice de precios de las *commodities*
en dólares norteamericanos reales, 1801-1999

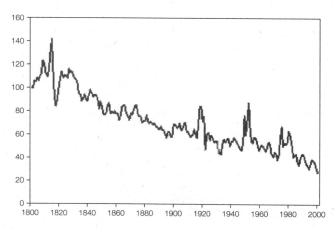

Fuente: Estudio económico de mercados de capital del BMO
Índice de 180 = 100.

## COMPETENCIA EN UN PRODUCTO O SERVICIO ÚNICO

Cuando una empresa ofrece un producto o servicio que los compradores consideran único, la dinámica de los precios y la de los beneficios son bastante diferentes. La empresa que hace el ofrecimiento exclusivo es la que dicta el precio, no lo acepta; la demanda del ofrecimiento único depende del precio que fija la empresa: cuanto mayor es el precio, menor es la demanda y viceversa. Pero esta vez, como el productor de un bien único lo ofrece a todo el mercado, la empresa nota el cambio de la demanda directamente. A diferencia de un negocio de *commodities*, aquí la fijación de precios es una de las decisiones más elementales del productor.

Cuadro B.8
**La maximización de los beneficios a partir de un producto único**

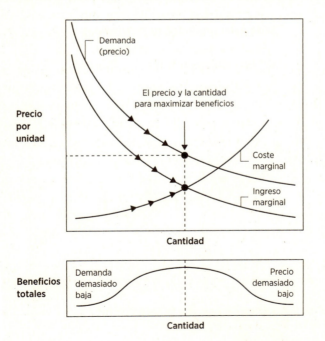

Cuando se ofrece un bien diferenciado, hay un precio óptimo: el precio en el que el ingreso marginal se equipara con el coste marginal para el productor. La curva del ingreso marginal cae más deprisa que la curva de la demanda porque, al buscar la demanda exponencial*, la empresa necesita bajar el precio para todos los clientes, no solo para el cliente marginal.

En consecuencia, el ingreso marginal no aumenta según el precio de cada unidad extra. Sube esa cantidad menos el ingreso perdido en cada unidad previa. A veces, el ingreso marginal es inferior al coste marginal porque la empresa se ha pasado con el precio, como ejemplifica el cuadro B-8.

## LAS DOS FORMAS ESENCIALES PARA GANAR

Lo antedicho suscita dos formas esenciales para ganar. Una empresa puede elegir entre ofrecer un bien similar o un bien único, y cada oferta tiene asociada una sola clase de estrategia (y solo una).

En caso de ofrecer un bien similar, la empresa no ha de intentar convencer al cliente de que ofrece algo único. Puede que lo que ofrece no sea una *commodity* pura como una onza de oro, pero podría ser una bombilla de sesenta watts, un tabique de pladur o incluso un ordenador Wintel estándar. La distinción reside en que la empresa no intenta posicionar su oferta como algo lo bastante único para justificar un sobreprecio de ningún tipo. Una vez tomada esa decisión, la única estrategia

---

\* En inglés, *incremental demand*. Es aquella que aumenta a causa del aumento de la oferta. Por ejemplo, si una aldea consume solo dos quilos de pan porque no hay tiendas cerca y, en un momento dado, se abre una, probablemente se produzca una demanda exponencial y el consumo pase a ser de cinco quilos. (N. del T.)

posible para lograr una ventaja competitiva es la de bajo coste; es decir, una estrategia consistente en ocupar el cuarto tercio inferior de la curva de costes. Si una empresa debe aceptar el precio que viene fijado por el mercado, esa es la única manera de lograr una ventaja competitiva sostenible. Tiene que destinar sus principales energías a defender su espacio en el tercio inferior de la curva de costes del sector, incluso contra los competidores que entren por primera vez en el mercado con nuevas técnicas o tecnologías. Piensa que, aunque ocupar el tercio inferior de la curva de costes suele procurarte una rentabilidad sólida (al menos a corto y medio plazo), una empresa es vulnerable a las posibles acciones del jugador de menor coste. Solo hay un jugador con los costes más bajos y, si desea crecer más deprisa y castigar a los otros competidores que le anteceden en la curva de costes, puede iniciar una guerra de reducción de precios contra todos los rivales. Y como ostenta el lugar más bajo en la cadena de costes, la empresa puede campear la guerra de precios mejor que el resto de la competencia.

En el caso de una oferta única, la empresa necesita diferenciarse de una forma que el cliente valore lo suficiente para pagar un sobreprecio, permitiéndole ganar un atractivo rédito. Esta es una estrategia de diferenciación. En esencia, significa que para cierto grupo de clientes la empresa es un proveedor monopolista. Los clientes no creen que puedan escoger una oferta idéntica; si decidieran no comprar a esa empresa, tendrían que cambiar por otro tipo de oferta. En una estrategia de diferenciación, la empresa tiene que concentrar sus esfuerzos en mantener su singularidad a ojos de los clientes. Una empresa solo podrá cobrar un sobreprecio respecto a los competidores del montón —y, por tanto, solo mantendrá su ventaja competitiva— mientras sus ofertas se antojen únicas a los clientes.

Sea cual sea el sector, las empresas pueden jugar como el competidor de bajo coste. E incluso si el producto es una *commodity* (como el papel sin recubrimiento), la oferta de una empresa en ese sector no tiene por qué carecer de diferenciación. La empresa podría diferenciar su oferta prestando un servicio mejor de atención al cliente, mejorando la entrega de productos, integrándose mejor con las operaciones del comprador final, etc. De hecho, en sectores dominados por jugadores diferenciados y con una marca potente, puede haber jugadores medianos que ganen mediante una estrategia de bajo coste. No cabe duda de que las marcas blancas del sector alimenticio y del negocio de bienes de consumo envasados son excelentes modelos de esta filosofía.

Así pues, las empresas siempre pueden elegir entre ganar como líderes en costes o como empresas que se diferencian del resto. Lo que no pueden hacer es ganar de otra manera. Debido a los principios microeconómicos de los negocios, solo hay dos formas de ganar: con mayores márgenes gracias a unos costes inferiores; o con mayores márgenes gracias a la diferenciación.

# Notas

## Introducción
## Cómo funciona realmente la estrategia de empresa

1. Michael Porter, *Competitive Strategy: Techniques for Analyzing Industries and Competitors*, Simon & Schuster, Nueva York, 1980.
2. En 2007, escribí (Roger Martin) un libro sobre pensamiento integrador (*The Opposable Mind: How Successful Leaders Win Through Integrative Thinking*, Harvard Business School Press, Boston). En él, sostengo que cuando líderes de gran éxito se ven obligados a elegir entre dos modelos opuestos y ninguno de ellos es especialmente atractivo, en vez de elegir, los líderes suelen construir un modelo nuevo y superior, pero con elementos de los dos. Como a menudo también defino la estrategia como una decisión —en este libro, sin ir más lejos—, algunos lectores me han acusado de incoherencia: los líderes de éxito o bien no escogen (según *The Opposable Mind*), o bien escogen (según *Jugar para ganar*). Quería ofrecer una perspectiva diferente. Todos los pensadores integradores que citaba a modo de ejemplo en *The Opposable Mind* —desde Bob Young, de Red Hat, a Isadore Sharp, de Four Seasons Hotels and Resorts, pasando por Victoria Hale, del Institute for One World Health, y A. G. Lafley— tomaron muchas decisiones clave. De hecho, todos tomaron decisiones claras y únicas sobre dónde jugar y cómo ganar. La diferencia entre estos líderes y sus competidores no está en el acto de decidir, sino en los criterios a la hora de hacerlo. Los pensadores integradores elevan mucho el listón para decidir dónde jugar y cómo ganar. Sopesan las opciones

o los modelos de negocio existentes a partir de ese listón y, cuando no hay ningún modelo que ofrezca una probabilidad razonable para ganar, rechazan de plano elegir entre esas alternativas. En mi opinión, no hay incongruencia alguna entre el pensamiento integrador y la toma de decisiones estratégica. Los pensadores integradores son autoexigentes a la hora de tomar aquellas decisiones estratégicas que realmente compensen a sus organizaciones.

## 1. La estrategia es decidir

1   Para simplificar al máximo las cosas, hemos intentado unificar la terminología en todo el libro. Como estos términos no tienen definiciones unánimes, en ciertos casos especificaremos qué queremos decir. A propósito de este libro, «consumidores» son usuarios finales, las personas que compran productos de P&G y se los llevan a casa para consumo propio o de sus familias. Los «clientes», en cambio, son minoristas, las tiendas que actúan como canales o intermediarios entre P&G y los consumidores. P&G vende a los clientes y estos venden a los consumidores.

2   Todas las citas de Micheal Kuremsky se extraen de una entrevista telefónica del 24 de noviembre de 2010 con nuestra colega Jennifer Riel.

3   Salvo que se indique lo contrario, todas las marcas son marcas registradas (*trademarks*) de P&G.

4   Todas las citas de Gina Drosos Kuremsky se extraen de una entrevista telefónica del 1 de noviembre de 2010 con nuestra colega Jennifer Riel.

5   Todas las citas de Joe Listro se extraen de una entrevista telefónica del 12 de noviembre de 2010 con nuestra colega Jennifer Riel.

6   Todas las citas de Chip Bergh se extraen de una entrevista telefónica del 1 de noviembre de 2010 con nuestra colega Jennifer Riel.

## 2. Qué es ganar

1   James Mateja, «Why Saturn Is So Important to GM», *Chicago Tribune*, 13 de enero de 1985, pág. 1.

2   Bill Vlasic y Nick Bunkley, «Detroit's Mr. Fix-It Takes on Saturn», *New York Times*, 20 de septiembre de 2009, BU-1.

3   Ben Klayman, «GM Focusing on Profits, Not U.S. Market Share: CEO», Reuters, 9 de enero de 2012, accesible en www.reuters.com/article/2012/01/10/us-gm-usshare-idUSTRE8081MU20120110.

4   Vlasic y Bunkley, «Detroit's Mr. Fix-It Takes on Saturn».

5   Todas las citas de Filippo Passerini se extraen de una entrevista del 18 de noviembre de 2010 con Roger Martin y Jennifer Riel, en Cincinnati.

## 3. Dónde jugar

1   Todas las citas de Charlie Pierce se extraen de una entrevista del 18 de noviembre de 2010 con Roger Martin y Jennifer Riel, en Cincinnati.

2   Bob McDonald, discurso pronunciado en el congreso de fin de año del Consejo de Liderazgo Empresarial Global, el 11 de noviembre de 2009, transmitido por internet en P&G Global Employee.

3   «Tesco Loses More Market Share», *Guardian* (Manchester), 24 de abril de 2012, accesible en www.guardian.co.uk/business/2012/apr/24/tesco-loses-market-share-kantar-worldpanel.

4   «Global 2000: Top Retail Companies; Wal-Mart», *Forbes*, acceso del 12 de julio de 2012, www.forbes.com/pictures/eggh45lgg/wal-mart-stores-3/#gallerycontent.

5   Chip Bergh, entrevista telefónica con Jennifer Riel del 1 de noviembre de 2010.

6   Ben Steverman, «Twenty Products That Rocked the Stock Market: Hits or Misses», *Bloomberg Businessweek*, enero de 2010, accesible en http://imA.G.es.businessweek.com/ss/10/01/0127_20_stock_market_rocking_products/17.htm.

## 4. Cómo ganar

1   ForceFlex y Kitchen Catcher son marcas registradas de The Clorox Company.

2   Todas las citas de Jeff Weedman se extraen de una entrevista del 5 de enero de 2012 con Jennifer Riel, en Cincinnati.

3   Todas las citas de Larry Peiros se extraen de una entrevista telefónica del 6 de marzo de 2012 con Jennifer Riel.

4   Todas las citas de Joan Lewis se extraen de una entrevista telefónica del 19 de enero de 2012 con Jennifer Riel.

5   Todas las citas de Deb Henretta se extraen de una entrevista telefónica del 2 de noviembre de 2010 con Jennifer Riel.

6   La historia de Pampers ha sido contada varias veces desde distintos puntos de vista. Véase Oscar Schisgall, *Eyes on Tomorrow*, G. Ferguson, Chicago, 1981, págs. 216-220; Davis Dyer, Frederick Dalzell y Rowena Olegario, *Rising Tide: Lessons from 165 Years of Brand Building at Procter & Gamble*, Harvard Business School Press, Boston, 2004, págs. 230-239; y John E. Pepper, *What Really Matters: Service, Leadership, People, and Values*, Yale University Press, New Haven (Connecticut), 2007.

7   John P. Pepper, *What Really Matters*.

## 5. Aprovecha tus puntos fuertes

1   Una vez consumada, la fusión ascendió a 342.000 millones de dólares de valor combinado y los accionistas de AOL se quedaron con el 55 % de la compañía. El *spin-off* fue por una doceava parte de ese precio: 38.000 millones de dólares.

2   Andrew Davidson, «The Razor-Sharp P&G Boss», *Sunday Times* (Londres), 3 de diciembre de 2006, pág. 6.

3   Todas las citas de Clayt Daley se extraen de una entrevista telefónica del 22 de diciembre de 2010 con Roger Martin y Jennifer Riel.

4   Todas las citas de Chip Bergh se extraen de una entrevista telefónica del 1 de noviembre de 2010 con Jennifer Riel.

5   Damon Jones, «Latest Innovations: Gillette Guard», informe de Gillette, acceso del 16 de julio de 2012, www.pg.com/en_US/downloads/innovation/factsheet_final_Gillette_Guard.pdf.

6   Ellen Bryon, «Gillette's Latest Innovation in Razors: The 11-Cent Blade», *Wall Street Journal*, 1 de octubre de 2010, accesible en http://online.wsj.com/article/SB10001424052748704789404575 524273890970954.html.

7   Tienda virtual eStore de P&G, página de Gillette, acceso del 16 de julio de 2012, www.pgestore.com/Gillette/gillette-mega,default,sc.html.

8   Todas las citas de Filippo Passerini se extraen de una entrevista del 18 de noviembre de 2010 con Roger Martin y Jennifer Riel, en Cincinnati.

9   Michael Porter, «What Is Strategy?», *Harvard Business Review*, noviembre-diciembre de 1996, págs. 61-78.

10  *Ib.*

11  Porter usa sistemas de actividad para reflejar la estrategia de una unidad de negocio. En su filosofía, los nodos más grandes son los temas estratégicos clave, los elementos de la estrategia que diferencian a la empresa y aportan ventaja competitiva. Los vínculos representan relaciones de refuerzo importantes. Los nodos subordinados en el mapa son las actividades de apoyo, los sistemas estrechamente vinculados que respaldan y mejoran el funcionamiento de los temas esenciales. En nuestra adaptación de los sistemas de actividad de Porter, en los nodos más grandes colocamos las capacidades esenciales, en vez de los temas estratégicos, pues estos ya se han reflejado en las respuestas de dónde jugar y cómo ganar.

## 6. Managers de lo que importa

1   Todas las citas de David Taylor se extraen de una entrevista del 18 de noviembre de 2010 con Roger Martin y Jennifer Riel, en Cincinnati.

2   Todas las citas de Melanie Healey se extraen de una entrevista telefónica del 15 de noviembre de 2010 con Roger Martin y Jennifer Riel, en Cincinnati.

3   Anónimo, entrevista con Jennifer Riel de noviembre de 2010.

4   Lafley se inspiró en Jan Carlzon, *El momento de la verdad*, Ballinger, Cambridge (Massachusetts), 1987. En el libro, Carlzon, ex director general de Scandinavian Airlines System, narra cómo resucitó una aerolínea estatal anticuada anteponiendo al cliente. Aunque la idea de aplicar los «momentos de la verdad» al contexto de los consumidores no era del todo nueva, Carlzon articuló hábilmente cómo el comprender esos momentos ayudó a transformar su compañía.

5   Todas las citas de Jon Moeller se extraen de una entrevista del 18 de noviembre de 2010 con Roger Martin y Jennifer Riel, en Cincinnati.

6   Todas las citas de Deb Henretta se extraen de una entrevista telefónica del 2 de noviembre de 2010 con Jennifer Riel, en Cincinnati.

7   El NPS es un indicador de fidelidad de los clientes que calcula la medida en que los consumidores no son solo usuarios, sino también defensores de la marca, al preguntar específicamente si un consumidor sería propenso a recomendar una marca o un producto a otros. Para saber más sobre el NPS, véase Fred Reichheld, *La pregunta decisiva*, Deusto, Barcelona, 2007.